专有名词和缩写词解释

AFAD（anchored fish aggregating device）：锚定集鱼装置，即任何锚定在海底的集鱼装置。

AFV（authorised fishing vessel）：授权的渔船。

ATF（authorization to fish）：授权捕鱼。

B（biomass）：生物量，即种群或种群一个部分的总重量。

B_{LIM}（biomass limit reference point）：限制性参考点时的生物量。超过这一限制点，种群的风险被认为高到不可接受的程度。

B_{MEY}（biomass at maximum economic yield）：最大经济产量时的生物量，即产生最大经济产量时相应的平均生物量。

B_{MSY}（biomass at maximum sustainable yield）：最大持续产量时的生物量，即产生最大持续产量时相应的平均生物量。

B_{TARG}（target biomass）：目标生物量，即种群所需要的生物量。

B_0（mean equilibrium unfished biomass）：估计的初始生物量，即没有发生捕鱼时的平均生物量水平。

BRD（bycatch reduction device）：兼捕减少装置，即一种能使鱼和其他动物在被渔具捕获后立即逃逸的装置。

BRP（biological reference point）：生物学参考点，即比较标准的指标。其既可以是"目标参考点"，也可以是生物学上可接受的最小限度（"限制性参考点"）。常基于捕捞死亡率、生物量或维持足够种群的补充量。

bycatch：兼捕渔获物，即 IOTC 管理区金枪鱼和类金枪鱼渔业捕获的或相互作用的 IOTC 协定附录 C 所列的 16 个物种以外的所有物种。兼捕物种包括：①留存的非 IOTC 管理的物种（副渔获）；②作业中偶然捕获但丢回海中的非 IOTC 物种（海上丢弃的）；③受到渔业捕鱼装置互动影响，但没有捕获的。

catch：渔获量、捕捞量、产量。

catchability：可捕性，即鱼类种群易被捕捞的程度，反映特定渔业的捕捞效率；在数量上，指单位捕捞努力量所移除鱼类的比例，可以可捕系数（捕获率）表示。

CBD（Convention on Biological Diversity）：生物多样性公约。

CMM［Conservation and Management Measure, of the IOTC（Resolutions and Recommendations）］：IOTC 养护和管理措施（包括决议和建议）。

CNCP（Cooperating Non-Contracting Party, of the IOTC）：IOTC 合作非缔约方。

CoC（Compliance Committee, of the IOTC）：IOTC 履约分委员会（亦译为"IOTC 合规分委员会""IOTC 执法分委员会"），简称"IOTC 履约分委会"。

control measure：控制措施，即采用某些指标（如种群状况）来控制允许捕捞或资源采捕数量（如渔获量或努力量）。

control rule：控制规则，即商定的必须根据预先定义的有关种群状况作出管理的反应，也称“捕捞控制规则”和“决定规定”。

CPC（Contracting Parties and Cooperating Non-Contracting Parties, of the IOTC）：IOTC 缔约方和合作非缔约方。

CPUE（catch per unit effort）：单位捕捞努力量渔获量。

DFAD（drifting fish aggregating device）：漂流集鱼装置，即任何不是固定在底床，而是随洋流自由漂移的集鱼装置。

EEZ（exclusive economic zone）：专属经济区。

effort：努力量，用于捕获渔业资源的物力的度量。适于某一渔业的努力量的测定方法取决于使用的方法和管理安排。常用的方法包括船舶数量、钩次数量和白天或晚上的捕捞次数。

executive secretary of the IOTC：IOTC 执行秘书，简称“执秘”。

F（fishing mortality）：捕捞死亡率。由捕捞某一鱼类种群的指定部分而导致的鱼类瞬时死亡率。捕捞死亡率参考点适用于整个种群或部分种群，并应与管理单位的规模相匹配。

F_{LIM}（fishing mortality limit reference point）：限制性参考点时的捕捞死亡率。高于这一参考点，表示从种群中移除的比率过高。

F_{MEY}（fishing mortality at maximum economic yield）：最大经济产量时的捕捞死亡率。对应于最大经济产量的捕捞死亡率。

F_{MSY}（fishing mortality at MSY）：最大持续产量时的捕捞死亡率，即实现最大持续产量时的捕捞死亡率。

F_{TARG}（fishing mortality target，the target fishing mortality rate）：目标参考点时的捕捞死亡率，即追求或设定目标下的捕捞死亡率。

FAD（fish aggregating device）：集鱼装置，即已部署或未部署的各种尺寸的生物或非生物的锚定、漂流、漂浮、游泳或者水中的物体或一组物体，包括但不限于鱼类可能随附的浮标、浮子、网片、织带、塑料、竹子、原木。参见锚定集鱼装置（AFAD）和漂流集鱼装置（DFAD）。

FAD set[fish aggregating device (FAD) set]：集鱼装置网次，指围绕 FAD 投放围网。

FAO（Food and Agriculture Organization of the United Nations）：联合国粮食及农业组织，简称联合国粮农组织或粮农组织。

fishing effort：捕捞努力量，即投入捕捞的量，通常以渔具类型和作业频率或作业周期来描述（如“钩次”“拖网时间”“寻鱼时间”）。

FOC（flag of convenience）：方便旗。

free-school set：自由鱼群网次，指围绕与任何漂流物或海洋动物无关的鱼群投放围网。

harvest strategy：捕捞策略，即每年根据种群大小、渔业的经济或社会条件，以及其他相互依存的种群状况和生物学知识的不确定性，对渔获量进行调整的战略。捕捞策略必须包括：①监测和评估渔业的生物和经济条件的过程；②根据渔业的生物和经济条件（根据评估确定）控制捕捞活动强度的规则（称为捕捞控制规则）。

HCR（harvest control rule）：捕捞控制规则，即商定的必须根据预先定义的有关种群状况作出管理的反应，也称“控制规则”（control rule）和“决定规定”（decision rule）。

IMO（International Maritime Organization）：国际海事组织。

IOTC（Indian Ocean Tuna Commission）：印度洋金枪鱼委员会。

IOTC species：IOTC 物种。IOTC 协定附件 C 所列的 16 个物种中的任何一种或全部。

IPOA（International Plan of Action）：国际行动计划。

IUU（illegal, unreported and unregulated）：非法、不报告和不管制。

IUU fishing：非法、不报告和不管制捕捞。

Kobe Plot：神户象限图，渔业资源评估中通常称科比图。

KOBE Ⅱ：神户系列第二次会议。

KOBE Ⅲ：神户系列第三次会议。

LOA（length overall）：（船舶）总长。

LRP（limit reference point）：限制性参考点。超出该限制点，认为渔业和/或资源的状态是不可取的。

LSTLV（large-scale tuna longline vessel）：大型金枪鱼延绳钓船（一般指船长 24 米及以上）。

LSTV（large-scale tuna vessel）：大型金枪鱼渔船（一般指船长 24 米及以上）。

MARPOL（International Convention for the Prevention of Pollution from Ships）：国际防止船舶造成污染公约。

MCS（monitoring, control and surveillance）监测、控制和监视。

MoU（memorandum of understanding）：谅解备忘录。

MP（management procedure）：管理程序。一组正式的行动，通常由数据收集、资源评估（或其他指标）和捕捞控制规则组成，能够通过迭代和适应性地提供稳健的决策来管理渔业。

MPF（meeting participation fund, of the IOTC）：IOTC 参会基金。

MSE（management strategy evaluation）：管理策略评价。针对一组管理目标，利用种群和渔业动态的随机模拟对备选的管理程序的性能进行测试与比较的过程。

MSY（maximum sustainable yield）：最大持续产量。

non-target species：非目标物种，不是渔业有意捕捞或渔业管理进行常规评估的物种。

overfished：资源型过度捕捞，即生物量低于其限制性参考点的鱼类种群。

overfishing, subject to：捕捞型过度捕捞。种群正在经历强度太大（无法承受）的捕捞，从该种群中的捕获率（移除率）是不可持续的。

precautionary approach：预防性做法，也称“预防性措施”或“预防性方法”。

PRIOTC02（the 2nd IOTC Performance Review Panel）：第二次 IOTC 绩效评估小组。

rebuilding plan：重建计划。当测量某一种群状态（如生物量）低于生物量限制性参考点（即被评估为资源型过度捕捞）时所采取的恢复种群的管理计划（management plan）。重建计划应包含以下要素：明确重建目标、重建时间框架及与资源恢复进度相关的控制规则等。

recovery plan：恢复计划。当测量某一种群状态（如生物量）超出规定限度（即被评估为资源型过度捕捞）时，用以恢复该种群的管理流程（management process）。恢复计划应包含以下要素：针对特定种群的管理目标、控制规则下的捕捞策略及恢复周期等。

reference point：参考点，即捕捞水平（或种群大小）的指标；用于评估的基准。

RFMO（Regional Fisheries Management Organization）：区域渔业管理组织。

risk analysis：风险分析，即对各种捕捞策略或管理选项的可能结果的分析。

SB（spawning biomass）：产卵生物量，也称 SSB（产卵群体生物量），即种群中所有成鱼（繁殖成熟）的总重量。

SB_{MSY}：最大持续产量时的产卵生物量，即生产最大持续产量时的产卵群体或“成鱼”平衡生物量。

SC（Scientific Committee, of the IOTC）：IOTC 科学分委员会，简称 IOTC 科学分委会。

SCAF（Standing Committee on Administration and Finance, of the IOTC）：IOTC 行政与财务常设分委员会，简称 IOTC 行政与财务常设分委会。

SIOFA（Southern Indian Ocean Fisheries Agreement）：南印度洋渔业协定。

SPR（spawning potential ratio）：产卵群体潜力比，即种群被捕捞时的补充群体在生命周期内的平均繁殖力，除以种群未遭受捕捞时补充群体在生命周期内的平均繁殖力。

TAE（total allowable effort）：许可总努力量，可作为捕捞努力量的上限。

TCAC（Technical Committee on Allocation Criteria, of the IOTC）：IOTC（配额）分配标准技术分委员会。

trigger catch limit：触发产量限制。当渔获量达到这一限制点时，就会启动管理行动，评估是否应继续捕鱼及在何种水平上捕鱼。

TRP（target reference point）：目标参考点，一种被认为是令人满意的渔业和/或资源的状态。

TrRP（trigger reference point）：触发参考点，在管理响应中触发预先定义的更改系统的特定状态。

UN（United Nations）：联合国。

UNCLOS（United Nations Convention on the Law of the Sea）：《联合国海洋法公约》。

UNFSA（Agreement for the Implementation of the Provisions of the United Nations Convention on the Law of the Sea of 10 December 1982 Relating to the Conservation and Management of Straddling Fish Stocks and Highly Migratory Fish Stocks）：《执行 1982 年 12 月 10 日〈联合国海洋法公约〉有关养护和管理跨界鱼类种群和高度洄游鱼类种群的规定的协定》，简称《联合国鱼类种群协定》。

VMS（vessel monitoring system）：船舶监测系统。

WPEB（Working Party on Ecosystems and Bycatch, of the IOTC）：IOTC 生态系统和兼捕工作组。

WPM（Working Party on Methods, of the IOTC）：IOTC 方法工作组。

WPTmT（Working Party on Temperate Tunas, of the IOTC）：IOTC 温带金枪鱼工作组。

WPTT（Working Party on Tropical Tunas, of the IOTC）：IOTC 热带金枪鱼工作组。

前 言

印度洋金枪鱼委员会（Indian Ocean Tuna Commission，IOTC）是在 1993 年 11 月 25 日联合国粮食及农业组织（FAO）理事会第 105 届会议上，根据 FAO 章程第十四条规定通过的《建立印度洋金枪鱼委员会协定》（以下简称“本协定”或“IOTC 协定”）建立的政府间区域渔业管理组织，同时，该组织还被授权管理印度洋及其邻近海域的金枪鱼及类金枪鱼资源。建立该组织的目标是通过促进 IOTC 的缔约方（成员）和合作非缔约方之间的合作，并进行适当管理，确保协定所包括的鱼类种群得到养护和最佳利用，并鼓励基于这些鱼类种群的渔业可持续发展。1997 年 3 月 21～24 日在罗马召开的 FAO 第一次特别会议通过了 IOTC 财务条例（2014 年 6 月进行了更新）。1997 年 9 月 22～25 日在塞舌尔维多利亚召开的 FAO 第二次特别会议通过了 IOTC 议事规则（Rules of Procedure）。IOTC 第一次成员会议决定将秘书处设在塞舌尔维多利亚。1998 年 1 月，秘书处正式开始运行。

为实现其管理目标，根据《联合国海洋法公约》有关条款原则，印度洋金枪鱼委员会的职权主要包括：①持续地审议种群的状况和趋势，并收集、分析和发送科学信息、渔获量和捕捞努力量统计数据，以及与本协定所包括的种群和与这些种群的渔业有关的其他数据；②鼓励、建议和协调本协定所包括的种群和渔业方面的研究和开发活动，以及印度洋金枪鱼委员会可决定的此类其他适当的活动，包括与技术转让、培训和提升有关的活动，并应适当关注和确保委员会成员平等参与渔业的需要，以及区域内发展中国家成员的特殊利益和需要；③在科学证据的基础上，根据第九条，通过养护和管理措施，确保本协定所包括的种群养护和促进实现整个区域内这些种群的最佳利用目标；④在特别考虑发展中沿海国家利益的情况下，持续地审议本协定所包括种群的渔业在经济和社会方面的事项。

印度洋金枪鱼委员会向 FAO 成员或准成员开放。若另有三分之二的多数成员同意，可接受不是 FAO 成员但为联合国或任何其专属机构或国际原子能机构等成员的国家成为该组织的成员。截至 2024 年 10 月底，印度洋金枪鱼委员会有 29 个成员，另有 1 个合作非成员。我国政府于 1998 年 10 月 14 日接受了本协定，成为本协定印度洋金枪鱼委员会的成员。同时，我国政府向本协定提交了两个声明：其一是“本协定第 10 条第 4 款和第 11 条第 1 款中的‘实体’一词系指《联合国海洋法公约》第 1 条和第 305 条所述的实体”；其二是“在中国政府另行通知之前，《建立印度洋金枪鱼委员会协定》暂不适用于中华人民共和国香港特别行政区。”

IOTC 的构架是：IOTC 下设科学分委员会、行政与财务常设分委员会、履约分委员会 3 个常设附属咨询机构。根据 IOTC 管理区的鱼类种群特点，科学分委员会又下设热带金枪鱼工作组（WPTT）、温带金枪鱼工作组（WPTmT）、浅海金枪鱼工作组

（WPNT）、旗鱼工作组（WPB）、数据收集和统计工作组（WPDCS）、生态系统和兼捕工作组（WPEB）与方法工作组（WPM），作为科学分委员会的咨询机构。IOTC 秘书处负责日常工作。

印度洋是金枪鱼的主要作业渔场之一，年捕捞量仅次于太平洋。2023 年，印度洋总渔获量为 221.8 万吨，其中热带金枪鱼总产量达到 119.6 万吨，约占 53.9%。在主要捕捞物种中，大眼金枪鱼、部分枪鱼类和类金枪鱼等资源状况处于过度捕捞状态，其余物种处于健康状态。2023 年 IOTC 注册的实际作业渔船共 4490 艘，在注册渔船中，漂流延绳钓渔船 1631 艘，大型围网船 53 艘。在产量分布中，产量前十位的为印度尼西亚（40.1 万吨）、伊朗（20.5 万吨）、欧盟（19.6 万吨）、马尔代夫（16.0 万吨）、印度（12.7 万吨）、阿曼（11.2 万吨）、斯里兰卡（8.6 万吨）、塞舌尔（13.1 万吨）、中国（6.0 万吨，含台湾省的 4.6 万吨）和也门（3.5 万吨）。此外，韩国和日本的产量分别为约 1.3 万吨和 1.1 万吨。

我国企业以中外合资的方式，1988 年初引进日本超低温金枪鱼延绳钓渔船赴印度洋试生产，揭开了我国印度洋金枪鱼延绳钓渔业的序幕。1995 年，我国近海渔船经过改造进入印度洋捕捞金枪鱼，1998 年生产渔船曾达 120 艘，之后渔船数量下降。2002～2007 年维持在 63～67 艘，2010 年和 2011 年下降到 15 艘。2012 年开始恢复，2016 年金枪鱼延绳钓渔船 67 艘，总产量为 10 575 吨。2023 年，我国 IOTC 管理区作业渔船共 74 艘，渔获物以大眼金枪鱼、黄鳍金枪鱼和长鳍金枪鱼为主，总产量为 20 046 吨，较 2022 年增加 4457 吨（同比增加 28.6%）。

为确保 IOTC 协定所包括的鱼类种群得到养护和最佳利用，并鼓励以这些鱼类种群为基础的渔业的可持续发展，截至 2025 年 6 月，有 56 项养护和管理措施（CMM），包括 49 项具有约束力的决议和不具约束力的建议，内容涉及捕捞能力控制，渔船注册和监控，打击非法、不报告和不管制（IUU）捕捞，海上渔获物转载监控，观察员计划，港口国措施，渔获物港口检查，渔业统计数据提交，减少海龟、海鸟和鲨鱼兼捕等。2019 年以来，修订与新增养护和管理措施 24 项，其中经修订而取代原有措施的有 14 项，新增措施 10 项，涉及锚定集鱼装置（AFAD）的管理、在印度洋建立自主休渔制度保护热带金枪鱼、IOTC 渔业电子监控标准、社会经济工作组的职权范围、气候变化与 IOTC 的关系、IOTC 管理区内大眼金枪鱼的管理程序、加强印度洋金枪鱼委员会决策过程中的合作等方面。另外，2023 年和 2025 年分别对议事规则进行了修订。

为了及时掌握 IOTC 对金枪鱼渔业的养护和管理措施及其动向，上海海洋大学远洋渔业国际履约研究中心组织相关人员对 IOTC 通过的现在仍然生效的全部决议及建议进行了翻译和整理，并与《建立印度洋金枪鱼委员会协定》、IOTC 议事规则等汇编成册，形成《印度洋金枪鱼渔业管理》予以出版，供研究和关心我国金枪鱼渔业可持续发展的有关企业、渔业管理部门领导和科研人员参考。为全面了解 IOTC 养护和管理措施的历史沿革，本书在第五部分列出了被取代或被撤销的养护和管理措施与建议一览表。为了帮助读者理解，本书开头对有关专业术语和缩写词进行了解释。本书也可作为培训远洋渔业从业人员的参考材料之一。

本书由许柳雄和戴小杰主编，刘小兵主审。因作者时间紧迫和水平有限，部分决议的提案背景未及时翻译并纳入，译文文字表达难免存在不规范、表达不准确之处，均以英文版为准。内容如有不妥之处，敬请包涵。欢迎读者提出宝贵意见，以便作者后续修改更正。

本书的出版获得 IOTC 执行秘书的授权，并得到上海海洋大学国家远洋渔业国际履约研究中心的经费支持，在此表示感谢。

编　者

2025 年 4 月

目　　录

第一部分　建立印度洋金枪鱼委员会协定

缔约各方，

注意到促进和平利用海洋，以及公平有效利用和养护其生物资源的愿望，

愿意为实现一个公正和平等的国际经济秩序作出贡献，并适当考虑发展中国家的特殊利益和需要，

愿意为确保印度洋金枪鱼和类金枪鱼的养护，以及促进对其的最佳利用和这一渔业的可持续发展进行合作，

特别注意到印度洋区域的发展中国家从这一渔业资源中获得平等收益的特殊利益，

考虑到《联合国海洋法公约》于 1982 年 12 月 10 日开放签字，特别是其第 56 条、第 64 条和第 116～119 条，

考虑到印度洋沿海国家与有国民在这一区域捕获金枪鱼和类金枪鱼的其他国家建立合作措施，将大大促进印度洋金枪鱼和类金枪鱼的养护和金枪鱼资源的可持续及合理利用，

考虑到《西印度洋金枪鱼组织公约》于 1991 年 6 月 19 日开放签字，

考虑到根据联合国粮农组织章程第十四款来建立一个委员会最有利于实现前述宗旨，

兹协议如下：

第一条　建立委员会

缔约各方特此同意在联合国粮农组织（以下简称粮农组织）的框架内建立印度洋金枪鱼委员会（以下简称委员会）。

第二条　权 限 区 域

委员会的权限区域（以下简称区域）应是印度洋（为本协定的目的区域，是粮农组织第 51 和 57 统计区）和相邻海域、南极区以北，以及为养护和管理洄游进出印度洋的种群所需要包括的海域[①]。

① 委员会在 1999 年第 4 次会议上同意修改委员会管理区的西部边界，从 30°E 修改为 20°E，从而消除了 IOTC 和养护大西洋金枪鱼国际委员会（ICCAT）管理区之间的缺口

第三条　种类和种群

本协定所包括的种群应是附件中所载的种群。

“种群”这一术语是指分布于区域或洄游进出于区域的一个种类的群体。

第四条　成　　员

1. 委员会应向以下粮农组织的成员和联系成员开放：
   a）它们是：
      i）全部或部分位于协定区域内的沿海国或联系成员，
      ii）有船只在区域内捕捞本协定所包括鱼类种群的国家或联系成员，
      iii）以上 i)、ii）项所述的国家是其成员的区域经济一体化组织，并且该国已将管理本协定范围内事务的权限交给了该区域经济一体化组织；
   b）其根据第十七条的规定接受本协定。
2. 委员会可按其成员的三分之二多数，接受非粮农组织成员但作为联合国、联合国专门机构或国际原子能机构成员的其他国家取得成员资格，只要这类国家：
   a）符合以下条件之一：
      i）全部或部分位于协定区域内的沿海国，
      ii）有船只在协定区域捕捞本协定管理种群的国家；
   b）以及已提交了成员资格的申请并以正式文书的形式宣布其接受本协定，按第十七条第 3 款在接受时对其生效的国家。
3. 为推动本协定目标的实现，委员会的成员应相互合作鼓励有资格成为、但尚不是委员会成员的任何国家或区域经济一体化组织加入本协定。
4. 如任何委员会的成员连续两个公历年度不能满足以上第 1 款或第 2 款所载的标准，委员会可在与有关成员协商后，决定该成员被认为退出本协定，并从该决定作出之日起生效。
5. 为本协定的目的，与一个成员组织有关的“其船舶”这一术语是指这类成员组织的成员的船舶。
6. 本协定和依据本协定进行的任何行动或活动，不应理解为改变或以任何方式影响本协定的任何方对本协定所包括的任何区域的法律地位方面的立场。

第五条　委员会的目标、职能和责任

1. 为确保本协定所包括的种群的养护和最佳利用，以及促进对这类种群的渔业可持续发展，委员会应通过适当的管理，加强其成员间的合作。
2. 为实现这些目标，根据《联合国海洋法公约》有关条款所表达的原则，委员会应具有以下职能和责任：

a）持续地审议种群的状况和趋势，并收集、分析和发送科学信息、渔获量和捕捞努力量的统计数据，以及与本协定所包括的种群和与这一种群的渔业有关的其他数据；

b）鼓励、建议和协调在本协定所包括的种群和渔业方面的研究和开发活动，以及委员会可决定的其他适当的此类活动，包括与技术转让、培训和提高有关的活动，并应适当关注并确保委员会成员平等参与渔业的需要，以及区域内发展中国家成员的特殊利益和需要；

c）在科学证据的基础上，根据第九条，通过养护和管理措施，确保本协定所包括的种群的养护和促进在整个区域内对这些种群的最佳利用目标的实现；

d）在特别考虑发展中沿海国家的利益的情况下，持续地审议本协定所包括的种群的渔业在经济和社会方面的事项；

e）考虑并批准其计划和独立预算，以及上一个预算期的账目；

f）向粮农组织总干事（以下简称总干事）递交其活动、计划、账目和独立预算，以及可能由粮农组织理事会或大会采取行动的这类其他事项的报告；

g）通过其议事规则、财务条例和为完成其职能所必要的其他内部行政管理规定；

h）实施为完成以上所载目标所必要的其他活动。

3. 委员会可根据需要通过决定和建议，以期促进本协定目标的实现。

第六条　委员会的会议

1. 委员会的每一成员应由一名代表出席委员会的会议，该名代表可由一名副代表和若干专家及顾问陪同。副代表、专家和顾问可参与委员会的活动，不可表决，但一名副代表经正式授权替代代表的情况除外。
2. 委员会的每一成员应拥有一个表决权。除非本协定另有规定，委员会应根据所投的多数票作出决定和建议。委员会的多数成员应构成法定数。
3. 委员会可在被要求时，以委员会成员的三分之二多数通过和修改其议事规则，这些规则不得违背本协定或粮农组织章程。
4. 委员会的主席应召集委员会一年一度的例会。
5. 在至少三分之一成员的要求下，委员会的主席可召集委员会的特别会议。
6. 委员会应选举委员会的主席和不超过两个副主席，其每一任期应为两年并有资格连任，但任期不得连续超过四年。在选举主席和副主席时，委员会应适当关注印度洋国家的公平代表性。
7. 委员会在被要求时，可以其成员的三分之二多数通过和修改委员会的财务条例，这些财务条例应与粮农组织财务条例所体现的原则相一致。财务条例和修正案应向粮农组织财政委员会报告，如果后者发现这些规定和修正案违背了粮农组织财务条例所体现的原则，有权否决这些条例和修正案。
8. 为确保委员会和粮农组织之间的密切合作，粮农组织应有权参加委员会和根据第十二条第5款建立的附属机构的所有会议，但没有表决权。

第七条　观　察　员

1. 任何不是委员会成员的粮农组织的成员或联系成员，在提出要求的情况下，可被邀请作为观察员出席委员会的会议。其可提交备忘录并参与讨论，但无表决权。
2. 既不是委员会的成员也不是粮农组织成员或联系成员的联合国、其专门机构或国际原子能机构的成员，可在提出要求并得到委员会通过、其主席表示同意及粮农组织大会通过的给予国家观察员地位的有关条款的情况下，被邀请作为观察员出席委员会的会议。
3. 委员会可邀请政府间组织，或应其要求邀请在委员会的活动领域有着特别能力的非政府组织参加委员会指定的委员会的这类会议。

第八条　行 政 管 理

1. 委员会的秘书（以下简称秘书。译者注："秘书"即现"执行秘书"）应由总干事任命并得到委员会批准，或在任命发生在委员会的两个例会之间的情况下，由委员会的全体成员批准。委员会的工作人员应由秘书任命并应在秘书的直接监督下工作。委员会的秘书和工作人员的任命应按粮农组织工作人员的要求和条件进行，其应为行政管理的目的，对总干事负责。
2. 秘书负责执行委员会的政策和活动并应向委员会报告。秘书在被要求时，也应担任由委员会建立的其他附属机构的秘书。
3. 除粮农组织承担其工作人员和设施有关的费用外，委员会的费用应在独立预算中支出。由粮农组织承担的费用应由总干事决定并由粮农组织大会根据粮农组织总则和财务条例予以批准，在总干事准备的两年度预算内支付。
4. 代表、副代表、专家和顾问作为政府代表参加委员会和其分委员会会议发生的费用，以及观察员参加会议发生的费用，应由各自政府或组织承担。被委员会邀请的观察员、以个人身份参加委员会或其分委员会会议的费用应由委员会的预算支付。

第九条　有关养护和管理措施的程序

1. 委员会可在不违反第 2 款的情况下，由其成员出席和表决的三分之二多数，根据本条通过对委员会成员有约束力的养护和管理措施。
2. 对某类种群的养护和管理措施，应在为养护和管理该类种群而依第十二条第 2 款所设立的有关的小组委员会提案的基础上通过。
3. 秘书应不得无故延迟将委员会所通过的任何养护和管理措施通知委员会的成员。
4. 在不违反第 5 款、第 6 款的情况下，由委员会依第 1 款通过的养护和管理措施，应自秘书通知中所载的日期或委员会规定的其他这类日期起 120 天后对成员生效。

5. 委员会的任何方，可在这一规定日期的120天内或由委员会在第4款中规定的其他日期内，反对依第1款通过的养护和管理措施。对一项措施提出反对意见的委员会的成员应不受这一措施约束。委员会的任何其他成员可在这120天之后的另一60天内提出同样的反对意见。委员会的一个成员也可在任何时间撤回其反对意见，如该措施已生效则立即对其有约束力或依本条而生效时立即对其有约束力。
6. 如果依第1款通过的一项措施遭到了三分之一以上委员会成员的反对，其他成员应不受这一措施的约束，但不排除任何或全部这些成员实施该项措施。
7. 秘书应在收到每一反对意见或撤出反对意见后立即通知委员会的每一成员。
8. 委员会可以其成员出席和投票的简单多数，通过有关种群的养护和管理的建议，推动本协定目标的实现。

第十条　执　行

1. 委员会的每一成员应在其国家法律之下，确保采取必要的行动，包括对违法行为处以适当的处罚，以使协定条款生效，并执行依第九条第1款生效的养护和管理措施。
2. 委员会的每一成员应向委员会递交其依据第1款所采取行动的年度报告。这类报告应在委员会例行年会召开之前至少60天交至委员会秘书处。
3. 委员会的成员应通过委员会建立适当的制度进行合作，持续审议依第九条第1款通过的养护和管理措施的执行情况，并考虑适当和有效的方法与技术监督捕鱼活动及收集本协定要求的科学信息。
4. 委员会的成员应合作交流有关非委员会成员的任何国家的国民或实体对本协定所包括种群的捕捞方面的信息。

第十一条　信　息

1. 在委员会的要求下，委员会的成员应提供为本协定目的的实现而要求的这类有效的和可得到的统计及其他数据和信息。委员会应决定这类统计数据的规模和形式，以及提供这些数据的间隔时间。委员会也应尽力获得非委员会成员的国家或实体的捕捞统计数据。
2. 委员会的每一成员应向委员会提供与本协定所包括的种群有关的有效的法律、规定和行政命令的副本或在适当时提供这些文书的简介，并应将这类法律、规定和行政命令的任何修正和废止通知委员会。

第十二条　附属机构

1. 委员会应建立一个常设科学分委员会。

2. 委员会可建立分设委员会处理本协定包括的一类或多类种群。
3. 这类分设委员会应对委员会的成员开放，这类成员是位于这类分设委员会负责的有关种群洄游路线上的沿海国或是有船参与对这些种群的渔业活动的国家。
4. 分设委员会应为与管理有关种群相关的事项的磋商和合作提供一个论坛，特别是：
   a）持续地审议有关的种群并收集科学和与有关种群相关的其他信息；
   b）评价和分析有关种群的情况和趋势；
   c）协调对有关种群的研究和研究项目；
   d）向委员会报告其研究的结果；
   e）提出由委员会成员在适当时采取行动的建议，包括为获得有关种群的必要信息而采取的行动及对养护和管理的建议；
   f）考虑由委员会提出的任何事项。
5. 委员会依据本条的规定，可建立为本公约目的的实现所必要的专门委员会、工作组或其他附属机构。
6. 由委员会建立的、需由委员会出资的任何分设委员会、专门委员会、工作组或其他附属机构应视情况根据委员会或粮农组织已经批准的独立预算中必要的资金额而决定。在有关费用需要由粮农组织负担的情况下，这类资金额应由总干事决定。在作出与建立附属机构有关的费用问题的决定之前，委员会应得到秘书或总干事含有行政管理和财务内容的报告。
7. 附属机构应在委员会提出要求时向委员会提供其活动的报告。

第十三条　财务问题

1. 委员会的成员根据委员会通过的会费表每年缴纳独立预算的分摊会费。
2. 在每一届例会上，委员会应经全体成员协商一致通过其独立预算，但在该届例会期间，经过所有努力仍未达成协商一致时，这一事项应付诸表决，该项预算应以委员会的三分之二多数通过。
3. 会费额收缴：
   a）委员会的每一成员的会费额应按照由委员会协商一致通过和修改的方案决定；
   b）在通过这一方案时，应适当考虑每一成员经评价而得的平等基础费和可变费，可变费主要由在区域内本协定所包括种类的总捕捞量和上岸量及每一成员的人均收入所决定；
   c）由委员会通过或修改的方案应记载于委员会的财务条例中。
4. 成为委员会成员的任何非粮农组织成员应交纳由粮农组织支付的用于委员会活动费用的这类会费，该费用可由委员会决定。
5. 会费应按可自由兑换的货币交纳，除非委员会在征得总干事同意后另作决定。
6. 为完成其职能，委员会可接受来自组织、个人和其他来源的捐款和其他形式的援助。

7. 收到的会费、捐款和其他形式的援助应放入由总干事按粮农组织财务条例管理的信托基金中。
8. 如果委员会的一个成员连续两年拖欠其应交纳的会费，且拖欠额相当于或超过了其应交纳的份额，该成员在委员会中应不具表决权。但经证实这种不能交纳会费是由于该成员不可控制的原因，委员会可允许该成员具有表决权。

第十四条　总　　部

委员会在与总干事磋商后，应决定总部的地点。

第十五条　与其他组织和机构的合作

1. 委员会应与其他政府间组织和机构，尤其与渔业领域中的政府间组织或机构合作并制定适当的安排，特别是与区域内处理金枪鱼事务的政府间组织或机构的合作和制定的适当安排，可对委员会的工作作出贡献并可推动委员会目标的实现。委员会可与这类组织和机构达成协议。这类协议应寻求促进委员会和这类组织的互补性，并按照第2段的规定，避免委员会与这类组织的工作和活动的重复或相互抵触。
2. 本协定不应损害在区域内涉及金枪鱼类或某种金枪鱼的其他政府间组织或机构的权力和责任，或这类组织或机构通过的任何措施的有效性。

第十六条　沿海国的权利

本协定不应损害沿海国根据国际海洋法在200海里①管辖区之内为实现开发、勘查、养护和管理生物资源包括高度洄游鱼类种群的目的而行使的主权权利。

第十七条　接　　受

1. 粮农组织的任何成员或联系成员对本协定的接受应自总干事保存其接受书时有效。
2. 第四条第2款所述的任何国家对本协定的接受应由总干事保存其接受书时有效。自委员会批准其成员资格的申请之日起，接受应生效。
3. 总干事应将所有的已生效的接受通知委员会的所有成员、粮农组织的所有成员和联合国秘书长。

① 1海里=1.852千米

第十八条 生 效

本协定在总干事收到第十份接受书之日起开始生效。此后，对于随后交存其接受书的每一粮农组织的成员或联系成员或第四条第2款所述的国家，本协定将在根据以上第十七条的这类接受有效或生效之日起对其生效。

第十九条 保 留

对本协定的接受可根据1969年《维也纳条约法公约》第二章第二部分条款所反映的国际公法的一般规则作出保留。

第二十条 修 正

1. 本协定可由委员会的四分之三多数修正。
2. 委员会的任何成员或总干事可提出修正案的提案。由委员会成员提出的提案应通知委员会的主席和总干事，由总干事提出的提案应通知委员会的主席，这类通知应在不迟于委员会召开并审议该提案的会议之前120天发出。总干事应将所有修正案的提案立即通知委员会的所有成员。
3. 本协定的任何修正案应通知粮农组织理事会，其可否决一项明显违背粮农组织的宗旨和目的或粮农组织章程的条款的修正案。
4. 不涉及委员会成员新义务的修正案应在委员会通过这些修正案之日起对所有的成员有效，但不应违反以上第3款的规定。
5. 涉及委员会成员新义务的修正案应在委员会通过这些修正案后，在不违反以上第3款规定的情况下，对接受这一修正案的成员生效。对涉及委员会成员新义务的修正案的接受书应由总干事保存。总干事应将这类接受通知委员会的所有成员和联合国秘书长。未接受涉及委员会成员新义务的修正案的任何成员的权利和义务应继续由该修正案之前生效的本协定条款管辖。
6. 对本协定附件的修正案可由委员会的三分之二多数通过并应在委员会批准之日起生效。
7. 总干事应将任何修正案的生效通知委员会的所有成员、所有粮农组织的成员和联系成员及联合国秘书长。

第二十一条 退 出

1. 委员会的任何成员可在本协定对其生效之日起满两年后，以书面形式向总干事提交这类退出通知的方式，在任何时间退出本协定。总干事应将这类退出立即通知委员会的所有成员、所有粮农组织的成员和联系成员及联合国秘书长。退出应在总干事收到该退出通知的公历年的年末生效。

2. 委员会的一个成员可为在国际关系中由其负责的一个或多个领地的退出提交通知。在一名成员提交其退出的通知时，其应申明这种退出也适用于其一个或多个领地。在没有这类声明的情况下，这种退出应被认为适用于该委员会成员在国际关系中负责的所有领地，但属于一个联系成员的，且该联系成员是委员会拥有其自己权利的一个成员的领地除外。
3. 委员会的任何成员，提交退出粮农组织的通知，应被认为同时退出了委员会，其退出应被认为适用于该委员会成员在国际关系中负责的所有领地，但属于一个联系成员的，且该成员是委员会拥有其自己权利的一个成员的领地除外。
4. 退出也可按第四条第 4 款所载的规定进行。

第二十二条　终　　止

本协定应在退出导致委员会成员数降至十个以下时自动终止，除非委员会剩余的成员一致作出其他决定。

第二十三条　解释和争端的解决

有关本协定的解释或适用的任何争端，如不能由委员会解决，应按委员会通过的和解程序解决。这类和解程序的结果，虽然在性质上不具约束力，但应成为有关各方重新审议引起争端的事项的基础。若该程序的结果没有解决争端，可提交国际法院根据国际法院规约处理，除非争端各方同意另一种解决办法。

第二十四条　保　存　方

总干事应是本协定的保存人。保存人应：

a）将经核证无误的本协定的副本分送每一粮农组织的成员和联系成员及可成为本协定方的非成员；

b）在协定生效后，根据联合国宪章第 102 条安排在联合国秘书处注册本协定；

c）将以下事项通知接受本协定的每一粮农组织成员和联系成员及在委员会内承认其成员资格的非成员：

　i）待批准为委员会成员的非成员的申请，

　ii）对本协定或附件的修正提案；

d）将以下事项通知每一粮农组织成员和联系成员及可成为本协定方的非成员：

　i）根据第十七条交存的接受书，

　ii）根据第十八条本协定生效的日期，

　iii）根据第十九条对本协定作出的保留，

　iv）根据第二十条通过的对本协定的修正案，

v）根据第二十一条退出本协定，

vi）根据第二十二条本协定的终止。

附件 A　印度洋金枪鱼委员会协定管辖区域

印度洋金枪鱼委员会管辖区域为印度洋（依据管理目的定义为粮农组织第 51 和 57 统计区）及其邻近海域、南极辐合带以北，为养护和管理洄游进出印度洋的鱼类种群的区域。

注：委员会在 1999 年第 4 次会议上同意修改委员会管辖区域的西部边界，从 30°E 修改为 20°E，从而消除了 IOTC 和养护大西洋金枪鱼国际委员会（ICCAT）管辖区域之间的缺口。

附件 B　IOTC 缔约方（成员）（2024 年 12 月）

国家	接受日期	国家	接受日期
澳大利亚	1996 年 11 月 13 日	毛里求斯	1994 年 12 月 27 日
孟加拉国	2018 年 4 月 24 日	莫桑比克	2012 年 2 月 13 日
中国	1998 年 10 月 14 日	阿曼	2000 年 4 月 5 日
科摩罗	2001 年 8 月 14 日	巴基斯坦	1995 年 4 月 27 日
欧盟	1995 年 10 月 27 日	菲律宾	2004 年 1 月 9 日
法国（OT）	1996 年 12 月 3 日	塞舌尔	1995 年 7 月 26 日
印度	1995 年 3 月 13 日	索马里	2014 年 5 月 22 日
印度尼西亚	2007 年 6 月 20 日	斯里兰卡	1994 年 6 月 13 日
伊朗	2002 年 1 月 28 日	南非	2016 年 2 月 16 日
日本	1996 年 6 月 26 日	苏丹	1996 年 12 月 3 日
肯尼亚	2004 年 9 月 29 日	坦桑尼亚	2007 年 4 月 18 日
韩国	1996 年 3 月 27 日	泰国	1997 年 3 月 17 日
马达加斯加	1996 年 1 月 10 日	英国	1995 年 3 月 31 日
马来西亚	1998 年 5 月 22 日	也门	2012 年 7 月 20 日
马尔代夫	2011 年 7 月 13 日		

注：OT 为海外领地（overseas territory）

附件 C　印度洋金枪鱼委员会协定包括的物种

序号	FAO 英文名	拉丁学名	代号	中文名
1	yellowfin tuna	*Thunnus albacares*	YFT	黄鳍金枪鱼
2	skipjack	*Katsuwonus pelamis*	SKJ	鲣
3	bigeye tuna	*Thunnus obesus*	BET	大眼金枪鱼，或称大目金枪鱼、肥壮金枪鱼
4	albacore	*Thunnus alalunga*	ALB	长鳍金枪鱼
5	southern bluefin tuna	*Thunnus maccoyii*	SBT	南方蓝鳍金枪鱼，或称麦氏金枪鱼、马苏金枪鱼

续表

序号	FAO 英文名	拉丁学名	代号	中文名
6	longtail tuna	*Thunnus tonggol*	LOT	青干金枪鱼
7	kawakawa	*Euthynnus affinis*	KAW	鲔
8	bullet tuna	*Auxis rochei*	BLT	双鳍舵鲣
9	frigate tuna	*Auxis thazard*	FRI	扁舵鲣
10	narrow barred Spanish mackerel	*Scomberomorus commerson*	COM	康氏马鲛
11	Indo-Pacific king mackerel	*Scomberomorus guttatus*	GUT	斑点马鲛，或称印太大马鲛
12	blue marlin	*Makaira mazara*	BUM	蓝枪鱼
13	black marlin	*Makaira indica*	BLM	印度枪鱼，或称黑枪鱼
14	striped marlin	*Tetrapturus audax*	MLS	条纹四鳍旗鱼，或称条斑枪鱼，俗称红肉旗鱼
15	Indo-Pacific sailfish	*Istiophorus platypterus*	SFA	平鳍旗鱼，或称东方旗鱼、印太旗鱼
16	swordfish	*Xiphias gladius*	SWO	剑鱼

第二部分　印度洋金枪鱼委员会议事规则（2023）

规则 1：定义

为本议事规则的实现，定义概念如下：

协定：FAO 理事会 1993 年 11 月第 105 次会议批准并于 1996 年 3 月 27 日生效的《建立印度洋金枪鱼委员会协定》。

委员会：印度洋金枪鱼委员会。

大会：粮农组织大会。

养护和管理措施（CMM）：由依据协定第九条第 5 款规定对成员有约束力的决议和依据协定第九条第 8 款规定对成员不具约束力的建议组成。

缔约方和合作非缔约方（CPC）：由成员和合作非缔约方组成。

合作非缔约方（CNCP）：任何非委员会成员，自愿确保悬挂其旗帜的船只以遵守 IOTC 通过的养护和管理措施的方式捕鱼，并已经完成申请程序，且已得到委员会批准成为合作的 IOTC 非缔约方，详见附录 3。

理事会：粮农组织理事会。

代表：协定第六条第 1 款规定的委员会成员的代表，或经委员会认可的合作非缔约方的代表。

代表团：代表和副代表、专家和/或顾问。

总干事：粮农组织总干事。

执行秘书（简称“执秘”）：根据协定第八条规定和明确的委员会秘书。

信息文件：不需要形成决定或结论的文件，这些文件纯粹是为了信息目的而提供。

成员：协定第四条规定的委员会成员。

国家观察员：根据协定第七条第 1 款规定以观察员身份参加委员会会议的非本委员会成员的粮农组织成员。

联系成员观察员：根据协定第七条第 1 款规定以观察员身份参加委员会会议的非本委员会成员的粮农组织联系成员。

非粮农组织成员观察员：不是委员会成员，也不是粮农组织成员，但属于联合国、其任何专门机构或国际原子能机构的成员，按照协定第七条第 2 款以观察员身份参加委员会会议。

政府间组织观察员：根据协定第三条第 3 款规定以观察员身份参加委员会会议的政府间组织。

非政府组织观察员：根据协定第三条第 3 款规定以观察员身份参加委员会会议的非政府组织。

观察员：国家观察员、联系成员观察员、非粮农组织成员观察员、政府间组织观察员或非政府组织观察员的代表。

组织：联合国粮农组织（FAO）。

建议：根据协定第九条第 8 款，对委员会成员不具约束力的养护和管理措施。

决议：根据协定第九条第 1～7 款，对委员会成员具有约束力的养护和管理措施。

科学分委会：协定第十二条第 1 款规定的常设分委员会。

会议：委员会或其附属机构的任何会议。

工作文件：任何需要委员会或附属机构直接关注以便得出结论和/或决定的文件。

规则 2：委员会会议

1. 根据协定第六条第 4 款，委员会定期会议应每年召开一次。会议应由委员会主席召集。
2. 根据协定第六条第 5 款，在定期会议间隔期间，如至少三分之一成员提出要求，委员会主席可召集委员会特别会议。
3. 会议日期应由委员会确定。
4. 若委员会会议在非委员会总部所在地举行，根据粮农组织总则第三十七条第 4 款的规定，总干事应当在召集会议之前确信，会议主办方政府愿意给予所有代表、副代表、专家、顾问、观察员和委员会秘书处成员及其他授权参加会议的人员独立行使与本次会议有关的职能所必要的特权和豁免。
5. 参加委员会定期会议的邀请应由执秘准备并由会议主席在会议开幕前至少 90 天签发。参加特别会议的邀请应至少在会议开幕前 30 天签发。

规则 3：授权书

执秘每次会议应当收到每个代表团的授权书，授权书由国家元首、政府首脑、外交部部长或有关部长签发或由其代表签发，清楚表明代表团团长和副代表，以及组成代表团的顾问和专家名单。这类授权书应符合附录 1 规定的标准，执行秘书应向委员会报告收到的授权书，并在必要时提出任何行动建议。

规则 4：议程

1. 委员会每一定期会议的暂定议程应由执秘拟定，并在主席批准后向各成员分发。暂定议程也应分发给参加委员会前一次定期会议或请求参加下次会议的国家观察员和联系成员观察员。暂定议程，连同与会议有关的现有报告和文件，应在会议召开前至少 60 天分发。
2. 对于非粮农组织国家观察员、政府间组织观察员或非政府组织观察员，如果委员会已经决定邀请其出席委员会会议，则也应发送上述信息。根据规则 14 第 10

款，还应向根据协定第十五条与委员会达成协议正式规定这些组织和机构参加委员会会议的政府间组织或机构发出邀请。

3. 执秘应至少在会议前 30 天发出一份附有评论意见的暂定议程，包括各成员的提案。
4. 定期会议的暂定议程应包括：
   a）根据协定第六条第 6 款规定，酌情选举主席和副主席；
   b）通过议程；
   c）委员会附属机构酌情提出报告和建议；
   d）批准委员会下一财务年度的工作方案和预算；
   e）根据协定第四条第 2 款规定提出的成员资格申请，以及根据委员会商定的程序申请获得合作非缔约方地位；
   f）有关协定第九条养护和管理措施的提案；
   g）前次会议批准的事项；
   h）适当时，对于修订协定、委员会议事规则和财务条例的提案；
   i）大会、理事会或总干事向委员会提出的事项。
5. 暂定议程也可包括：
   a）委员会附属机构提出的事项；
   b）委员会成员提出的事项。
6. 特别会议的议程应仅包括与召开该特别会议的目的有关的事项。

规则 5：秘书处

1. 秘书处应由执秘和由其任命并管理的工作人员组成。
2. 委员会执秘应由总干事按照附录 2 规定的程序，经委员会批准任命。附录 2 所述的 3 名 IOTC 代表应为 IOTC 主席和两名副主席，除非委员会另有决定。这些 IOTC 代表应公正行事，以确保在整个招聘过程中代表 IOTC 的观点。
3. 执秘任期三年，并可连任两期，每期三年。
4. 执秘将继续行使职责，直至接任者就任。
5. 执秘应负责执行委员会的政策和行动，并应就此向委员会报告。执秘在履行其职责时，将与委员会所有成员和粮农组织各级秘书处直接联系。
6. 执秘的职责列于附录 2。
7. 为资料和记录保存的目的，成员应将有关委员会事务的所有联系情况的副本送交执秘。

规则 6：委员会会议

1. 根据协定第七条，委员会会议应向观察员开放。当委员会决定召开闭门会议时，应同时确定参加闭门会议观察员的范围。

2. 科学分委会、分设委员会、分委会、工作组和其他可能设立的附属机构的会议，应向各代表团开放，除非委员会另有决定。

规则 7：选举主席和副主席

1. 根据协定第六条第 6 款，委员会应在每隔一年的定期会议结束时，或者在某一职位空缺时，选举其主席和不超过两名副主席。主席和副主席任期至选出其接任者为止。
2. 被提名人必须是参加会议的代表或副代表。如果主席和副主席在选举前已连续任期两任，则不具备连任资格。

规则 8：主席和副主席的职责

1. 主席应行使协定和本规则赋予其的职责，特别应：
   a）宣布委员会每次会议的开幕和闭幕；
   b）指导会议的讨论，确保本规则得到遵守，授予发言的权利，将问题提交表决并宣布决定；
   c）裁决程序问题；
   d）在遵守本规则的前提下，控制会议进程。
2. 在主席缺席时或根据其请求，应由一位副主席行使主席职责。
3. 主席或代理主席的副主席，若是其国家的唯一代表，则有权表决。
4. 在委员会两次会议间隔期间，主席应行使协定或议事规则赋予的职责及委员会委托的任何职责。

规则 9：合作非缔约方地位

1. 委员会主席或代理主席的副主席，每年应给所有已知在 IOTC 管理区捕捞协定所包括物种的非缔约方写信，敦促其成为 IOTC 缔约方或获得合作非缔约方地位。在此过程中，主席或副主席应指示执秘提供委员会通过的所有相关养护和管理措施的副本。
2. 请求合作非缔约方地位的申请程序见附录 3。

规则 10：表决安排和程序

1. 除本规则第 4 款规定外，委员会会议的投票应以举手表决的方式进行，除非某一成员请求以点名或无记名方式进行表决，且此请求获得支持。
2. 点名表决应从抽签决定的成员开始，按英文字母顺序点名授权表决的委员会成员的名称进行。

3. 任何点名投票表决和通信投票表决的记录应显示每一名代表的投票和任何弃权情况。
4. 除非委员会另有决定，否则有关个人事项的表决，包括选举委员会官员，以及在适用的情况下，关于送交总干事任命的执秘姓名的推荐，应以无记名投票方式进行。
5. 若某一职位的被提名者未在第一次表决中获得多数票数，应在获得票数最多的两个候选人中进行第二轮表决。若在第二轮表决中得票数相同，应继续进行表决直至候选人被选出。
6. 投票是指投票“赞成”或“反对”。
7. 除选举并向总干事推荐任命执秘外，如委员会对某一问题进行表决时票数相等，在提案者的请求下，可在当次会议上进行第二次和第三次表决。如委员会的票数仍然相等，则该提案不应在该次会议上进一步审议。
8. 协定或本规则中未明确规定的投票安排及其他有关事项，应比照适用粮农组织总则的规定。

规则 11：科学分委会

1. 根据协定第十二条第 1 款和第 5 款，委员会应建立下列常设分委会，作为委员会的咨询机构：
   a）科学分委会；
   b）履约分委会；
   c）行政与财务常设分委会。
2. 除非委员会另有决定，以下附录中所列的职权范围和议事规则将管理各分委会程序的适用情形：
   a）附录 4——科学分委会；
   b）附录 5——履约分委会；
   c）附录 6——行政与财务常设分委会。

规则 12：分设委员会

1. 根据协定第十二条第 2 款，委员会可设立分设委员会，管理协定所包括的一个或多个种群。
2. 分设委员会应向位于其所涉鱼类种群洄游路径的沿海国或其船舶参与这些种群渔业的委员会成员开放。
3. 根据第十二条第 4 款，分设委员会应为与相关种群管理有关的事项提供磋商和合作的论坛，特别是：
   a）持续审议有关种群，并收集与该种群有关的科学信息和其他相关信息；
   b）评估并分析有关种群的现状和趋势；

c）审议各种管理选项，并向委员会建议适当的管理措施；
d）协调种群的调查和研究；
e）向委员会报告其调查结果；
f）审议委员会向其提出的任何事项。

4. 分设委员会多数成员应构成法定数。
5. 分设委员会的建议和提案可以简单多数方式通过，但最好通过协商一致作出决定。分设委员会每一成员有权将其意见列入报告中。
6. 根据协定第十二条第 2 款设立的分设委员会的程序应比照适用委员会的议事规则。

规则 13：委员会其他附属机构

1. 根据协定第十二条第 5 款，委员会也可为协定目的的实现建立必要的分委会、工作组或其他附属机构。
2. 根据协定第十二条第 5 款，委员会设立下列常设工作组，作为科学分委会或委员会的咨询机构：
旗鱼工作组（WPB）；
数据收集和统计工作组（WPDCS）；
生态系统和兼捕工作组（WPEB）；
方法工作组（WPM）；
浅海金枪鱼工作组（WPNT）；
温带金枪鱼工作组（WPTmT）；
热带金枪鱼工作组（WPTT）。
3. 除非委员会另有决定，附录 7 中所列的职权范围和议事规则适用于各工作组的程序。

规则 14：观察员参会

1. 总干事或其指定的代表应有权参加委员会、科学分委会和委员会任何其他附属机构的所有会议，但无表决权。
2. 在非委员会成员的粮农组织成员和联系会员的请求下，邀请其以观察员身份参加委员会会议。
3. 非委员会成员或粮农组织成员，但属联合国、联合国任何专门机构或国际原子能机构的成员，提出请求经由委员会主席同意，且遵守大会通过的关于给予国家观察员地位的原则，可被邀请作为观察员参加委员会会议。
4. 委员会可应其请求，邀请在委员会活动领域内具有特殊能力的政府间组织参加委员会指定的会议。
5. 委员会可应其请求，邀请在委员会活动领域内具有特殊能力的非政府组织参加委员会指定的会议。执秘至少在会议召开前 60 天把希望被邀请的非政府组织的名单提交给委员会成员。如果委员会有一个成员反对，在 30 天内书面提出反对理由，则此事将由委员会在会外以书面程序作出决定。

6. 委员会根据执秘的提议，可决定要求出席会议的观察员因参会产生的额外行政费用提供捐助，但对政府间组织应遵守互惠性。
7. 区域经济一体化组织参与委员会的工作及委员会与这些组织的关系应遵守粮农组织宪章和总则的有关规定，以及粮农组织大会或粮农组织理事会通过的与国际区域经济一体化组织有关的规则。
8. 除非委员会另有明确决定，观察员可参加委员会大会。国家观察员和联系成员观察员可提交文件并参加讨论，但无表决权。非粮农组织成员观察员、政府间组织观察员或非政府组织观察员可在委员会的邀请下提交备忘录并做口头发言。
9. 委员会可邀请顾问或专家以个人身份参加会议或参加委员会、科学分委会和委员会其他附属机构的工作。
10. 根据协定第十五条，委员会可与其他政府间组织和机构，尤其是活跃在渔业领域的组织和机构签订协定，这可能有助于委员会工作的推进和促进委员会目标的实现。这些协定可规定，这些组织或机构可以观察员身份参加委员会的会议。这些组织或机构的观察员将被授权提交文件，适当时参加委员会、各分委会和委员会其他附属机构的讨论，但无表决权。

规则 15：记录、报告和建议

1. 委员会每次会议结束时应通过一份报告，会议报告应与委员会可能希望发表的技术文件和其他文件一同发表。
2. 通过的报告应体现委员会的决定和建议，包括在被要求时发表少数方意见的声明。
3. 每次会议结束后，应向总干事传送报告、各项决定和建议及委员会成员的实施计划。执秘应将其分发给委员会成员、所有粮农组织成员和联系会员、非委员会成员、非粮农组织成员（全部或部分处于协定第二条规定区域内的沿海国，或其船舶在该区域内捕捞协定所包括鱼类种群的国家），以及其他参加会议的国家和国际组织。
4. 对粮农组织可能产生政策、计划或财政影响的决定或建议，应由总干事通过理事会提请粮农组织大会注意，以采取行动。
5. 顾及前款规定，主席可请委员会成员向委员会或总干事提供其根据委员会的决定和建议采取行动的信息。
6. 本规则比照适用于根据协定第十二条第 5 款设立的委员会附属机构。

规则 16：参会基金

1. 设立了一个专门参会基金（MPF），目的是支持发展中国家 IOTC 缔约方（成员）的科学家和代表参加委员会、分委会和其他附属机构的会议和/或为其工作作出贡献。
2. MPF 应由预算外捐款提供资金，包括各成员的自愿捐款和委员会可以确定的其他来源。
3. 该基金将由执秘按照与常规预算拨款相同的财务管制加以管理，并按照 IOTC 财务条例和附录 8 所载细则办理。
4. 执秘应向委员会提交一份关于基金状况的年度报告，包括关于向基金捐款和支付款项的财务报告。
5. 该基金的分配方式是一年内用于资助非科学会议的经费支出不超过基金支出的 25%。
6. 申请人应注意，希望派遣科学家参加 IOTC 科学会议的发展中国家成员可从其他渠道获得资金。例如，已根据《联合国鱼类种群协定》（UNFSA）第七部分设立了一个基金，以帮助本协定签署国的发展中国家执行其条款，包括参与区域渔业管理组织的工作。对于那些符合条件的 IOTC 成员，这可以提供另一种资金来源，用于资助其参加委员会和附属机构的会议，或出席 IOTC 作为履行《联合国鱼类种群协定》义务所需的培训和能力建设的会议。

规则 17：协定的修订

1. 按照协定第二十条第 2 款的规定，协定的修订提案可由委员会的任何成员或总干事提出。委员会成员的修订提案应提交给委员会主席和总干事，总干事的修订提案应提交给委员会主席。上述提案应至少在召开该提案审议会议的前 120 天提交。总干事应立即将所有修订提案通知委员会各成员。
2. 委员会在任何会议上不得对协定的修订提案采取行动，除非在会议暂定议程中包括此项议题。

规则 18：修改议事规则

本规则的修正或增补可在任何代表团的动议下，在委员会任何全体会议上由委员会成员三分之二多数通过，修正案或增补提案的副本至少在委员会会议召开前 60 天向各代表团分发。

规则 19：正式语言

委员会的正式语言为英语和法语。

附录 1 授 权 书

致 IOTC 执秘：

奉[国家元首、政府首脑、外交部部长或有关部长]指示，谨通知您[IOTC 缔约方（成员）名称]将参加印度洋金枪鱼委员会（IOTC）[和/或委员会的任何分委会]的[×]次会议，将由以下的代表团（如代表团仅由一人组成，则以[头衔和姓名]）代表：

[头衔和姓名]-代表团团长

[头衔和姓名]-副代表

[头衔和姓名]-专家

[头衔和姓名]-顾问

授权代表团根据协定第十一条第 1 款，代表[IOTC 成员名称]政府[或有关区域经济一体化组织（如欧盟）主管机构]全面参加本届会议。

[头衔和姓名]，代表团团长，或在其缺席时，本授权书中指定的副代表，获授权在本次会议上作出与本次会议有关的任何决定，包括代表[IOTC 成员名称]政府[或有关区域经济一体化组织（如欧盟）主管机构]进行投票。

签字

[代表国家元首、政府首脑、外交部部长或有关部长]

附录 2 委员会执行秘书遴选与任命程序

1. 与招聘所有高级（D-1 级及以上）职员职位一样，技术部门在人力资源司的协助下起草职位空缺公告。空缺公告草案将提交相关机构主席征询意见。
2. 职位空缺公告发布并公示 30 天①。
3. 人力资源司根据空缺公告规定的最低标准及资格条件，对候选人进行首次审查和筛选。
4. 第二次审查由相关副总干事和有关司长（D-2）的办公室及粮农组织宪章第十四条的机构成员的 3 名代表进行，以确定面试候选人的入围名单。面试候选人名单必须包含至少 7 名候选人，其中至少有 1 名女性候选人。如果入围名单中没有女性候选人，专家小组报告必须说明原因。如果面试名单中没有 7 名候选人，专家小组报告必须说明原因。

① 除非粮农组织宪章第十四条机构要求延长期限，最长可达 45 天

5. 设立面试小组，由以下人员组成：
   a）相关副总干事或司长（D-2）；
   b）2 名粮农组织高级官员；
   c）3 名第十四条机构的成员代表；
   d）1 名外部专家，由其他面试小组成员从人力资源司推荐的 3 名候选人中选出；
   e）人力资源司代表 1 名，无参与权和决策权。人力资源司代表的角色是向面试小组提供行政支援。他/她不参与面试或评估候选人。
6. 面试小组将对入围候选人进行面试，并准备一份报告。小组报告将确定最少 3 名、最多 5 名合格候选人。如果在这个阶段没有选择女性候选人，则小组报告必须说明原因。
7. 面试候选人的入围名单及提交总干事的 3～5 名候选人的编制均根据本组织的政策适当考虑到性别和地域平衡。如果没有达到这一平衡，面试专家组报告必须说明理由。应尽一切努力以协商一致的方式作出决定。
8. 个人证明材料检查由人力资源司负责。
9. 面试小组报告提交总干事审议。
10. 总干事从面试小组报告中确定的拟议候选人中确定一名候选人，其姓名和履历将根据有关条约的规定提交第十四条机构批准。申请人的姓名和履历及一份已进行个人证明材料检查的书面声明，将在空缺公告结束后十周内转交给第十四条机构的主席，由其对信息进行保密处理。
11. 经第十四条机构批准后，向候选人发出录用通知。如果未获批准，总干事将向第十四条机构提出任命小组报告确定的另一名候选人的建议。如专家组报告中所确定的候选人均未获第十四条机构的批准，则应再发布空缺公告。
12. 一经接受，总干事任命候选人。

任职资格和福利待遇

1. 申请人应具备渔业生物学、渔业科学、渔业经济学或相关领域的大学水平资格，最好是研究生水平，其应该在渔业管理、政策制定方面，最好包括双边和国际关系方面，至少有 15 年的工作经历。他/她应该具有行使高度的专业主动性的能力。申请人还应熟悉编制预算、文件和组织国际会议。其应该具有英语或法语的工作能力，达到粮农组织 C 级水平。具有两种语言工作能力的候选人可优先考虑。
2. 其他基本要求包括甄选工作人员的能力；具备督导本学科专业事务的能力；熟悉文字处理、电子表格和数据库管理系统的使用。
3. 理想的要求包括：高度的适应能力，与不同国籍、不同社会和文化背景、不同教育水平的人有效合作的能力，以及本区域渔业相关问题的经验。
4. 执秘的职务等级将根据联合国专业和高级人员薪酬方案，属于 D-1 级。此外，其还将有权获得服务地点差价调整、养老金、保险等可变因素。执秘任命的条款和条件与粮农组织工作人员相同。

职责范围

根据协定第八条第2款，执秘应负责执行委员会的政策和活动，并应据此向委员会报告。需要时，其还应担任委员会设立的附属机构的执秘。

任职者将根据协定和委员会的决定全面负责委员会的规划、协调和行政管理工作。其在行政管理上应对粮农组织总干事负责。

特别是，其将：

a）接收并发送委员会的官方通信；

b）与适当的政府官员、渔业机构和有关金枪鱼渔业国际组织保持高层接触，以促进与他们之间在信息收集和分析方面的磋商与合作；

c）维持一个活跃且有效的国家联络点网络，以便例行沟通委员会活动的进展和结果；

d）编制和实施工作计划，编制预算并确保及时向委员会报告；

e）根据委员会的预算授权拨付资金；

f）负责委员会的基金；

g）激发委员会成员和潜在捐助者对委员会的活动及可能资助或实施试点项目和补充活动的兴趣；

h）促进、推动和监测资源评估和生物及社会经济研究数据库的创立，为养护和管理提供良好的基础；

i）需要时，协调各成员的研究方案；

j）组织委员会及其附属机构的会议和其他有关特别会议，并保存会议记录；

k）准备背景文件与关于委员会活动和工作计划的报告，提交委员会定期会议，并安排随后出版该报告，以及委员会及其附属机构和相关特设会议的报告；

l）履行委员会要求的其他有关职责。

管理能力——粮农组织标准要求

1. 战略愿景：制定愿景、使命宣言和战略，关注成员的需求，以及调整战略以适应不断变化的环境的能力。
2. 管理人员：通过建立信任、对共同目标的承诺和认可团队的成功来培养团队精神。
3. 结果导向：在不断变化的优先事项下有效管理计划和项目，以实现目标的能力。
4. 伙伴关系：与合作伙伴有效谈判使所有利益攸关方取得成功的结果，并积极支持委员会内的学科交叉。
5. 良好的沟通技巧：在与利益攸关方的谈判和宣传委员会信息时展示出高水平的沟通技巧。

附录3　与非缔约方的合作

成为IOTC合作非缔约方的申请程序如下。

1. 任何请求获得合作非缔约方地位的非缔约方应向执秘提出申请。执秘须在委员会年度会议召开前至少 90 天收到请求，以便在会议上审议。
2. 请求获得合作非缔约方地位的非缔约方应向委员会提供以下资料以供审核：
   a）可能时，其在 IOTC 管理区的历史捕捞数据，包括名义渔获量、船舶数量/类型、渔船名、捕捞努力量和捕鱼区域；
   b）缔约方必须根据 IOTC 通过的决议向 IOTC 提交所有数据；
   c）有关当前在 IOTC 管理区捕鱼活动的详细情况，包括船舶数量和船舶特征；
   d）有关其可能在 IOTC 管理区开展的任何研究计划信息及相关研究结果。
3. 合作非缔约方申请人还应：
   a）确认其遵守委员会养护和管理措施的承诺；
   b）向 IOTC 通报为确保其船舶遵守 IOTC 养护和管理措施所采取的措施。
4. 履约分委会应负责审议有关合作地位的请求，并向委员会建议申请人是否应获得合作地位。审议时，履约分委会还应审议从其他 RFMO 获得的有关申请人的信息，以及申请人的数据提交情况。应谨慎处理申请，以免因给予申请人合作地位而导致将其他区域过剩捕捞能力转入 IOTC 管理区，或诱发 IUU 捕捞活动管理区。
5. 合作非缔约方地位应每年审议和更新，除非因其违反 IOTC 养护和管理措施而被委员会撤销。

附录 4　科学分委会：职责范围和议事规则

除非委员会另有决定，下列程序将适用于科学分委会。

1. 根据协定第十二条第 1 款，委员会设立一个常设科学分委会作为其咨询机构。
2. 科学分委会应由科学家组成；每个委员会成员应有权指定一名代表及（必要时）一名副代表，代表和副代表具备适当的科学资质，并可由专家和顾问陪同。
3. 委员会可邀请专家以个人身份参与有关活动，以增强和拓宽科学分委会及其工作组的专业知识。
4. 委员会成员应自行承担其代表、副代表、专家及顾问参加科学分委会会议及工作组会议的费用，并资助这些人员在科学分委会框架内的会外工作。委员会可资助应邀以个人身份参加委员会会议或工作组会议的专家。
5. 科学分委会主席在科学分委会会议期间，应具有与委员会主席在委员会会议上所具有的同样的权力和责任。
6. 科学分委会主席应经与委员会主席协商后召集科学分委会会议。在两次科学分委会会议间隔期间，其还应履行科学分委会赋予的任何职能。
7. 根据协定第八条第 2 款，委员会执秘或其指派代表，应担任科学分委会的执行秘书。
8. 提交给科学分委会的所有文件应在科学分委会会议召开前至少 15 天提交至 IOTC 秘书处。在会议前 15 天内提交的任何文件，应仅作为信息供参考。

9. 科学分委会应：
   a）建议收集、处理、分发和分析渔业数据的政策和程序；
   b）促进科学家之间就与委员会相关渔业研究和作业信息进行交流和严格审议；
   c）制定和协调涉及委员会成员和其他有关方面的合作研究计划，以支持渔业管理；
   d）评估并向委员会报告与委员会有关的鱼类种群状况，以及进一步捕捞作业和不同作业方式及捕捞强度可能产生的影响；
   e）酌情制定并向分委会报告关于渔业养护、管理和研究的建议，包括协商一致、多数意见和少数意见；
   f）审议委员会提交的任何事项；
   g）开展与委员会有关的其他技术活动。
10. 科学分委会应在委员会会议前召开的年度会议上开展工作。经委员会批准，科学分委会主席可在年会之间召集特别会议。经与委员会秘书处协商，科学分委会主席可通过信函形式发起并指导科学分委会开展部分工作。
11. 科学分委会主席经与委员会秘书处协商，也可召集科学家工作组会议，以开展资源评估、拟订管理建议及支持渔业管理的其他研究。工作组参会人员应由直接参与和/或可能对拟定工作组建议作出重要贡献的科学家组成。这些科学家还可包括具备参会资格的非委员会成员科学家，以及以个人身份参与的专家。
12. 科学分委会的程序应比照适用委员会的议事规则。

附录 5　履约分委会：职责范围和议事规则

1. 履约分委会的会议。履约分委会会议应至少有两天的会期，以评估每个 IOTC 缔约方（成员）和合作非缔约方（CPC）遵守与执行作为 IOTC 成员和合作非缔约方的义务的情况。
2. 履约分委会的授权和目标。
   a）履约分委会应负责审议每个 CPC 在 IOTC 管理区遵守具有约束力的 IOTC 养护和管理措施的所有方面；
   b）履约分委会应直接向委员会报告其审议意见和建议；
   c）履约分委会应与 IOTC 其他附属机构密切合作，以便随时了解遵守具有约束力的 IOTC 养护和管理措施的所有相关问题；
   d）履约分委会的工作应遵循以下总体目标：
      i）提供一个结构化的论坛，讨论与有效执行和遵守 IOTC 协定第十条第 1 款、第十条第 2 款和第十一条第 2 款及适用的 IOTC 养护和管理措施有关的所有问题，
      ii）从 CPC 提交的文件（如执行报告和标准履约调查问卷）或 IOTC 附属机构提交的文件中，收集和审议关于遵守 IOTC 协定第十条第 1 款、第十条第 2 款和第十一条第 2 款及适用的 IOTC 养护和管理措施的信息，

iii）查明和讨论与执行和遵守 IOTC 协定第十条第 1 款、第十条第 2 款和第十一条第 2 款及适用的 IOTC 养护和管理措施有关的问题，并就如何解决这些问题向委员会提出建议，包括考虑对 CPC 不履约的所有可用的回应，

iv）促进积极的履约文化，重点是提高 CPC 对 IOTC 协议及适用的 IOTC 养护和管理措施的总体遵守情况。

3. 履约分委会的职责范围如下。

a）审议每个 CPC 对 IOTC 协定第十条第 1 款、第十条第 2 款和第十一条第 2 款及适用的 IOTC 养护和管理措施的遵守情况，并向委员会提出必要的建议，以确保其效力，特别是关于：

i）强制性的统计要求及与强制报告和提供数据有关的所有问题，包括非目标物种，

ii）CPC 遵守 IOTC 协定第十条第 1 款、第十条第 2 款和第十一条第 2 款及适用的 IOTC 养护和管理措施的程度，

iii）CPC 遵守有关捕捞能力限制决议的程度，

iv）委员会通过的监测、控制和监视（MCS）决议的执行状况（如港口检查、VMS、针对违法采取的后续行动及与市场相关措施），

v）在 IOTC 管理区授权船舶和实际作业船舶的报告，特别是 IOTC 关于捕捞努力量限制的决议；

b）履约分委会还应承担：

i）在 IOTC 秘书处的帮助下，根据各 CPC 按照委员会通过的各项决议提交的资料编写报告，该报告将构成履约情况审查流程的基础，

ii）如下文第 4 段、第 5 段和第 6 段所述，制定一种结构化的综合办法来评价每一 CPC 对 IOTC 协定第十条第 1 款、第十条第 2 款和第十一条第 2 款及适用的 IOTC 养护和管理措施的遵守情况。履约分委会主席在 IOTC 秘书处的协助下，将查明和选择严重的不履约问题，并将其分发给各 CPC，提交履约分委会会议讨论，

iii）按照下文第 4 段、第 5 段和第 6 段所述程序，在会议结束时就每一 CPC 的履约情况提出建议，

iv）制定激励计划，并酌情制定其他后续行动，包括实施机制，以鼓励所有 CPC 履约，

v）执行委员会交办的其他任务。

4. IOTC 履约分委会的准备工作。

a）为准备 IOTC 履约分委会会议，IOTC 秘书处应：

i）在 IOTC 网站的加密部分向每个 CPC 提供一份标准的调查问卷，并在年会前 4 个月通过电子邮件通知，以了解在上一个公历年各种具有约束力的、适用的 IOTC 养护和管理措施的遵守情况。该调查问卷还应收集 CPC 针对协定第 6 款规定的上一年度 IOTC 最终履约报告所采取的任何后续行

动信息，以便在不迟于委员会会议前 80 天收到有关 CPC 的意见和答复，

ii）以 IOTC 履约报告草案的形式汇编 CPC 对问卷的初步答复。IOTC 履约报告草案应总结与每个 CPC 执行和履约义务有关的所有现有信息，供 IOTC 履约分委会审查，并应包括根据附件 A 确定的每个履约问题的建议履约状况。还应包括 IOTC 协定第十条第 1 款和第十条第 2 款所述年度报告提交情况的有关信息，

iii）IOTC 履约报告草案应通过 IOTC 网站的加密部分提供给相关 CPC，并在不迟于委员会会议前 70 天通过电子邮件通知。相关报告草案在网站上公布后，每一 CPC 可不迟于委员会会议前 30 天回复 IOTC 秘书处，以便（酌情）：

①对报告草案所载信息提供补充信息并进行澄清、修订或更正

②确定在履行任何义务方面的任何特定困难

③确定对 CPC 履行任何义务所需的技术或能力建设提供协助，和/或

④基于合理的理由，对任何建议的履约状态提出变更意见

iv）IOTC 秘书处随后应根据每个 CPC 的履约报告草案编写 IOTC 履约概要报告。IOTC 履约概要报告应构成下文第 5 段和第 6 段所述的履约审议程序的基础，除其他外，应包括每一 CPC 履行义务的概要、查明的任何履约问题和秘书处根据附件 A 建议的初步履约情况，

v）IOTC 履约总结报告应不迟于委员会会议前 25 天在 IOTC 网站上提供给所有 CPC。

5. 暂定 IOTC 履约报告。

a）在每次会议上，IOTC 履约分委会应审议 IOTC 履约摘要报告，并考虑报告中所含信息，以及在履约分委会会议之前或会议期间提供的任何其他适当的文件信息。履约审议流程应根据需要，按每个 CPC、每条措施和每项义务逐个进行，视需要，优先处理第 2 类不履约问题（见附件 A）及其他反复出现的履约问题。履约分委会可要求拥有相关信息的任何 CPC 进一步提供详情。履约分委会还应讨论未提交或迟交第 4 段 a）项 i）款所述调查问卷的情况；

b）根据现有信息，履约分委会应拟定一份暂定履约报告。该 IOTC 暂定履约报告应记录所有已识别的履约问题，包括根据附件 A 对履约状况的评估，并根据附件 A 针对所不履约问题提出后续行动建议，包括实施时间表；

c）就 IOTC 暂定和最终履约报告而言，“履约状况”应基于以下信息：

i）对于 CPC 层面的数量限制或集体 CPC 的数量限制，如对捕捞能力、捕捞努力量或渔获量的限制：表明未超限额的可验证的数据，

ii）其他义务：

①执行——如某项义务适用，CPC 需以本国语言（非法语和英语时）通知并提供证明文件，表明已根据本国有关政策和程序，采取具有约束力的执行措施

②监测和确保遵守——要求 CPC 提供信息，证明其已建立了监测船舶及

人员遵守相关具有约束力措施的系统或程序，具备违规行为应对机制和处置程序，并对有关潜在违规行为采取了行动

d）IOTC 暂定履约报告还应视情况向委员会提出以下建议：

i）CPC 已采取或建议采取的任何补救行动，

ii）在第 4 段、第 5 段和第 6 段所述审议进程中，下一个履约评估周期拟优先审议的义务，

iii）其他应对行动，包括委员会视情况认为适当的激励措施。

6. IOTC 最终履约报告，委员会应审议 IOTC 暂定履约报告及任何相关或其他信息，包括对履约问题的回应及履约分委会建议的后续行动，并根据需要进行修订后通过该报告，形成 IOTC 最终履约报告。

7. 第 4 段、第 5 段和第 6 段所述流程应在完整完成一次履约评估程序后，由履约分委会进行审议。必要时，履约分委会应就今后如何改进该程序向委员会提出建议。

附件 A　履约状况类别

履约状况	标准	可能的后续行动
履约	如果不存在某项义务的履约问题，包括以下内容（如适用）均已满足，则 CPC 将被认为履约： a）报告或提交截止日期； b）通过国家法律、法规或行政命令履行义务； c）以商定的格式（如适用）提交所需的所有强制性信息或数据。	无行动要求。
部分履约	如果发生以下任何情况，CPC 将被视为部分履约： a）已提交或报告有关义务的信息或数据，但不完整或不正确； b）CPC 没有满足完成或提交报告少于 15 天的截止期要求； 未能实施、监测或确保遵守 CMM 规定的部分（但不是全部）义务。	• **不采取进一步行动**：CPC 证实其已采取适当的行动，且不需要进一步的行动。 • **需要采取的后续行动**：除非委员会另有决定，CPC 应在规定时间内，最迟在下一次年度会议之前提供补充资料或解决履约问题。
第 1 类不履约	如果某一 CPC 发生以下任何情况，则被视为第 1 类不履约： a）CPC 未提交或报告有关义务的信息或数据； b）CPC 未能在超过 15 天的截止日期前报告或提交有关义务的信息或数据； c）CPC 未执行、监测或确保履行一项义务。	• **不采取进一步行动**：CPC 证实其已采取适当的行动，且不需要进一步的行动。 • **需要采取的后续行动**：除非委员会另有决定，CPC 应在规定时间内，最迟在下一次年度会议之前提供补充资料或解决履约问题。 后续行动应与相关履约问题相适应，并应包括但不限于以下一项或多项回应，同时考虑到履约问题的历史、情况、程度和严重性。 **CPC 要采取的行动：** - CPC 提议并经委员会审核后许可行动； - CPC 完成有关履约问题的调查，并在需要时向履约分委会报告； - 加强船队监测； - 修订国内程序、立法或政策，包括必要时的处罚； - 其他补救措施。 **履约分委会建议并经委员会审核后许可的行动：** - 在指定时间内提供能力建设或技术援助； - 其他补救措施。

续表

履约状况	标准	可能的后续行动
第2类不履约	如果某一CPC发生以下任何情况，则被视为第2类不履约： a）连续两年或两年以上超过委员会规定的渔获量限额； b）未遵守因超额捕捞而导致的捕捞限额扣减； c）未提交标准履约调查问卷； d）未提交执行报告； e）未能提供名义渔获量数据，包括一种或多种物种连续两年或两年以上的零渔获量； f）未能根据委员会就履约问题商定的后续行动提出报告； g）连续两年或两年以上未遵守执行、监测或确保对某一物种的不得在船上存留的禁令； h）连续两年或两年以上未能及时提供名义渔获量数据，以便对一种或多种物种进行资源评估； i）连续两年或两年以上未能执行、监测或确保遵守同一义务。	• **不采取进一步行动**：CPC证实其已采取适当的行动，且不需要进一步的行动。 • **需要采取后续行动**：CPC应在委员会年度会议结束后3个月内提交一份详细计划和时间表，说明打算如何处理所查明的第2类不履约情况。 后续行动应与相关履约问题相适应，并应包括但不限于以下一项或多项回应，同时考虑到履约问题的历史、情况、程度和严重性。 **CPC要采取的行动：** - 提交解决所确定的第2类不履约情况的详细计划和时间表； - CPC提议并经委员会审核后许可的行动； - CPC完成有关履约问题的调查，并在需要时向履约分委会报告； - 加强船队监测； - 修订国内程序、立法或政策，包括必要时的处罚； - 其他补救措施。 **履约分委会建议并经委员会审核后许可的行动：** - 在指定时间内提供能力建设或技术援助； - 其他补救措施。
正在进行的能力建设	如果某一CPC受益于旨在履行这一义务的IOTC能力建设活动，则该CPC将被评估为在该义务下"正在进行的能力建设"。	
不适用N/A	该措施不适用。	

8. 履约分委会应考虑发展中沿海国的能力限制和可以理解的特殊情况。本文件任何内容均不得与适用的IOTC养护和管理措施中规定的有关沿海国渔业的任何义务与特别考虑相抵触。
9. 履约分委会的程序应比照适用委员会的议事规则。

附录6　行政与财务常设分委会：职责范围和议事规则

1. 行政与财务常设分委会应就委员会向其转交的行政和财务性质的事项向委员会提出建议，并应每年：
   审查本年度的运营预算；
   审查随后一年和第二年的预算草案。
2. 行政与财务常设分委会可提请委员会注意任何行政或财务方面的问题。
3. 行政与财务常设分委会可从成员中任命一个较小的非正式小组，经与执秘磋商，事先对有关问题进行初步审议。
4. 行政与财务常设分委会应编写每次分委会会议的报告，并向委员会报告。
5. 行政与财务常设分委会的程序应比照适用委员会的议事规则。

附录 7　工作组（科学）：职责范围和议事规则

支持科学进程的 IOTC 工作组的一般职权范围反映了科学分委会的任务，即向委员会提供根据 IOTC 协定管理 IOTC 鱼类种群所需的信息。

各工作组的工作将包括下列具体任务：

审议有关物种的生物学和种群结构的新信息，以及渔业和环境数据；

协调和促进对这些物种及其渔业的合作研究；

开发和确定商定的模型与程序，以评估每一物种的种群状况；

对每一物种或种群进行资源评估；

为管理选项、管理措施的影响和其他问题提供技术建议；

确定优先研究项目，并具体说明工作组履行其职责所必需的数据和信息要求。

下列每一个工作组的职责范围应参照科学分委会通过的规定：

旗鱼工作组（WPB）；

数据收集和统计工作组（WPDCS）；

生态系统和兼捕工作组（WPEB）；

方法工作组（WPM）；

浅海金枪鱼工作组（WPNT）；

温带金枪鱼工作组（WPTmT）；

热带金枪鱼工作组（WPTT）。

附录 8　IOTC 参会基金管理程序规则

1. 定义

发展中缔约方，是指根据最近计算会费使用的标准（见第三部分“印度洋金枪鱼委员会财务条例”附件），属于“低”收入或“中等”收入类别的任何缔约方（成员）。

甄选小组，对于工作组，由有关科学机构的主席、科学分委会主席或其代表及秘书处组成。

非科学会议，是委员会的定期会议和特别会议，包括履约分委会会议、行政与财务常设分委会会议，以及委员会其他非科学附属机构的会议。

2. 合格标准

a）IOTC 工作组和技术研讨会参会基金。

任何被提名的来自发展中缔约方（成员）的科学家，在规定的截止日期前提交完整的申请，包括工作报告或与会议主题相关的报告，都有资格获得 IOTC 参会基金。将优先考虑来自最不发达国家的科学家。

拖欠向委员会缴纳会费的缔约方（成员），如果连续两个公历年度拖欠的会费等于或超过其应缴纳的数额，则这些缔约方（成员）的科学家没有资格获得参会基金。

b）IOTC 科学分委会会议参会基金。

任何来自 IOTC 发展中缔约方（成员）的代表在规定的截止日期前提交完整的申请，

包括国家报告和一份正式授权书，都有资格获得 IOTC 的参会基金。将优先考虑来自最不发达国家的代表。

拖欠向委员会应缴纳会费的缔约方（成员），如果连续两个公历年度拖欠的会费等于或超过其应缴纳的数额，则这些缔约方（成员）的科学家没有资格获得参会基金。

c）委员会会议（包括履约会议和行政与财务常设分委会会议）和其他非科学会议的参会基金。

任何来自 IOTC 发展中缔约方（成员）的代表在规定的截止日期前提交申请，包括相关报告和一份正式授权书，都有资格获得 IOTC 的参会基金。将优先考虑来自最不发达国家（成员）的代表。

如缔约方（成员）能获得其他资金来源，如《联合国鱼类种群协定》基金第七部分的援助基金，则鼓励其使用这些资金。

拖欠向委员会缴纳会费的缔约方（成员），如果连续两个公历年度拖欠的会费等于或超过其应缴纳的数额，则这些缔约方（成员）的科学家没有资格获得参会基金。

d）IOTC 主席和副主席参会基金。

任何被提名的来自发展中缔约方（成员）的主席和/或副主席，在设定的最后期限前提交一份完整的申请，包括工作报告或与会议主题相关的报告，有资格获得参加其作为主席或副主席的会议的 IOTC 参会基金。作为附件 A 所列的 MPF 申请程序一部分的准备文件指南，将适用于 MPF 资助的主席和副主席。

任何被提名的来自发展中缔约方（成员）的主席或副主席，都有资格获得 IOTC 参会基金参加科学分委会会议，在其担任主席或副主席的工作组提交报告。

3. 申请支持参加工作组和技术研讨会

增加发展中缔约方（成员）科学家参加 IOTC 科学会议是 MPF 的主要目标，根据

甄选工作组和研讨会参会基金接受者的时间表

序号	任务项	职责	到期日（截止日期）
1	通过 IOTC 相关邮件列表向 CPC 发送通知，提请申请 MPF。申请的要求包括遴选 MPF 接收者的条款、条件和时间表	秘书处	至少会前 90 天
2	提交申请的截止日期，包括： 渔业部门主管或任何其他有关主管机构签署的要求支持的正式提名函； 获得提名者的详细信息和其护照副本； 在会议上提交的科学论文或文件的摘要	MPF 申请人	至少会前 45 天
3	秘书处： 审核申请，确定符合标准者； 给不符合条件的申请人提供 3 天额外时间来完成申请	秘书处	在申请截止日期 2 天内（上述第 2 步），或更早
4	秘书处将完整的申请清单分发给甄选小组	秘书处	第 3 步后 3 天（至少会前 40 天）
5	甄选小组在 5 天内审查完整的申请清单，评估申请人提交的文件与会议主题的相关性	甄选小组	第 4 步后 5 天（至少会前 35 天）
6	秘书处向成功的申请人发出邀请，并开始旅行安排	秘书处	第 5 步后 1 天（至少会前 34 天）
7	申请人提交的文件公布在相关的 IOTC 会议网页上	秘书处	至少会前 15 天

规则 16 的第 1 款规定，只有在申请人打算出示和提交一份与其希望参加的工作组的工作相关的工作报告时，才应考虑其申请 MPF。附件 A 提供了撰写此类报告的指南。

4. 申请支持参加科学分委会会议

准备国家报告的模板（申请资助参加科学分委会会议的资格要求），其可从 IOTC 网站下载，也可以通过秘书处获得。

甄选申请科学分委会参会基金接受者的时间表

序号	任务项	职责	截止日期
1	通过 IOTC 相关邮件列表向 CPC 发送通知，提请申请 MPF。申请的要求包括遴选 MPF 接收者的条款、条件和时间表	秘书处	至少在 SC 会议召开前 90 天
2	提交申请的截止日期，包括： 渔业部门主管或任何其他有关主管机构签署的要求支持的正式提名函； 授权书（见 IOTC 议事规则 10 的第 3 款）； 获得提名者的详细信息和他/她的护照副本； CPC 国家报告	MPF 申请人	至少在会议召开前 45 天
3	秘书处： 审核申请，确定符合标准者； 给不符合条件的申请人提供 3 天额外时间来完成申请	秘书处	在申请截止日期 2 天内（上述第 2 步），或更早
4	秘书处向成功的申请人发出邀请，并开始旅行安排	秘书处	第 3 步后 3 天（至少会前 40 天）

5. 申请支持参加非科学会议

根据议事规则的规则 15 第 1 款，资金资助的参会者必须提交与会议有关的报告。对于履约分委会、行政与财务常设分委会和委员会会议，相关报告是实施报告（如 IOTC 协定第十条第 2 款所述），因此，只有当申请人的 CPC 提交了其实施报告后，才会考虑其对 MPF 的申请。

当履约分委会和行政与财务常设分委会会议与委员会定期会议同时举行时，每个 CPC 的参会者中只有一人（次）将获得 MPF 的支持。

甄选参加非科学会议的基金接受者的时间安排，特别是委员会会议

序号	任务项	职责	截止日期
1	通过 IOTC 相关邮件列表向 CPC 发送通知，提请申请 MPF。申请的要求将包括遴选 MPF 接收者的条款、条件和时间表	秘书处	至少会前 90 天
2	提交申请的截止日期，包括： 渔业部门主管或任何其他有关主管机构签署的要求支持的正式提名函； 授权书（见 IOTC 议事规则 10 的第 3 款）； 获得提名者的详细信息和其护照副本； CPC 执行报告	MPF 申请人	至少在委员会会议前 60 天
3	秘书处： 审核申请，确定符合标准者； 给不符合条件的申请人提供 3 天额外时间来完成申请	秘书处	申请截止日期 2 天内（上述第 2 步），或更早
4	秘书处为成功的申请人发邀请，并开始旅行安排	秘书处	第 2 步后 3 天（至少会前 45 天）

附件 A　MPF 议事规则

作为参会基金申请程序一部分的准备报告的指南

如决议“将优先考虑那些对他们希望参加的会议感兴趣的主题提交科学文件的申请人”第 6 款所述。

申请参会基金的申请人应按以下指南准备工作文件。

1. 对于委员会会议，提交的工作文件应该是：

按秘书处至少在会议开始前 90 天以 IOTC 通告形式通知模板编写执行报告。请注意，提交执行报告的截止日期是会议前 60 天。

2. 对于科学分委会会议，提交的文件应该是：

根据科学分委会第十三次会议（IOTC-2010-SC13-R，附录 6）通过的指南的一份国家报告，请注意，提交国家报告的截止日期是科学分委会会议前 30 天。

3. 对于工作组会议或任何其他特设研讨会，提交的工作文件应具体涉及会议关心的主题，应该是：

一份与申请人希望参加的工作组涵盖的某一特定物种或一群物种的生物学（如生长、遗传等）有关的报告；

或一份与申请人希望参加的工作组涵盖的主捕某一（些）特定物种的渔业有关的报告，应包括对船队、使用渔具、捕捞渔区、数据收集系统及其不足、相关研究、相关立法、社会经济问题和渔业统计数据，如名义渔获量、渔获量和捕捞努力量、体长频率、单位努力量渔获量（CPUE）等的描述；

或一份介绍申请人希望参加的工作组涵盖的某一特定物种的分析报告，如 CPUE 标准化、资源评估等，或申请人希望出席的工作组主席请求经科学分委会主席和执秘批准的任何其他具体报告。

第三部分　印度洋金枪鱼委员会财务条例[①]

背　景

印度洋金枪鱼委员会在第 23 次会议（2019 年 6 月）上通过了对其财务条例的修订，旨在提高透明度并吸收其他区域渔业管理组织采用的做法。根据 IOTC 协定，IOTC 财务条例（2019 版）随后于 2019 年 11 月经粮农组织财政分委会第 178 届会议审核批准。

条例 1　适 用 范 围

1. 本条例应适用于印度洋金枪鱼委员会财务管理。
2. 对于本条例未涵盖的事项，应适粮农组织财务规则和程序。

条例 2　财 务 周 期

财务周期应为一个公历年，自 1 月 1 日起至 12 月 31 日止（包括起止日期）。

条例 3　预　　算

1. 委员会执行秘书应编制当年业务预算及其随后两个年度的预算概算，并应于每届年会开会前至少 60 天分发给委员会所有缔约方（成员）。
2. 当年度业务预算及其随后两个年度的预算概算应涵盖相关财政周期内的收支情况，并应以美元（USD）列支。
3. 当年度业务预算及其随后两个年度的预算概算应通过适当资料和数据体现财政周期内的工作计划，并应包含该财务周期的工作计划及委员会可能要求的其他信息、附件或解释性陈述。
4. 预算应包括：
   a）下文第 5 段所述的行政预算，涉及根据《建立印度洋金枪鱼委员会协定》第十三条第 1 款规定的委员会缔约方（成员）应缴纳的分摊会费，以及根据协定第八条第 3 款和第 4 款应列入委员会预算的支出。行政预算应以适当方式

① 本 IOTC 财务条例于 2021 年 11 月 12 日更新。在粮农组织财政委员会第 178 届会议之后，本条例附件第 5 条所提及的日期（即应缴付会费的最迟日期和拖欠会费的日期）仍未确定，需由委员会后续确定。这些日期最终于 2021 年 6 月 11 日委员会第 25 届会议上最终确定，然后于 2021 年 11 月 12 日粮农组织财政委员会第 188 届会议上完成最后程序

体现粮农组织根据第八条第 3 款承担的费用；

b）下文第 8 段所述执行秘书提议的特别预算；

c）条例 6 条第 1 段所述的信托基金，涉及财务周期内从各组织、个人和其他来源获得的捐款或其他形式的援助资金。

5. 财务周期的行政预算应包括下列各项：

a）行政开支，包含按委员会预算总额 4.5%计提的粮农组织项目服务费；

b）委员会活动支出，条例 3 的预算可仅以单一总额列示，但要另行编制并核准各具体项目的详细概算，作为行政预算的“补充明细”；

c）超过运行费用支出的不可预见费。条例 4 第 5 段规定的周转金。

6. 行政预算应经行政与财务常设分委会（SCAF）审议，并经委员会在认为修订必要的情况下予以通过。

7. 本年度的财务预算中期执行报告应由秘书处编写，经 SCAF 审议后由委员会通过，其中应体现拨款额度的任何调整情况。

8. 特殊情况下，执行秘书可提议设立特别预算，并由委员会酌情通过。编制特别预算提案的格式应与核准预算保持一致。本条例的规定应尽可能适用于拟议的特别预算。

9. 委员会的行政预算应提交粮农组织财政委员会供其知悉。

条例 4　拨　　款

1. 预算通过后，其中的拨款即构成委员会为所拨款项获准的用途承担义务和进行支付的授权，但不得超过同意的数额上限。

2. 根据委员会主席建议，执行秘书有权接受委员会某一缔约方（成员）或多个缔约方（成员）的额外捐款，或接受其他来源的赠款，并将这些捐款或赠款用于特定用途支出。此类捐款或赠款以及相关支出将在下一届年会上向委员会详细报告。

3. 任何上年承诺所付款项未结清的应注销，或承诺所付款项仍为有效费用时，可结转至当年款项处理。

4. 中期审查前，执行秘书经委员会主席批准，可授权在条例 3 第 5 段明确的分项目之间调剂不超过 15%的拨款。中期审查后可调剂不超过 10%的拨款。所有这些调剂情况必须在下一届年会向委员会报告。

5. 委员会应设立一个周转金，以便在收到委员会成员的资金之前垫付业务支出。该周转基金来源应为历年累积的资金结余。委员会应考虑制定周转基金运行程序规则，其中包括在没有资金盈余的情况下为周转基金提供资金的机制。缔约方不得将周转基金中的资金解释为规避缴纳会费的一种手段。

条例5　资金筹措

1. 行政预算拨款应由以下方式筹措：
   a）委员会缔约方（成员）的会费摊款根据协定第十三条第1款、第3款和第4款确定和支付。在收到年度会费之前，授权执行秘书从以周转基金为预算支持的业务支出或委员会可能核准的其他此类支出提供经费；
   b）成员、CNCP或其他实体的自愿捐款；
   c）委员会有权获得的或可获得的其他资金。
2. 预算通过后，执行秘书应通知委员会缔约方（成员）其对预算年度缴款的义务，包括成员所拖欠的任何款项。
3. 行政预算的年度会费应以美元分摊，并应按照本条例所附的方案计算（该附件构成本条例的组成部分）。除非委员会另有决定，会费应以美元支付。
4. 任何新加入的委员会的缔约方（成员）应按照协定第十三条第3款规定，在其成员资格生效所在的财政周期起缴纳预算会费，缴费从获得成员资格的当季开始计算。
5. 执行秘书应在每届年会向委员会提交报告，说明委员会成员会费摊款的收缴会费、任何自愿捐款或其他收入款项，以及从周转基金中预支的任何资金。

条例6　基　　金

1. 根据协定第十三条第6款收到的组织、个人和其他来源的所有捐款、捐赠及其他形式的援助，可存入总干事根据粮农组织财务条例管理的信托基金。
2. 各信托基金、储备金及特别账号的用途和限额应由委员会明确界定。
3. 对于条例6第1段所述信托基金，粮农组织应设立下列账户：
   3.1　一个总账户，应将根据协定第十三条第1款支付的所有会费的收入记入该账户，同时记录从该账户支付年度行政预算拨款项下应支付的所有支出；
   3.2　必要的额外账户，将根据条例4第2段的额外捐款计入该账户，并从该账户支付与此相关的所有支出。
4. 执行秘书应向每届委员会年会提交一份关于信托基金状况的报告。

条例7

委员会可根据协定第六条第7款对本条例进行修订。

附件　委员会行政预算会费计算办法

1. 委员会总预算的10%应由所有缔约方（成员）平均分摊。

2. 在下文第 4 段规定期间内，总预算的 10%应由在 IOTC 管理区捕捞委员会管理物种的缔约方（成员）之间平均分摊。
3. 总预算的 40%应根据各缔约方（成员）在应缴款项相关年度前 3 年的日历年人均国民总收入[按人均计算，采用世界银行图表集法（现值美元），以当年委员会年会召开前 60 天的记录为准]在各缔约方（成员）之间进行分摊，并根据缔约方（成员）的经济状况按以下世界银行分类进行加权，分类阈值如有变动则随之调整[若世界银行未提供某一缔约方（成员）的国民总收入，则采用上一年的数值]：
   a）高收入缔约方（成员）：权重系数为 8；
   b）中等收入缔约方（成员）：权重系数为 2；
   c）低收入缔约方（成员）：权重系数为 0。
4. 预算总额的 40%应根据各缔约国（成员）在分摊年度前 5 年起的 3 个日历年的平均捕获量（四舍五入至最接近的整吨）按其发展地位系数进行比例分摊加权。经济合作与发展组织（OECD）成员及欧盟的权重系数为 1，其他缔约方（成员）的权重系数应为五分之一。
5. 应交摊款应在尽可能早的时间内全额缴纳，最迟不得晚于相关公历年的 6 月 30 日。公历年的 7 月 1 日为缴款截止日期，未缴清的应缴款项将被视为拖欠一年。

第四部分　印度洋金枪鱼委员会养护和管理措施

决议第 25/01 号：关于气候变化与印度洋金枪鱼委员会相关事宜

印度洋金枪鱼委员会（IOTC），

认识到应对气候变化影响的国际倡议，包括通过《联合国气候变化框架公约》和《巴黎协定》；

注意到联合国政府间气候变化专门委员会（IPCC）的工作；

注意到 IOTC 科学分委会及其各工作组在评估气候变化对公约区金枪鱼种群、兼捕物种，以及与目标种群同属一个生态系统或依赖于目标种群或与之相关的物种的影响方面所做的工作；

深信应对气候变化和其他环境退化对 IOTC 管理区内目标种群、非目标物种及与目标种群同属一个生态系统或依赖于目标种群或与之关联的物种的潜在影响的重要性；

鉴于国际海洋法法庭（ITLOS）在其于 2024 年 5 月 21 日发布的关于气候变化与国际法咨询意见中指出，《联合国海洋法公约》第 64 条第 1 款关于高度洄游鱼类种群的合作义务，“要求各国，除其他外，应本着诚信相互协商，旨在通过有效措施，以协调并确保共享种群的养护与开发，同时考虑气候变化与海洋酸化对海洋生物资源的影响”；

铭记《执行 1982 年 12 月 10 日〈联合国海洋法公约〉有关养护和管理跨界鱼类种群和高度洄游鱼类种群的规定的协定》（UNFSA）的通过是认识到有必要避免捕鱼作业对海洋环境造成不利影响、保护生物多样性、维持海洋生态系统的完整性，并将捕鱼作业导致的长期或不可逆影响的风险降至最低；

回顾 UNFSA 第 5 条要求各国评估捕鱼活动、其他人类活动和环境因素对目标种群及与目标种群同属一个生态系统或依赖于目标种群或与之关联的物种的影响，并在必要时针对这些物种通过养护和管理措施，以维持或恢复这些物种的数量在其繁殖不受到严重威胁的水平之上；

考虑到国际海洋法法庭（ITLOS）于 2024 年 5 月 21 日发布的关于气候变化与国际法的咨询意见中指出，《联合国鱼类种群协定》（UNFSA）第 5 条和第 7 条“可能为应对因气候变化和海洋酸化导致的鱼类种群分布变化与范围转移提供指导，并为《联合国海洋法公约》（UNCLOS）第五部分和第七部分的相关条款提供参考依据”；

关切政府间气候变化专门委员会 2022 年的报告结果，高可信度认为气候变化正在导致海洋鱼类资源重新分布，增加了渔业使用者之间跨界管理冲突的风险，并因鱼类资源从低纬度地区向高纬度地区转移，对食物供应服务的公平分配产生负面影响，从而增加了基于气候信息的跨界鱼类管理和合作的需求；

认识到若干区域渔业管理组织，包括中西部太平洋渔业委员会（WCPFC）、养护大西洋金枪鱼国际委员会（ICCAT）、南太平洋区域渔业管理组织（SPRFMO）和美洲间热带金枪鱼委员会（IATTC），已采取措施在其管理职权范围内预防和了解气候变化对渔业的影响，并向其各自的科学或决策机构下达了带有具体时间表的任务；

回顾热带金枪鱼工作组第 23 届会议关切海洋温度变化可能直接影响金枪鱼的空间分布和种群动态；

关切气候变化与气候变率正日益影响印度洋的金枪鱼渔业，包括其对种群分布、洄游模式和渔获率的影响，而对诸如印度洋偶极子（IOD）和厄尔尼诺-南方涛动（ENSO）等关键气候现象仍相对不了解；

铭记近几十年来正 IOD 事件发生频率显著增加，且这一趋势随着印度洋持续变暖将进一步加剧；同时这类事件对区域气候变率具有显著影响；

进一步回顾第 24 届 IOTC 科学分委会会议强调了了解气候变化，特别是其对热带金枪鱼影响的重要性，以及第 26 届科学分委会会议认识到需要加强能力建设以提高对气候变化、气候变率（包括 IOD 和 ENSO）及其对金枪鱼种群可持续管理的影响的认识；

根据 IOTC 协定第九条第 1 款的规定，决议如下：

1. 委员会在其审议（包括制定养护和管理措施）过程中，应考虑 IOTC 科学分委会和社会经济工作组（WPSE）所提供的关于气候变化对 IOTC 物种、兼捕物种、属于同一生态系统的 IOTC 物种或从属 IOTC 物种或与 IOTC 物种相关的其他物种潜在影响的信息。
2. 委员会应支持进一步开展有关气候变化与 IOTC 物种渔业（IOTC 渔业）、兼捕渔获物，以及相关生态系统、IOTC 物种及其依赖或关联物种之间关系的研究，包括旨在为减缓和/或适应气候变化影响的潜在措施提供有依据的研究。
3. IOTC 科学分委会和 WPSE 在委员会要求时，应评估并尽可能就气候变化对 IOTC 物种的潜在影响及对发展中国家和小岛屿发展中国家的任何相关影响提供建议。
4. IOTC 科学分委会和 WPSE 应研究气候变化与捕鱼活动之间的关系，并向委员会提供这些关系对 IOTC 物种、兼捕渔获物及生态系统养护与管理潜在影响的建议。
5. 为支持和加速委员会对气候变化问题的审议：
   a）WPSE 应评估气候变化对 IOTC 渔业产生的（实际或潜在的）社会经济影响。在此基础上，WPSE 应向委员会提供相关信息或建议；
   b）所有向 IOTC 科学分委会报告的 IOTC 工作组应在其定期会议中将气候变化列为常设议题，并按照现行报告程序向科学分委会提供任何相关信息或建议；
   c）IOTC 秘书处应继续开展相关工作，建立、维护并更新关于气候变化及其对 IOTC 渔业影响的专门网页。
6. IOTC 执行秘书应在委员会的指导下开展能力建设项目，特别是针对发展中沿海缔约方，包括最不发达国家和小岛屿发展中国家，以提高对气候变化科学的认识，以及对气候变化对 IOTC 物种、兼捕物种、属于同一生态系统的 IOTC 物种或从属 IOTC 物种或与 IOTC 物种相关物种的影响的理解。

7. 为支持 IOTC 秘书处实施能力建设项目，鼓励 CPC 通过 IOTC 的相关机构分享相关信息、方法和经验，包括能力建设方面的信息、方法和经验。
8. IOTC 执行秘书应通过各种资助机制，如全球环境基金、世界银行和其他机制，为实施与气候变化有关的科学工作和能力建设计划寻求资金，以执行本决议。
9. IOTC 执行秘书应监督委员会运作及委员会与其下设会议相关活动对环境的影响，并在必要时提出替代方案，提交委员会审核后许可，以减少此类影响。执行秘书尤其需提出相关准则以减少线下会议有关活动的（环境）影响，包括以线上方式召开的会议清单。
10. IOTC 科学分委会应：
    a）在其年度会议上，审议并考虑其附属机构及其他相关机构或来源提供的任何有关气候变化的信息和建议；
    b）每年基于 a）项审议与考虑信息和建议向委员会提出建议，并建议可能采取的进一步步骤，将气候变化的考虑和分析纳入其审议和决策过程；
    c）在 2025 年第 28 届年会上，审议科学分委会及其附属机构的职责范围并提出修订建议，以满足本决议规定的科学需要。
11. 委员会应于 2026 年年度会议上将气候变化列为常设议题，并且此后向委员会通报第 5 段 a）项、b）项和 c）项所述的讨论情况。
12. 本决议取代“关于气候变化与印度洋金枪鱼委员会的关系”的第 24/01 号决议。

决议第25/02号：关于船舶监测系统方案

印度洋金枪鱼委员会（IOTC），

注意到2001年3月27～29日于日本烧津召开的综合管制和检查计划会间会的结果；

认识到基于卫星的船舶监测系统（VMS）对委员会的养护和管理计划（包括遵守）的价值；

认识到IOTC第02/02号决议（先后被第06/03号、第15/03号和第25/02号决议取代）要求在2004年1月1日前采用卫星VMS试点；

注意到IOTC第02/02号决议（先后被第06/03号、第15/03号和第25/02号决议取代）为适应那些缺乏足够能力在国家一级立即执行的缔约方，允许采用渐进方式推进VMS；

认识到IOTC第02/02号决议（先后被第06/03号、第15/03号和第25/02号决议取代）为本地区的发展中国家执行本决议的能力建设提供了一个进程；

意识到许多缔约方已经为其船队建立了VMS和计划，其经验可能对支持委员会的养护和管理计划非常有帮助；

根据IOTC协定第九条第1款的规定，决议如下：

1. 每一缔约方和合作非缔约方（CPC）应对悬挂其旗帜在IOTC管理区捕捞IOTC协定涵盖物种的总长24米或以上的所有船舶，或总长小于24米在其船旗国专属经济区以外作业的船舶，采用基于卫星的VMS。
2. 自第06/03决议被本决议取代以来（见第1段定义），那些当前仍没有为其任何渔船安装VMS的CPC应在2016年4月向履约分委会递交一份实施计划，规定最多在3年（至2019年4月止）内全面实施其国家层面VMS义务的分阶段方案，到2017年9月至少有50%的所有应安装的渔船符合要求。
3. 对仍有渔船尚未根据IOTC第06/03号决议（被第15/03号决议取代，然后被第25/02号决议取代，或任何后续取代决议）的要求配备VMS的任何CPC，应要求这些渔船至多在1年内（即2016年4月前）全面履行其国家层面上的VMS义务。
4. 委员会可建立IOTC管理区VMS的注册、执行和运行指南，以使各CPC采用的VMS标准化。
5. 收集的信息应包括：
   a）船舶识别信息；
   b）船舶当前的地理位置（经度、纬度），船位误差应少于500米，置信度为99%；
   c）确定上述船位的日期和时间[以国际协调时间（UTC）表示]。
6. 各CPC应采取必要措施，确保其陆基国家渔船监控中心（FMC）通过VMS接收第5段所要求的信息，并确保FMC配备能够自动处理数据和传输电子数据的计算机硬件和软件。各CPC须制定系统故障时的备份和数据恢复程序。

7. 各CPC应确保第5段所述信息传输给以下机构：
a）至少每4小时向FMC传输一次；
b）当电子渔船授权记录系统（electronic-record of authorized vessel，e-RAV）中的船舶在某航次中首次出现在另一CPC的专属经济区（EEZ），且不属于过境或未获准在该CPC的专属经济区内捕鱼时，根据第16/11号决议（被本决议取代）“关于预防、阻止和消除非法、不报告和不管制捕捞的港口国措施”①, ②，须将第5段所述信息传输给另一CPC的主管当局。VMS数据的格式将由船旗CPC确定，并通过电子邮件提供。鼓励船旗CPC在其船舶仍在另一CPC专属经济区内时提供持续的船舶位置报告；
c）参加IOTC区域VMS试点的船舶，应至少每4小时向秘书处传输一次数据。
8. 根据第7段b）项收到信息的CPC应确保对这些信息保密，未经船旗CPC许可不得分发给另一个CPC，并当船旗CPC对船舶的活动作出解释且该数据不再用于履约目的时予以销毁。收到第7段b）项信息的CPC应通过电子邮件向船旗CPC主管部门报告，确认该信息已被销毁。
9. 尽管有第7段的规定，但如果某一CPC无法履行第7段规定的特定报告义务，该CPC应制定一份能力实施计划，提交执行秘书和履约分委会。CPC可与秘书处合作起草该能力实施计划，该计划应：
a）清晰地指出并解释阻止CPC履行义务的原因；
b）确定该CPC为履行该义务所需的能力援助，包括费用估计，以及可能的话，资金和技术援助的来源；
c）如果提供了确定的援助，则规定CPC能够履行该义务的预期时间框架。
10. 每一CPC应确保悬挂其旗帜的渔船船长能保证其卫星跟踪装置在任何时候都运行正常。
11. 作为船旗国的每一CPC应确保其船上的船舶监测系统是防篡改的，即其类型和配置能够防止输入或输出错误的船位，并且它们不能用手动、电子或其他方式覆盖。为此目的，船载卫星监测设备必须：①放置在密封单元内；②用某种类型的官方印章（或机制）保护，此类保护将显示该单元是否已被访问或篡改。
12. 卫星跟踪设备的责任和在卫星跟踪设备发生技术故障或不能工作时的要求载于附件1。
13. 第1段所述尚未安装VMS的渔船应至少每天通过电子邮件、传真、电报、电话电文或无线电向其FMC报告。这些报告，除其他外，在向其主管机关报告时必须包括第5段要求的信息，以及：
a）捕捞作业开始时的船位；
b）捕捞作业结束时的船位。

---

① 主管当局应以在印度洋金枪鱼委员会网站上公布的为准（见“关于经授权在IOTC管理区作业的IOTC渔船名单”的第19/04号决议第7段）

② 关于过境和/或无害通过的国家法规登记册，包括通知表格和联系详情，可在印度洋金枪鱼委员会（IOTC）网站上获取。网址为：https://iotc.org/regulation-transit-innocent-passage

14. 不能履行本决议义务的 CPC 应向 IOTC 秘书处报告：①实施本决议的现有系统、基础设施和能力；②实施该系统的障碍；③实施的要求。
15. 每一 CPC 应在每年 6 月 30 日之前，根据本决议向 IOTC 秘书处提交一份关于其 VMS 计划的进展和执行情况报告。IOTC 秘书处应在委员会年会之前编写报告，并向 IOTC 履约分委会提交报告。根据这些报告，委员会将讨论今后如何更好地继续审议 VMS，以支持其养护和管理措施。
16. 如果 CPC 认为对确保 IOTC 养护和管理措施的效果是合适的，鼓励其将本决议的适用范围扩大到第 1 段未提及的渔船。
17. 本决议取代“关于船舶监测系统方案”的第 15/03 号决议。

附件 1　卫星跟踪设备的责任和发生技术故障或不能工作时的要求

a）如果 CPC 有信息怀疑船上的船舶监测装置不符合 d）段的要求或已被篡改，应立即通知 IOTC 执行秘书和船舶的船旗国。

b）安装 VMS 渔船的船长及船东/持照人应确保在 IOTC 管理区其船上的船舶监测装置始终正常运行。船长及船主/持照人应特别确保：

i）不得以任何方式更改 VMS 报告和信息，

ii）与卫星监控装置连接的天线没有受到任何遮蔽，

iii）卫星监控装置的电源供应不会以任何方式中断，

iv）渔船监测装置没有从船舶上移除。

c）船舶监测装置应在 IOTC 公约区处于运行状态。但当渔船在港内停留一周以上时，在事先通知船旗国并经其批准后，可将其关闭，如船旗国愿意，也可通知 IOTC 秘书处，但条件是重新供电（启动）后产生的第一份船位报告表明，该渔船与上次报告相比没有改变船位。

d）渔船所装卫星跟踪装置发生技术故障或不能工作的，应在一个月内修复或更换。此后，渔船船长不得携带有缺陷的卫星跟踪装置开始捕鱼。此外，当捕鱼航次超过一个月，其间遇到卫星跟踪装置停止工作或出现技术故障，则该船必须在进港后立即进行修复或更换；未经修复或更换卫星跟踪装置，不得授权渔船开始捕鱼航次。

e）如果渔船上的船舶监测装置发生技术故障或不能工作，船长或船东或其代表应立即通知船旗国的 FMC，如果船旗国愿意，也应通知 IOTC 秘书处，说明根据本附件 f）项检测到或接获有关技术故障或不能正常工作的时间。如果渔船上的船舶监测装置出现技术故障或不能正常工作，该船船长或船东或其代表还应每 4 小时通过电子邮件、传真、电报、电话电文及无线电，向船旗国 FMC 通报本决议第 5 段所要求的信息。

f）如果船旗国 12 小时未接收到本决议第 7 段及本附件 e）项所述的数据传输，或有理由怀疑本决议第 7 段及本附件 e）项所述数据传输的准确性，应尽快通知船长或船东或其代表。如果某一船舶在一年内这种情况发生 2 次以上，该船舶的船旗国应就此事件展开调查，包括派一名经授权的官员检查有关装置，以确定该设备是否已被篡改。调查结果应在调查完成后 30 天内提交 IOTC 秘书处。

g）关于本附件 e）及 f）项，每一 CPC 应在发现或接获通知渔船上的船舶监测装置出现技术故障或不能正常工作后，应尽快但不迟于两个工作日，将船舶的地理位置转发给 IOTC 秘书处，或应确保船长或船东或其代表将这些船位转发给 IOTC 秘书处。

决议第25/03号：关于设定IOTC管理区鲣捕捞限额

印度洋金枪鱼委员会（IOTC），

忆及IOTC对包括鲣鱼在内的IOTC协定附件C所列物种有养护和最佳利用的责任；

铭记IOTC协定第十六条和《联合国海洋法公约》（UNCLOS）第56条关于沿海国在其专属经济区所享有的主权权利；

铭记《联合国海洋法公约》第87条及第116～119条有关在公海捕鱼权利的规定；

认识到《联合国海洋法公约》第64条和《执行1982年12月10日〈联合国海洋法公约〉有关养护和管理跨界鱼类种群和高度洄游鱼类种群的规定的协定》（UNFSA）中有关合作养护和管理高度洄游鱼类种群（如金枪鱼）的义务；

认识到UNFSA第24条关于发展中国家，特别是小岛屿发展中国家的特殊需求；

忆及第24/07号决议“关于IOTC管理区鲣的管理程序”，IOTC首次引入了鲣管理程序；

注意到24/07号决议授权委员会根据IOTC科学分委会的建议确定2024～2026年鲣许可总渔获量（TAC），此后则根据管理程序的结果调整，除非IOTC科学分委会认定存在特殊情况，需要委员会考虑采取其他替代管理行动；

认识到IOTC科学分委会2023年年会建议2024～2026年鲣年度TAC为628 606吨；

关切当前捕捞量已超过IOTC科学分委会2023年建议的TAC，迫切需要将捕捞量限制在科学建议的TAC以内；

注意到IOTC科学分委会2024年指出，“气候模型预测表明，积极的生产力增长阶段将在2024年初结束，随后将进入一段生产力较低的时期”；

忆及IOTC科学分委会2024年建议，“鉴于环境条件预计会进入一个不太有利的阶段，委员会务必确保在此期间鲣的捕获量不超过商定的限额，以免近年来的情况重演”；

认可IOTC科学分委会于2023年提出的实施鲣TAC的建议；

回顾第24/07号决议规定，委员会最迟将于2026年制定一种机制，将鲣捕捞量限制在管理程序得出的TAC范围内；

根据IOTC协定第九条第1款的规定，决议如下：

适用

1. 本决议适用于IOTC管理区内的所有缔约方和合作非缔约方（CPC）。

许可总渔获量

2. 2025年和2026年第一个管理期的许可总渔获量应为628 606吨。

3. 后续管理期的TAC将由IOTC委员会依照第24/07号决议“关于IOTC管理区鲣的管理程序”的规定确定。

鲣捕捞限额

4. CPC 根据 2021～2023 年平均捕捞量被分为两类：A 类包括第 5 段表中所列 CPC；B 类包括该表格未列名 CPC。

5. A 类 CPC 应适用以下捕捞限额。

缔约方	年捕捞限额/吨
印度尼西亚	138 000
塞舌尔	76 725
马尔代夫	121 000
欧盟	125 000
斯里兰卡	38 000
伊朗	68 000
印度	25 000
毛里求斯[1]	13 908
韩国	10 000
合计	615 633

1 毛里求斯应自 2028 年 1 月 1 日起适用本决议规定的捕捞限额，除非其在 2026 年 1 月 1 日前通知委员会其打算适用本决议第 6 段

6. A 类 CPC 应在 2028 年之前逐步将其当前的渔获量减少至第 5 段规定的限额，第一年减少总量的三分之一，第二年减少三分之二，第三年完成全部减少量。

7. 如果管理程序导致 TAC 增减，应按 TAC 变化的比例调整第 5 段表中 A 类 CPC 的捕捞限额。执行秘书应提交 B 类 CPC 近期渔获量信息，供委员会审议可能采取的后续措施。

8. 如果某一 B 类 CPC 的渔获量连续两年超过 10 000 吨，该 CPC 应列入第 5 段表中 A 类 CPC，获得的捕捞限额与最低的 A 类 CPC 相同，除非委员会在每个管理期结束时另有决定。

9. 本决议不应损害 IOTC 管理区内那些目前有关鲣的捕捞活动有限或不存在，但对捕捞鲣具有切实利益且可能希望在未来发展鲣渔业的沿海成员根据国际法所享有的权利和承担的义务。CPC 应根据自身能力和资源，实施强有力的监测、控制和监视措施。

超额捕捞

10. 如果任何 A 类 CPC 超过其捕捞限额，应在下表所示的调整年度内或调整年度之前，从其捕捞限额中扣除超捕量部分的 100%。

捕捞年	调整年
2026	2028
2027	2029
2028	2030
2029	2031
…	…

11. 尽管有第 10 段的规定，但如果任何 A 类 CPC 连续两年超过其捕捞限额，其捕捞限额应在相应调整年度或调整年度之前减少超捕量的 125%，委员会可酌情建议采取补充措施。

限额利用不足

12. 如果某一 CPC 的捕捞限额未用完，其剩余额的 10%可结转至第 10 段表中相应的调整年度。

IOTC 秘书处对捕捞限制的管理

13. IOTC 秘书处应在每年 12 月 31 日之前编制并分发一份表格，列出下一年度按第 5～12 段要求（包括捕捞限额、调整、转让及超限额和限额利用不足）细分的捕捞限额分配。

渔船租赁协议和渔船出口

14. A 类 CPC 不得与反对本决议的 CPC 签订、延长或续签船舶租赁协议，无论其作为租船 CPC 还是船旗 CPC。

15. CPC 应尽量采取一切措施防止其旗帜渔船改挂旗帜至依 IOTC 协定第九条第 5 款反对本决议的缔约方。

科学工作

16. 考虑到鲣种群处于健康状况，科学分委会应在第 28 届会议上重新评估为确定鲣 TAC 而选定的管理程序，以确定其是否过于保守，并在适当情况下建议对管理程序做相关调整。

17. IOTC 科学分委会应向委员会提供关于第 12 段所述的捕捞限额利用不足部分转结至后续年度对管理程序有效性潜在影响的建议。

最终条款

18. 本决议的任何内容均不得预先确定或损害未来捕捞机会的分配。

19. 如果一个或多个缔约方根据 IOTC 协定第九条第 5 款反对本决议，且反对缔约方的渔获量总和达到或超过 TAC 的 10%，则本决议仅适用于 2026 年，委员会应在其 2026 年年度会议上审议本决议。

20. 委员会应审议本决议的执行情况，如有必要，应在 2029 年第二个管理期之前考虑对其进行修订。

21. 若委员会届时仍未建立配额分配制度，委员会应在 2029 年年度会议上审议本决议，并在必要时考虑第 24/07 号决议“关于 IOTC 管理区鲣的管理程序”所确定的管理程序。

决议第 25/04 号：关于设定 IOTC 管理区大眼金枪鱼捕捞限额

印度洋金枪鱼委员会（IOTC），

回顾其对养护和最佳利用管理区内金枪鱼和类金枪鱼的责任；

认识到有必要采取行动确保实现 IOTC 关于养护和管理其管理区内金枪鱼资源的目标；

注意到 IOTC 协定第十六条关于沿海国的权利，以及《联合国海洋法公约》（UNCLOS）第 87 条和第 116 条关于各国家在遵守条约义务前提下享有在公海捕鱼的权利，以及 UNCLOS 第 64 条和第七部分第二节，除其他外，规定的沿海国的权利、责任和利益；

认识到发展中国家，特别是小岛屿发展中国家的特殊需求，参照《执行 1982 年 12 月 10 日〈联合国海洋法公约〉有关养护和管理跨界鱼类种群和高度洄游鱼类种群的规定的协定》第 24 条；

认识到 IOTC 首次引入了大眼金枪鱼管理程序（MP）；

认识到 IOTC 科学分委会第 1 届特别会议（SC01）根据第 22/03 号决议采纳的管理程序，建议 2026 年、2027 年和 2028 年每年大眼金枪鱼许可总渔获量（TAC）为 92 670 吨，即比目前的 TAC 增加 15%；

关注 2022 年最新资源评估显示大眼金枪鱼资源已过度捕捞并正经受强度型过度捕捞状态（概率 79%）；

注意到第 22/03 号决议规定，“委员会应根据管理程序的结果通过 TAC，除非科学分委会确定需要考虑由委员会采取替代管理行动的例外情况”；

认识到捕捞能力过剩很可能导致捕捞量超出各自限额，这不利于资源养护；

注意到“关于设定 IOTC 管理区大眼金枪鱼捕捞限额”的第 23/04 号决议，要求各缔约方将渔获量限制在“近期”水平；

根据 IOTC 协定第九条第 1 款的规定，决议如下：

TAC 和捕捞限额

1. 根据第 22/03 号决议“关于 IOTC 管理区大眼金枪鱼管理程序”确立的管理程序，2026 年、2027 年和 2028 年的大眼金枪鱼 TAC 应为 92 670 吨。

2. 下表所列的年度捕捞限额应适用于 2026 年、2027 年和 2028 年。

成员	捕捞限额/吨
印度尼西亚	21 396
塞舌尔	13 664
欧盟	19 562
斯里兰卡	5 488
日本	4 237

续表

成员	捕捞限额/吨
中国	4 353
伊朗	2 421
毛里求斯	2 482

注：毛里求斯作为小岛屿发展中国家，应自 2028 年 1 月 1 日起适用第 2 段规定的捕捞限制

3. 委员会应要求中国台湾省将其 2026 年、2027 年和 2028 年在 IOTC 管理区内的大眼金枪鱼年度捕捞量限制在 13 211 吨。大眼金枪鱼的任何超捕或捕捞不足部分应按第 5 段、第 6 段和第 7 段规定处理。

4. 捕捞限额低于 TAC 5%的任何 CPC，可对其捕捞限额实施三年期管理，此类 CPC 应于 2026 年 1 月 31 日前通报秘书处。此类 CPC 不得按第 9 段转让其捕捞限额或接受其他 CPC 的转让。如果三年管理期结束时，CPC 超过其捕捞限额，则应在下一个管理周期扣除超捕捞限额部分的 110%。IOTC 秘书处应分发这些信息，并在捕捞限额的通报中反映这些信息。

5. 第 2 段表中所列的 CPC，如果超过其捕捞限额，则应在第 6 段表中所列的调整年度期间或之前，从其捕捞限额中扣除超限额部分的 100%。

6. 连续两年超捕捞限额的 CPC，其捕捞限额应在相应调整年度或调整年度之前减少超捕量的 125%，委员会可酌情建议采取补充措施。

捕捞年	调整年
2026	2028
2027	2029
2028	2030
2029	2031
…	…

7. 第 2 段所指的 CPC 在给定年度的捕捞量低于限额达到 20%的，可结转至第 6 段表格的相应调整年度。

8. 2024～2025 年管理期的任何超捕量将从 2027 年度捕捞限额中扣除。

9. 第 2 段表中所列的 CPC 可将其初始捕捞限额的一部分转让给其他 CPC，转让配额不得超过其初始捕捞限额的 20%。转让双方 CPC 都应向 IOTC 秘书处提供拟转让的数量信息。IOTC 秘书处应及时将这一信息通报所有 CPC。

10. IOTC 秘书处应每年在 12 月 31 日之前编制并分发一份下一年度的捕捞限额分配表，该表应按第 2～9 段的要求进行细分，包括捕捞限额、超限额和限额利用不足的调整及转让情况。当进行捕获量数据回顾性修订时，这些变化应在计算中予以反映。

11. 对于第 2 段表中未具体提及的 CPC，鼓励其将渔获量和努力量维持在最近 5 年（2019～2023 年）的平均水平，但不影响这些 CPC 的发展愿望，特别是发展中沿海 CPC。

12. 如果第11段所述的某一CPC在2024年及以后的任何连续两年捕捞量超过2300吨，且委员会尚未商定并实施分配方案，委员会应在收到该渔获量数据后的首次会议上考虑对该CPC设定具有约束力的捕捞限额。

13. 本决议不应损害沿海国根据国际法所享有的权利和承担的义务，特别是那些在IOTC管理区内的发展中沿海国，这些国家目前与大眼金枪鱼相关的捕捞活动有限，但对捕捞这种鱼类有切实利益，并希望发展本国捕捞大眼金枪鱼的渔业。这些发展中沿海国家应根据其能力和资源，酌情实施强有力的监测、控制和监视措施。第11段的规定不适用于此类发展中沿海CPC、最不发达CPC和小岛屿发展中CPC。

14. 本决议的任何内容均不得预先确定或损害未来捕捞机会的分配。

捕捞能力管理

15. 在不损害沿海CPC和小岛屿发展中CPC，特别是发展中沿海CPC的发展愿望和主权权利的前提下，建议适用第2段的CPC必要时控制其在IOTC管理区内大眼金枪鱼的实际捕捞能力/努力量，使之与各自的捕捞限额相称。

渔船租赁协议和渔船出口

16. 船旗CPC不得与依照IOTC协定第九条第5款的规定反对本决议的CPC签订船舶租赁协议。

17. 租赁CPC不得与依照IOTC协定第九条第5款的规定反对本决议的船旗CPC签订租赁协议。

18. CPC不得向将其授权的悬挂其旗帜的渔船出口至依照IOTC协定第九条第5款的规定反对本决议的CPC。

科学工作

19. IOTC科学分委会应对所有渔具导致的大眼金枪鱼死亡率进行比较分析，包括对死亡率及资源衰退的绝对影响和相对影响。

20. IOTC科学分委会应编制如附件所示的表格，量化任何主要渔具或渔业（如延绳钓、漂流FAD渔业、锚定FAD渔业、起水鱼群围网渔业及其他渔业）的捕捞死亡率或捕获量被替代后，对大眼金枪鱼最大持续产量（MSY）和最大持续产量时的产卵群体生物量（SB_{MSY}）的预期影响，供委员会在2026年年会上审议。IOTC科学分委会还应就FAD管理备选办法提供科学建议，包括可能必要的FAD网次数量的限制，以实现FAD渔业捕捞死亡率被起水鱼群渔业取代。该分析应分别针对漂流FAD和锚定FAD船队进行。

21. IOTC科学分委会应向委员会提供关于第7段所述的捕捞限额利用不足部分转结至后续年度对管理程序有效性潜在影响的建议。

最终条款

22. 本决议取代“关于设定IOTC管理区大眼金枪鱼捕捞限额”的第23/04号决议。

附　件

以自由鱼群取代 FAD 捕捞死亡率对大眼金枪鱼 MSY 和 SB_{MSY} 影响分析的指示性输出表

处理	MSY 百分比变化	SB_{MSY} 百分比变化	必要的 FAD 控制措施
10%取代	*xx*%	*YY*%	FAD 网次减少 *ZZ*% FAD 网次数量限制：AA 网次
20%取代			
50%取代			
100%取代			

决议第 25/05 号：关于建立大型渔船转载计划

印度洋金枪鱼委员会（IOTC），

考虑到必须打击非法、不报告和不管制（IUU）捕捞活动，因其损害 IOTC 已经通过的养护和管理措施的效力；

严重关切有组织的金枪鱼“洗鱼”行为，大量 IUU 渔船的渔获物已以合法持有许可证渔船的名义进行转载；

鉴于有必要确保对 IOTC 管理区内大型金枪鱼延绳钓船的转载活动的监测，包括对其卸鱼的管控；

考虑到需要收集此类大型金枪鱼延绳钓船的渔获数据，以改进资源的科学评估；

根据 IOTC 协定第九条第 1 款的规定，决议如下：

第一节 通用规则

1. 除以下第二节规定的海上转载监管计划外，所有 IOTC 管理区内金枪鱼和类金枪鱼及与金枪鱼和类金枪鱼渔业有关的鲨鱼（以下称金枪鱼和类金枪鱼及鲨鱼）的转载作业均应在港口内进行。
2. 缔约方和合作非缔约方（CPC）应采取必要措施，确保悬挂其旗帜的大型金枪鱼渔船（LSTV）在港口转载时遵守附件 1 规定的义务。
3. 悬挂马尔代夫旗帜并在 IOTC 授权船舶记录名单注册的竿钓船与渔获物收集船之间在马尔代夫海域的转载作业，应豁免附件 1 和附件 3 规定的数据报告要求，但应符合本决议附件 2 规定的标准。

第二节 海上转载监管计划

4. 委员会特制定海上转载监管计划，该计划仅适用于大型金枪鱼延绳钓船（LSTLV）和获准接收这些渔船转载的运输船。除 LSTLV 外，其他渔船不得在海上转载金枪鱼和类金枪鱼及鲨鱼。委员会将审议并酌情修订本决议。
5. 本决议不适用于 IOTC 管理区之外进行的转载，此类转载受另一区域渔业管理组织制定的类似监管计划的约束。但有关在 IOTC 管理区之外转载的金枪鱼和类金枪鱼及鲨鱼的信息，应按第 21 段和附件 1 第 3 段的要求提供给 IOTC 秘书处。
6. LSTLV 船旗 CPC 应决定是否授权其 LSTLV 在海上进行转载。若授权，则此类转载应按照本决议第四节和第五节及附件 3 和附件 4 规定的程序进行。

第三节 授权在 IOTC 管理区接收转载的运输船名单

7. 委员会应建立并维持一份经授权在 IOTC 管理区从 LSTLV 接收金枪鱼和类金枪鱼及鲨鱼的运输船名单。为本决议的目的，未列入该注册名单的运输船被认为没有获得接收金枪鱼和类金枪鱼及鲨鱼的授权。

8. 每一 CPC 应尽可能以电子方式向 IOTC 执行秘书提交经授权在 IOTC 管理区接收其 LSTLV 转载的运输船名单。该名单应包括以下信息：
   a）船舶船旗；
   b）船名及登记号；
   c）国际海事组织（IMO）注册号；
   d）以前的船名（如有）；
   e）以前的船旗（如有）；
   f）以前从其他登记名单除名的详细信息（如有）；
   g）国际无线电呼号；
   h）船舶类型、长度、总吨（GT）及装载能力；
   i）船东及经营者的姓名和地址；
   j）授权转载期；
   k）授权转载的类型（即在港口和/或在海上）；
   l）船舶彩色照片显示：
      • 船的右舷和左舷，每一侧均显示整个结构
      • 船首
      • 至少一张照片清晰显示第 8 段 b）项或 c）项规定的至少一个外部标识。
9. 在初始 IOTC 运输船名单（IOTC RCV）建立后，每一 CPC 在任何时候都应及时向 IOTC 执行秘书通报对该初始运输船名单的任何增加、删除和/或更改。
10. IOTC 执行秘书应维护 IOTC RCV，并采取措施通过电子方式确保其公开，包括将其发布在 IOTC 网站上，同时要符合各 CPC 通知的对其挂旗船舶的保密要求。
11. 获准进行转载的运输船应按照适用的 IOTC 相关决议，包括“关于船舶监测系统方案”的第 15/03 号决议，或任何有关船舶监测系统（VMS）操作最低标准的后续决议的要求，安装并持续运行 VMS。

港口检查

12. 根据第 16/11 号决议（被第 25/11 号决议取代）“关于预防、阻止和消除非法、不报告和不管制捕捞的港口国措施”，港口国 CPC 应优先考虑对以下两类运输船进行港口检查：①其 AIS/VMS 信号在可疑情况下消失且未作解释和/或显示可疑移动的运输船；②未列入 IOTC 运输船名单的运输船，以核实船上没有金枪鱼和类金枪鱼及鲨鱼。港口内转载活动的检查应包括监控整个转载过程，并包括依据渔船捕捞日志中所载的数据对转载量按种类进行交叉核对，以及审查由船旗 CPC 向渔船签发的在港转载事先授权。

货物分离

13. 获准接收金枪鱼和类金枪鱼及鲨鱼的运输船，应按渔船分开存放转载的鱼类，

并制定装载计划，标明船舱内各渔船所捕获的各类主要鱼种（即大眼金枪鱼、黄鳍金枪鱼和长鳍金枪鱼）及其他鱼种的转载量所在位置。如检查人员提出要求，运输船船长应向其提交装载计划。

第四节　海 上 转 载

14. 对于在 2025 年 4 月 1 日之前未列入 IOTC 授权渔船名单的非 IOTC 缔约方或合作非缔约方旗帜的运输船，不得再给予新的或额外的转载授权。
15. LSTLV 在 CPC 管辖水域转载应获得有关沿海国事先批准。CPC 应采取必要措施，确保悬挂其旗帜的 LSTLV 遵守下列条件。

船旗国授权

16. LSTLV 不得在海上进行转载，除非事先获得其船旗 CPC 的授权。
17. 有关 LSTLV 事先授权的信息应当公开。相关 CPC 应在 2025 年 9 月 1 日前报告其 LSTLV 转载授权，如果授权有任何变化，CPC 应立即通知秘书处。

通知义务

渔船：

18. 要获得第 16 段所述的事先授权，LSTLV 船长和/或船东必须至少在拟转载前 24 小时向其船旗 CPC 主管部门通报以下信息：
   a）LSTLV 船名、其在 IOTC RAV 中的编号及其 IMO 号（如有）；
   b）运输船船名、其在 IOTC RCV 中的编号、其 IMO 号及拟转载的产品；
   c）拟转载产品的吨数；
   d）拟转载的日期和地点；
   e）渔获物地理位置。
19. 有关 LSTLV 的船长和/或船东应在转载完成后的 5 个工作日内，按照附件 3 的格式要求，填写并将其转载申报连同其在 IOTC RAV 中的编号一并发送给其船旗 CPC。

接收运输船：

20. 在开始转载前，接收运输船的船长应确认相关 LSTLV 已参与 IOTC 海上转载监管计划（包括支付附件 4 第 13 段规定的费用），并已获得第 16 段所述的船旗国的事先授权。未获此确认前，接收船的船长不得开始转载作业。
21. 接收运输船的船长应在完成转载后 24 小时内，填写并向 IOTC 秘书处及 LSTLV 船旗 CPC 提交 IOTC 转载申报单，以及其在 IOTC RCV 中的编号。
22. 接收船船长应在到达第一个卸鱼点前 48 小时，将 IOTC 转载申报单及其在 IOTC RCV 中的编号发送给卸鱼所在国的主管部门。
23. 在 IOTC 管理区内，任何一艘 IOTC RCV 的运输船在海上为另一艘船提供补给服务时，运输船船长应按照附件 5 规定的格式在过驳作业前 24 小时以电子方式向其船旗国和 IOTC 秘书处提交一份补充补给申报。如果补给活动与转载有关，并由 IOTC 区域观察员监测，则无须单独的补给申报。

报告的可获得性：

24. IOTC 秘书处应及时在其网站的加密区公布根据第 19 段收到的文件，以便于实施第 16/11 号决议（被第 25/11 号决议取代）“关于预防、阻止和消除非法、不报告和不管制捕捞的港口国措施”。

区域观察员计划（ROP）：

25. 每一 CPC 应确保所有在海上转载的运输船都按照附件 4 的 IOTC 区域观察员计划配备一名 IOTC 观察员或第 29 段提到的国家观察员。IOTC 观察员或国家观察员应观察本决议的遵守情况，特别是转载量是否与 IOTC 转载申报中所报告的渔获量一致。
26. CPC 应禁止船舶在没有 IOTC 区域观察员或第 29 段所述的过渡性国家观察员在船的情况下在 IOTC 管理区开始或继续海上转载作业，但因“不可抗力”情况除外。此类情况应在转载作业完成后 12 小时内通知 IOTC 秘书处。在出现“不可抗力”情况时，各 CPC 还应将导致这种情况的原因及所采取的替代监测、控制和监视措施通知 IOTC 秘书处。
27. CPC 应在转载完成后 10 天内，尽早向执行秘书提供转载申报。
28. 秘书处应在收到渔船或船旗国的通知后，将每一起不可抗力事件通知实施养护和管理措施工作组（WPICMM）和 IOTC 履约分委会。
29. 考虑到印度尼西亚木质运输船的特殊情况，印度尼西亚可依照附件 6 的规定，使用国家观察员代替 IOTC 观察员。附件 6 所列程序的实施应逐步落实，以便及时在 2026 年履约分委会会议达到完全履约。2026 年履约分委会应评估附件 6 所规定的程序的执行情况，并酌情向印度尼西亚提出纠正措施建议。2027 年将对附件 6 规定的程序的有效性进行审议。特别是，国家观察员履行任务和报告义务的情况应由 ROP 联盟进行审议和评估，并于 2027 年向履约分委会报告。委员会应在 2027 年决定是否继续执行第 29 段、第 30 段和附件 6 中的程序。
30. 第 29 段规定应仅适用于 IOTC 授权渔船名单和附件 7 所列的 20 艘特定木质运输船。这些木质运输船仅被授权参与印度尼西亚旗帜渔船的转载作业。只有当替代船仍为木质，且运载能力或鱼舱容量不大于被替换船只的情况下，才允许更换这些木质运载船。在这种情况下，应立即撤销对被替换木质船的授权。委员会将根据 2027 年的审议结果，对任何新增的印度尼西亚木质运输船进行审议。

第五节　一 般 条 款

31. 为确保 IOTC 有关统计文件计划所涵盖物种的养护和管理措施的效力：

    a）LSTLV 的船旗 CPC 在确认统计文件时，应确保每一艘 LSTLV 的转载量与报告的渔获量相符；

b）LSTLV 的船旗 CPC 应根据通过 IOTC ROP 获得的信息确认转载作业符合本决议的规定后，对转载渔获物的统计文件进行验证；

c）CPC 应要求在 IOTC 管理区由 LSTLV 捕捞的、列入统计文件计划的物种，在进口到各 CPC 领土时，随附经认可的 IOTC 渔船名单上的船舶所出具的经验证的统计文件及 IOTC 转载申报的副本。

32. CPC 应于每年 9 月 15 日前向 IOTC 执行秘书报告：

a）其船旗船上一公历年按物种的转载量；

b）IOTC RAV 注册名单中上一公历年从事转载的 LSTLV 名单；

c）一份有关评估上一公历年指派到接收其 LSTLV 转载的运输船上的观察员报告内容和结论的综合报告。

33. 所有经由转载卸货或进口的金枪鱼和类金枪鱼及鲨鱼，不论是未加工或已在船上加工的，首次销售前都应附有 IOTC 转载申报。

34. IOTC 执行秘书应每年向委员会年度会议提交本决议的执行报告，委员会应审议遵守本决议的情况。

35. 按照本决议附件 4 第 10 段规定，IOTC 秘书处应在向各 CPC 提供所有原始数据、摘要和报告的副本的同时，指出表明悬挂该 CPC 旗帜的 LSTLV/运输船可能违反 IOTC 养护和管理措施的证据。每一 CPC 在收到此类证据后，应调查此类案件，并在 1 月 15 日前向 IOTC 秘书处报告调查结果。IOTC 秘书处应通过 WPICMM 向 IOTC 履约分委会通报可能涉及此类违规行为的 LSTLV/运输船的船名和船旗名单，以及船旗 CPC 的反应。这应包括第 29 段提到的印度尼西亚 LSTLV/运输船的可能违规行为。

36. 本决议取代“关于设立大型渔船转载计划”的第 24/05 号决议。

附件 1　有关港口转载的条件

通则

1. 港口转载作业只能按下述程序进行：

通知义务

2. 渔船：

2.1 LSTV 船长至少在转载前 48 小时，通知港口国主管部门下列信息：

a）LSTV 船名、IMO 号及其在 IOTC 渔船名单上的编号；

b）运输船船名、IMO 号和拟转载的产品；

c）拟转载产品的吨数；

d）拟转载的日期和地点；

e）金枪鱼和类金枪鱼及鲨鱼渔获物的地理位置。

2.2 LSTV 船长应在转载时向其船旗国通报下列信息：
  a）涉及的产品和量；
  b）转载日期和地点；
  c）接收的运输船的船名、登记号、IMO 号及船旗；
  d）金枪鱼和类金枪鱼及鲨鱼渔获物的地理位置。
2.3 LSTV 船长应于转载后 15 天内以附件 3 规定的格式完成 IOTC 转载申报，连同其 IOTC 渔船名单编号传送给其船旗国。

接收船

3. 不迟于转载前和转载结束后 24 小时，接收运输船船长应将转载到其船上的金枪鱼和类金枪鱼及鲨鱼的重量通知港口国主管部门，并在 24 小时内填好并向港口国主管部门和 IOTC 执行秘书传送 IOTC 转载申报。

卸载国

4. 接收运输船船长应在卸载前 48 小时完成 IOTC 转载申报，并传给卸载国主管部门。
5. 上述各段提及的港口国和卸载国应采取适当措施核实信息的准确性，并应与该 LSTV 的船旗 CPC 合作，确保卸载量与每艘渔船报告的产量相符。核实工作应在渔船受到的干扰和不便最小的情况下进行，并避免渔获质量下降。
6. 各 LSTV 船旗 CPC 应在其年度执行报告中列入其船舶转载的详细情况。
  6.1 上一公历年其船旗船分物种的转载量。
  6.2 上一公历年在 IOTC RAV 注册并转载的 LSTV 名单。

附件 2　关于马尔代夫渔获物收集船与竿钓船之间转载的条件

一般要求

1. 涉及的竿钓船应悬挂马尔代夫旗帜，并持有马尔代夫主管部门颁发的有效捕鱼许可证。
2. 涉及的渔获物收集船应悬挂马尔代夫旗帜，并持有马尔代夫主管部门颁发的有效作业许可证。
3. 涉及船舶不得授权在马尔代夫国家管辖区外捕鱼或从事与渔业有关的活动。
4. 转载作业只能在马尔代夫国家管辖区内的环礁区内进行。
5. 涉及的渔获物收集船必须由马尔代夫主管部门配备功能齐全的船舶监测系统予以跟踪，并还应配备适合监测转载活动的电子观察员系统。
6. 马尔代夫主管部门应按照第 15/03 号决议“关于船舶监测系统方案”的要求，通过正常运行的船舶监测系统对参与转载作业的渔船进行跟踪。

报告要求

7. 船旗国应在其年度执行报告中报告其船舶转载的详细情况。
8. 马尔代夫主管部门为岸基报告或记录要求所规定的数据记录和报告要求也应适用于马尔代夫渔获物收集船和竿钓船之间的转载作业。

附件3　IOTC 转载申报

运输船	渔船
船名及无线电呼号：	船名及无线电呼号：
船旗：	船旗：
IMO 号： 船旗国许可证号：	船旗国许可证号： IMO 号：
国家登记号（如有）：	国家登记号（如有）：
IOTC 登记号（如有）：	IOTC 登记号（如有）：

	日	月	时	年					代理名称		大型金枪鱼延绳钓船船长姓名		转载船船长姓名	
离港				自										
返港				至					签名		签名		签名	
转载														

以千克或使用的单位（如箱、筐）表示重量，以及卸下的重量：千克

转载地点：

鱼种	港口	洋区	产品类型									
			全鱼	去内脏	去头	切片						

如在海上转载，IOTC 观察员的姓名及签名：

附件4　IOTC 区域观察员计划

1. 每一 CPC 应要求其在 IOTC 运输船名单上授权在 IOTC 管理区接收转载的运输船，在 IOTC 管理区转载作业期间均携带一名 IOTC 观察员。
2. IOTC 执行秘书应指派观察员，并将他们安排到经授权在 IOTC 管理区接收渔获物的运输船上，实施 IOTC 观察员计划的 CPC 所属 LSTLV 的转载。

观察员指派

3. 被指派的观察员应具备下列完成任务所需的资格：
   a）有足够的经验识别物种和渔具；
   b）熟悉 IOTC 养护和管理措施；
   c）准确观察和记录信息的能力；
   d）熟悉所观察船船旗国的语言。

观察员的义务

4. 观察员应：
   a）完成 IOTC 指南要求的技术培训；
   b）尽可能不是接收运输船船旗国的国民；
   c）能够履行下列第 5 段规定的职责；
   d）列入 IOTC 秘书处保有的观察员名单；
   e）不是大型金枪鱼延绳钓船的船员或大型金枪鱼延绳钓船公司的雇员。
5. 观察员任务如下：
   a）在拟转载给运输船的渔船上，在转载发生前，观察员应：
      i）核查渔船在 IOTC 管理区捕捞金枪鱼和类金枪鱼及鲨鱼的授权或许可证的有效性，
      ii）核查并记录船上总渔获量，以及将转到运输船的量，
      iii）核查船舶监测系统（VMS）是否正常工作，并检查捕捞日志，
      iv）核查船上是否有从他船转移过来的渔获物，并检查此类转移的文件，
      v）如果有迹象表明渔船有任何违规行为，应立即向运输船船长报告，
      vi）在观察员报告中报告在渔船上执行任务的结果；
   b）在渔船上和在转载发生后，鼓励观察员：
      i）按物种查核和记录渔船上剩余的渔获量和转到运输船的量，
      ii）在观察员报告中报告结果；
   c）在运输船上，监测运输船对委员会通过的养护和管理措施的遵守情况，特别是观察员应：
      i）记录和报告进行的转载活动，
      ii）核对船舶进行转载时的位置，
      iii）观测和预计所转载的产品，
      iv）核对和记录有关大型金枪鱼延绳钓船的船名及其 IOTC 注册号，
      v）核对转载申报上的数据，
      vi）确认转载申报上的数据，
      vii）副签转载申报，
      viii）每天发出运输船转载活动报告，
      ix）汇编根据本段收集的信息的综合报告，并让船长有机会在报告中列入任

何相关信息，

x）在观测期结束后20天内向IOTC秘书处提交上述综合报告，

xi）行使委员会规定的其他职责。

6. 观察员应将与大型金枪鱼延绳钓船捕捞作业和其船东有关的所有信息视为机密，并以书面形式接受这一要求，作为被任命为观察员的条件。
7. 观察员应遵守对指派观察员的船舶行使管理权的船旗国的法规所规定的要求。
8. 观察员应尊重适用于所有船员的等级制度和一般行为规则，只要这些规则不妨碍本计划下的观察员职责和本计划第9段规定的船员义务。

运输船船旗国的义务

9. 运输船船旗国及其船长对观察员的责任应包括：

a）应允许观察员接触船员，查看渔具和设备；

b）如观察员所在的船上有下列设备，应经请求允许其使用，以便于其执行第5段规定的任务：

i）卫星导航设备，

ii）使用中的雷达显示屏，

iii）电子通信工具；

c）应为观察员提供与职务船员相同的生活条件，包括住所、食物和适当的卫生设施；

d）应在船桥或驾驶室为观察员提供适当的空间以进行文书工作，在甲板上提供足够的空间以执行观察员职责；

e）船旗国应确保船长、船员和船东不妨碍、恐吓、干涉、影响、贿赂或企图贿赂观察员履行其职责。

10. IOTC执行秘书，应以符合任何适用的保密要求的方式，在履约分委会下一年度会议召开前4个月，向运输船船旗国和LSTLV船旗CPC提供有关观察员航次的所有可获得的原始数据、总结和报告的副本。

LSTLV转载期间的义务

11. 如天气条件允许，应允许观察员参观渔船，并应允许其为履行第5段规定的职责所必需的接触船员或进入渔船有关区域。
12. IOTC执行秘书应向履约分委会和科学分委会提交观察员报告。

观察员费用

13. 实施观察员计划的费用应由希望从事转载作业的LSTLV船旗CPC支付。该费用将根据该计划的总成本计算，该费用应支付给IOTC秘书处的一个特别账户，执行秘书应管理该账户以实施该计划。
14. 除非支付了第13段规定的费用，否则任何LSTLV不得参加海上转载计划。

附件 5　IOTC 补给申报

运输（供货）船：		接收船：
船名		船名
IOTC 登记号		IOTC 登记号（24 米及以上）
		国家登记号（不到 20 米或非 IOTC 船）
IMO 号		IMO 号
国际无线电呼号		国际无线电呼号
当前船旗		当前船旗
日期		
纬度		
经度		
供应的物品		备注（如有）
燃油	□	
钓饵	□	
食品	□	
备件	□	
药品供应	□	
船员	□	
其他（具体说明）	□	

附件 6　关于印度尼西亚木质运输船转载的条件

国家观察员的培训

1. 为确保国家观察员的培训达到 IOTC 观察员的标准，ROP 联盟应在 2006 年对培训教师进行培训，以确保新任国家观察员的培训达到 IOTC 观察员的标准。

国家观察员的职责

2. 观察员的任务如下：
   a）在拟向运输船转载的渔船上的观察员，在转载发生前应：
      i）尽可能检查渔船在 IOTC 管理区内捕捞金枪鱼和类金枪鱼及鲨鱼的授权或许可证的有效性，
      ii）在切实可行的范围内，按种类查核和记录船上渔获物的总数量，以及拟转至运输船的数量，
      iii）检查 VMS 是否正常工作，并在可能的情况下检查日志，
      iv）核实船上的渔获物是否转自其他船舶，并检查此类转载的文件，
      v）如果发现渔船有任何涉嫌违法的行为，应立即向运输船船长报告，
      vi）在观察员报告中报告在渔船上执行这些任务的结果；

b）鼓励渔船上的观察员在转载发生后：

i）按种类核查并记录渔船上剩余渔获量的数量及转至运输船的渔获量，

ii）将结果写入观察员报告；

c）运输船上的观察员应监测运输船对委员会通过的有关养护和管理措施的遵守情况，尤其应：

i）记录并报告所进行的转载活动，

ii）核实船舶在转载时的船位，

iii）观察和估算转载产品的数量，

iv）核实并记录相关 LSTLV 的船名及其 IOTC 注册号，

v）核实转载申报中所载的数据，

vi）确认转载申报中所载的数据，

vii）副签转载申报，

viii）发布运输船每日转载活动报告，

ix）根据本段收集的信息编写一份总报告，并给船长有机会在报告中加入任何相关信息。

向 ROP 联盟报告

3. 国家观察员应在培训观察员的培训师和后续观察员培训结束后 20 天内，将第 2 段 c 项 ix 款所述的总报告提交给其船旗国，并抄送 ROP 联盟以供参考。
4. 然后船旗国应核实并翻译观察员提交的第 3 段所指的总报告，并在收到该报告后 10 天内将其提交给 ROP 联盟。
5. ROP 联盟应根据第 2 段所述的国家观察员职责对报告进行评估，并于 2027 年向 WPICMM 和 IOTC 履约分委会报告其评估结果。

印度尼西亚作为船旗国的义务

6. 运输船船旗国及其船长有关观察员的责任应包括：

a）应允许观察员接触船员，查看渔具和设备；

b）若观察员提出要求，应允许其查看被派驻船上所配备的以下设备（如有），以便于其履行第 2 段规定的职责：

i）卫星导航设备，

ii）使用时的雷达显示屏，

iii）电子通信手段；

c）确保船长、船员和船东不阻挠、恐吓、干涉、影响、贿赂或企图贿赂观察员履行职责。

LSTLV 转载期间的义务

7. 如天气条件允许，应允许观察员参观渔船，并应准许接触或进入为履行第 2 段 a）项所规定职责所必需的船员和渔船区域。

8. 执行秘书应向 IOTC 履约分委会和 IOTC 科学分委会提交观察员报告。

ROP 联盟费

9. ROP 联盟为执行附件 6 第 1 段、第 3 段、第 4 段和第 5 段所述工作的费用应由印度尼西亚承担或通过其他资金来源解决。这些替代资金来源不得从 IOTC 经常预算或 ROP 预算中提取。

附件 7　授权在海上转载的印度尼西亚运输船

序号	木质运输船船名	船舶总吨/吨
1	BANDAR NELAYAN 2017	300
2	PERMATA TUNA WIJAYA 01	298
3	HIROYOSHI-17	171
4	KILAT MAJU JAYA-21	197
5	BANDAR NELAYAN 271	242
6	PERINTIS JAYA-36	99
7	NUSANTARA JAYA-12	149
8	NAGA MAS PERKASA 89	146
9	BANDAR NELAYAN 519	196
10	MUTIARA 36	294
11	BAHARI-116	167
12	GOLDEN TUNA 99	199
13	BAHARI NUSANTARA	136
14	BANDAR NELAYAN 2018	290
15	BANDAR NELAYAN 308	244
16	BANDAR NELAYAN 2023	295
17	BAHARI 89	163
18	GOLDEN TUNA-668	226
19	MUTIARA 89	401
20	NUSANTARA JAYA 32	149

决议第 25/06 号：关于区域观察员计划

印度洋金枪鱼委员会（IOTC），

考虑到有必要增加科学信息，特别是向 IOTC 科学分委会提供工作材料，以改进在印度洋捕捞的金枪鱼和类金枪鱼类的管理；

重申船旗国有责任确保其船舶以负责任的方式从事捕捞活动，并充分遵守 IOTC 养护和管理措施；

考虑到需要采取行动以确保 IOTC 目标的效力；

考虑到所有 IOTC 缔约方和合作非缔约方（CPC）均有义务全面遵守 IOTC 养护和管理措施；

意识到 CPC 有必要持续努力确保 IOTC 的养护和管理措施得到执行，并需要鼓励非 CPC 遵守这些措施；

强调通过本决议旨在支持养护和管理措施的执行及金枪鱼和类金枪鱼物种的科学研究；

考虑到委员会通过的“关于区域观察员计划”的第 24/04 号决议（被第 25/06 号决议取代）所载规定；

考虑到第 16/04 号决议“关于实施促进 IOTC 区域观察员计划的试点项目”；

进一步考虑到 2018 年 12 月 3～7 日在塞舌尔举行的 IOTC 科学分委会第 21 届会议的审议；

回顾 IOTC 科学分委会第 23 届会议对观察员覆盖率低至 2.15%及手工捕鱼船队（渔获量占印度洋很大一部分）事实上无观察员覆盖率表示关切；

回顾 IOTC 委员会第 26 届和第 27 届会议关于启用电子监测以增强对 IOTC 渔业的科学观测的讨论；

考虑到第 23/08 号决议“关于 IOTC 渔业的电子监测标准”；

考虑到自第 11/04 号决议通过以来，多个船队屡次未能达到最低观察员覆盖率要求；

考虑到委员会第 16/04 号决议（先后被第 24/04 号、第 25/06 号决议取代）“关于实施促进 IOTC 区域观察员计划的试点项目”于 2017 年批准并于 2022 年结束；

依据 IOTC 协议第九条第 1 款的规定，决议如下：

定义

1. 在本决议中：
   a）“现场采样人员”指在渔船卸载期间于陆上收集信息的人员，现场采样计划除其他外，可用于量化渔获量、留存的兼捕渔获物及收集标记回收情况；
   b）“观察员”是指在观察员计划框架内在渔船上收集信息的人员，可用于包括但不限于监测捕捞活动、量化目标鱼种和兼捕物的种类组成（不论其是保留还是丢弃），以及投放或回收标记；
   c）“电子监测系统（EMS）”是指集成的硬件和软件的系统，该系统支持获取捕捞活动视频片段、位置数据和/或传感器数据，以便分析和报告电子监测记录；

d）"观察员库"是指经 IOTC 认可、分配有 IOTC 注册号并根据 IOTC 标准接受过培训的观察员名单，其他船旗国可以征用他们执行观察员任务。

目标

2. IOTC 区域观察员计划（ROC）的目标是收集经核实的渔获数据及与 IOTC 管理区内金枪鱼和类金枪鱼渔业有关的其他科学数据。

观察员计划

3. 为改进科学数据的收集，每一 CPC 应确保其所有总长 24 米及以上及总长不到 24 米但在 IOTC 管理区内船旗 CPC 专属经济区（EEZ）以外作业的渔船，遵守按作业或网次（或钩次）数量确定的 5%最低观察员覆盖率。
4. 如果 CPC 符合最低强制性区域观察员计划（ROS）数据报告标准，则第 3 段规定的最低人工观察员覆盖率可由电子监测系统补充或替代。为确保满足最低强制性 ROS 数据报告标准，并在适用情况下，按照 IOTC 科学分委会关于 ROS 最低数据标准审议结果的建议，电子监测计划应辅以港口抽样和/或委员会批准的其他数据收集方法。
5. CPC 应尽力向 IOTC 秘书处提供观察员名单，构成确立区域观察员库的基础。区域观察员库应由经授权的观察员提供方按 IOTC ROS 标准登记的观察员组成。每位观察员应分配唯一 IOTC 注册编号，该注册号须纳入报告数据。
6. 当围网渔船根据第 3 段的规定搭载观察员时，该观察员还应在卸载时对渔获物进行监测，以确认目标金枪鱼鱼种组成。观察员在卸载时监测渔获物的规定不适用于已经有抽样计划，观察员覆盖率至少达到第 3 段规定水平的 CPC。
7. CPC 可向 IOTC 科学分委会提交替代数据收集的实施计划清单。
8. 如果其替代数据收集实施计划获 IOTC 科学分委会批准，仅其专属经济区内捕捞金枪鱼和类金枪鱼且船长不到 24 米的 CPC，可使用替代数据收集手段来记录和报告强制性 ROS 数据要求，即第 15/01 号决议"关于 IOTC 管理区渔船记录渔获量和努力量数据"或第 15/02 号决议"关于对 IOTC 缔约方和合作非缔约方强制性统计报告要求"中的相关要求。
9. 手工捕鱼船上岸的渔获也应在卸鱼地点有现场采样员进行监测。手工捕鱼船的监测覆盖率指标应为渔船活动总水平（即总捕鱼航次数或实际作业总船数）的 5%。
10. 现场采样人员应在卸鱼地点监测渔获量，以便按不同船型、渔具和物种估计渔获量，或开展 IOTC 科学分委会可能要求的其他科学工作。
11. CPC 应：

a）把获取合格观察员作为主要责任，各 CPC 可选择使用船旗国国民或非国民作为观察员部署到船上；

b）确保最低观察员覆盖率水平；

c）采取一切必要措施，确保观察员能够胜任和安全地履行其职责；

d）努力确保观察员在执行任务期间在不同船舶上轮岗；

e）确保观察员履行第 6 段、第 16 段和第 17 段所述职责。如果观察员受相关 CPC 的渔业研究机构委托承担补充任务，应不得影响其履行上述职责；

f）确保搭载观察员的船舶在观察员部署期间为其提供与职务船员同等水平的适宜食宿条件，如条件允许的话；

g）要求船长确保为观察员提供一切必要的合作，以便其安全履行职责，包括根据需要提供查看船上留存渔获物和拟丢弃渔获物的机会。

12. 如果某一 CPC 未能达到第 3 段所述覆盖率，任何其他 CPC 在征得未达到覆盖率的 CPC 同意的情况下，可派遣一名观察员履行第 6 段、第 14 段、第 15 段和第 16 段规定的任务，直到该 CPC 提供替代观察员或达到目标覆盖率水平为止。

13. CPC 应根据本决议规定，每年在其国家科学报告中向 IOTC 秘书处和 IOTC 科学分委会提供关于支持第 3 段、第 4 段、第 6 段和第 9 段所述观察员计划和抽样计划的情况说明，抽样渔船数量和捕捞努力量，以及按渔具类型达到的覆盖率。

14. 观察员应：

a）记录并报告捕捞活动，核实船位；

b）尽可能观察并估计渔获量，以确定渔获物组成和兼捕物，并监测海上丢弃，包括其命运（如活体释放）和体长频率；

c）记录船长使用的渔具类型、网目尺寸和属具；

d）收集信息，以便能够交叉核对捕捞日志的记录（物种组成和数量、活体重量和加工后重量及捕捞位置，如有）；

e）按照 IOTC 科学分委会的要求开展相关科学研究工作（如采集样本）。

15. IOTC 科学分委会应在 2024 年更新 IOTC 的 ROS 观察员手册和 IOTC 观察员报告用表格（包括最低标准数据字段），并就培训计划提出建议。

16. 观察员在履行职责时，应使用在 IOTC 网站上公布的 IOTC ROS 最低标准数据字段、IOTC 数据收集表格、IOTC 物种识别卡、IOTC ROS 观察员手册，以及 IOTC 观察员表格。

17. 每位观察员应在每个航次任务结束后 30 天内，向渔船船旗 CPC 的主管部门提交一份报告。如果该渔船在沿海国专属经济区内捕鱼，观察员报告中涉及专属经济区内捕捞活动的部分也应提供给该沿海国。

18. 各 CPC 应于每年 6 月 30 日之前，按照 IOTC 观察员报告模板和标准，向 IOTC 秘书处提供上一年度的每份报告和观察员数据。延绳钓渔业应于 6 月 30 日之前提供初步数据，并于 12 月 31 日之前提供最终数据。执行秘书应向 IOTC 科学分委会提供这些信息。

19. 第 18 段所述的数据应以 1°×1°方格和月份提供。CPC 应努力以适合自动提取数据的电子格式发送这些数据。

20. 应适用第 12/02 号决议“关于数据保密政策和程序”所规定的保密规则。
21. IOTC 结余资金的可用部分可用于支持发展中沿海国成员实施本计划，特别是用于培训观察员和现场采样样人员。
22. 本决议有关在渔船部署观察员的所有规定，如适用，应比照适用于电子监测系统的使用。
23. 本决议取代“关于区域观察员计划”的第 24/04 号决议。

决议第 25/07 号：关于 IOTC 管理区剑鱼的管理程序

印度洋金枪鱼委员会（IOTC），

有养护和最佳利用印度洋金枪鱼和类金枪鱼的责任；

认识到有必要采取行动，确保在 IOTC 管理区实现养护和管理金枪鱼资源的目标；

认识到委员会通过的第 15/10 号决议所载管理目标是：①将生物量维持在高于能够产出 MSY 或其替代指标所需的水平；②将捕捞死亡率维持在低于产出 MSY 或其替代指标的水平；③避免突破生物量低于 B_{LIM} 而捕捞死亡率高于 F_{LIM}；

注意到 IOTC 协定第十六条有关沿海国的权利和《联合国海洋法公约》第 87 条、第 116 条有关公海捕鱼的权利；

认识到《执行 1982 年 12 月 10 日〈联合国海洋法公约〉有关养护和管理跨界鱼类种群和高度洄游鱼类种群的规定的协定》（UNFSA）第 24 条的发展中国家，特别是小岛屿发展中国家的特殊要求；

认识到“关于实施预防性做法”的第 12/01 号决议，呼吁印度洋金枪鱼委员会根据 UNFSA 第 6 条实施和适用预防性做法；

回顾“关于目标参考点、限制性参考点及决策框架”的第 15/10 号决议，其中确定了委员会的目标是，在考虑包括 IOTC 管理区发展中国家的特殊要求在内的各种有关环境和经济因素的限制条件下，长期并大概率地将鱼类种群维持在不低于能够产生其MSY的水平；以及确定包括剑鱼在内的 IOTC 鱼类种群的参考点；

认识到委员会有意根据第 16/09 号决议（被第 25/10 号决议取代）设立管理程序技术分委会（TCMP），并在确立 IOTC 管理区关键物种管理程序的工作时间表中对其工作做了进一步阐述，以期在 TCMP 建议的帮助下，采用管理程序实现 IOTC 协定（第 15/10 号决议）的目标；

确认科学分委会的建议，2023 年的最新资源评估表明剑鱼没有遭资源型过度捕捞，也没有发生强度型过度捕捞；

进一步考虑到科学分委会第 26 届会议的建议，测试剑鱼备选管理程序的性能所需的关键技术工作（管理策略评价）可及时完成，以便委员会考虑在 2024 年采用管理程序；

进一步考虑到 TCMP 第 7 届和第 8 届会议关于剑鱼管理程序的意见和建议，其中包括一份备选管理程序名单，该名单上的管理程序均达到以 60%以上的概率将种群保持在科比图绿色象限的管理目标；

根据 IOTC 协定第九条第 1 款的规定，决议如下：

1. IOTC 剑鱼种群管理程序的目标是，将种群生物量维持在科比图绿色象限（没有遭资源型过度捕捞，也没有发生强度型过度捕捞），同时促进渔获量的稳定平衡和最大限度地提高管理期的平均渔获量。

管理程序

2. 被称为 MP1 的剑鱼管理程序（MP）载于附件 1。
3. 根据委员会的管理目标，通过该管理程序旨在实现：
   a）到 2034～2038 年，剑鱼产卵种群生物量达到 SB_{MSY}[①]目标参考点的概率为 60%；
   b）剑鱼产卵种群生物量大概率地避免突破第 15/10 号决议所载的暂定限制性参考点；
   并在下列约束条件下运作：
   c）TAC 的最大变动为较前一 TAC 增加 15%及减少 10%。

确立 TAC

4. 科学分委会应根据委员会认可的关于 IOTC 管理程序的例外情况规定的指南（见 IOTC-2021-SC24-R 附录 6a），运行并向委员会建议管理程序的结果，包括任何关于例外情况的建议。
5. 委员会应根据管理程序的结果通过 TAC，除非科学分委会确定需要考虑委员会采取替代管理行动的例外情况。
6. 例外情况的证据将由旗鱼工作组和科学分委会每年审查一次。如果触发了例外情况，则先前存在的 TAC 应保持不变，直到商定新的 TAC。
7. 根据管理程序得到的第一个 TAC 将于 2026～2028 年适用。TAC 自委员会设定之年起，之后的 3 年每年适用[②]。
8. 从本决议通过后紧接的公历年开始，设定和适用 TAC 的时间表载于附件 2。

分配 TAC

9. TAC 将在不迟于 2025 年第 29 届会议结束之前，根据在该措施之外商定的程序在 CPC 之间分配。
10. 如果分配方案尚未得到委员会的同意和执行，委员会将不迟于 2025 年制定一项机制，将剑鱼渔获量限制在基于管理程序得出的 TAC 范围内。

审议

11. 委员会及其附属分委会将于 2031 年对该管理程序的执行情况进行审议，审议的目的是确保该管理程序按期执行，以及是否有必要更新运行模型、重新调整现有管理程序，或考虑替代候选的管理程序和进行新的全面管理策略评估。
12. 还要求科学分委会研究有关方法，在未来候选管理程序中纳入多物种框架，并在可能的情况下，研究对生态系统产生的更广泛影响，如对海龟、海洋哺乳动物、海鸟、鲨鱼和偶然捕获鱼类（兼捕）等受金枪鱼捕捞作业影响的相关物种

① 产卵种群生物量与实现最大持续产量有关

② 例如，科学分委会在 2024 年运行管理程序，委员会在 2025 年设定 TAC，则 TAC 在 2026～2028 年适用。科学分委会在 2027 年运行管理程序，委员会在 2028 年设定 TAC，则 TAC 适用于 2029～2031 年

和依赖物种的死亡率的影响。

附件 1　计算管理程序 TAC 的说明和计算公式

MP1 根据最近的 CPUE 调整 TAC。TAC 通过 CPUE 的斜率和到目标 CPUE 的距离来改变（图 1）。

a）如果近期 CPUE 高于目标 CPUE，且数值有上升趋势，则 TAC 调增。

b）如果当前 CPUE 低于目标 CPUE，且数值有下降趋势，则 TAC 调减。

c）如果当前 CPUE 相对于目标 CPUE，且其斜率方向相反，则 TAC 变化可能发生在任何一个方向，具体取决于这些指标的大小和相关的控制参数。

形式上，未来的 TAC 是按照当前 TAC 的比例 TAC_{mult} 计算，其定义为：

$$TAC_{mult}=1+k_a Sl+k_b D$$

式中，Sl 是过去 5 年对数 CPUE 的斜率；D 是最近的 CPUE（过去 3 年平均值）和目标 CPUE 之间的差值（即最近的 CPUE 减去目标 CPUE）；k_a 和 k_b 是响应参数，其中，

$$k_a=2.1$$

$$k_b=1.2$$

目标 CPUE=0.75

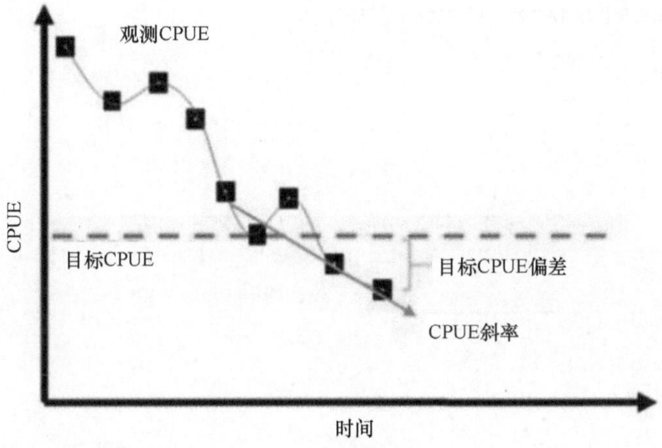

图 1　MP1 是基于近期 CPUE 的斜率及其目标 CPUE 的偏差（彩图请扫封底二维码）

数据规格

MP1 的输入数据为：

标准化延绳钓渔业 CPUE 基于 1994 年至可获得的最近一年的日本金枪鱼延绳钓数据，根据 Matsumoto 等（2023）[①]所描述的标准化分析方法计算得到，仅适用于西北印度洋地区。

① Matsumoto T，Taki K，Ijima H，Kai M. 2023. CPUE standardization for swordfish（*Xiphias gladius*）by Japanese longline fishery in the Indian Ocean using zero-inflated Bayesian hierarchical spatial model. IOTC-2023-WPB21-14_Rev1. https://iotc.org/documents/WPB/21/14

附件 2　管理程序实施时间表

IOTC 分委会	2024 年	2025 年	2026 年	2027 年	2028 年	2029 年	2030 年	2031 年
委员会（5/6 月）	选择和通过剑鱼管理程序	年度审议 SC 的建议 →	→	→	→	→	→	→
		确立 TAC（2026～2028 年）			确立 TAC（2029～2031 年）			确立 TAC（2032～2034 年）
WPB 和 WPM（10 月）	整理用于 MP 的数据			整理用于 MP 的数据			整理用于 MP 的数据	
	特殊情况（EC）年度审议，向 SC 提出建议	EC 审议	EC 审议	EC 审议	EC 审议	EC 审议	EC 审议	EC 审议
SC（12 月）	运行管理程序			运行管理程序			运行管理程序	
		评估资源状况			评估资源状况			评估资源状况
	年度审议特殊情况			→	→	→	→	→
	向委员会提出 TAC 的建议			提出 TAC 的建议			提出 TAC 的建议	

注：种群状况评估与管理程序具有不同的作用和目的，且不用于 TAC 的建议。本时间表将其纳入旨在明确进行评估的最佳时间，即应在作出管理程序 TAC 决定后的次年进行评估

决议第 25/08 号：关于养护和管理 IOTC 渔业捕捞的鲨鱼

印度洋金枪鱼委员会（IOTC），

认识到第 12/01 号决议“关于实施预防性方法”呼吁 IOTC 缔约方和合作非缔约方（CPC）依据《联合国鱼类种群协定》第 5 条采取预防性做法；

关切 IOTC CPC 持续未能按照现有 IOTC 决议提交完整、准确和及时的鲨鱼捕捞记录；

承认需要改进按物种收集的捕捞、丢弃和贸易数据的方式，以此作为改进鲨鱼种群养护和管理的基础，并意识到当鱼鳍从鲨鱼躯体上移除后，几乎无法进行鲨鱼物种识别；

忆及 IOTC 生态系统和兼捕工作组（WPEB）在其 2023 年报告中达成共识，即鉴于鲨鱼种群评估受数据限制的影响，采取预防性做法将是减少鲨鱼死亡率的一种可行途径；

忆及联合国大会自 2007 年起每年经协商一致通过的有关可持续渔业的决议（A/RES/62/177、63/112、64/72、65/38、66/68、67/79、68/71、69/109、70/75、71/123、72/72、73/125、74/18、75/89、76/71 和 77/118），呼吁有关各国立即采取协调一致的行动，改进实施和遵守现有区域渔业管理组织（RFMO）或区域渔业管理安排（RFMA）关于鲨鱼渔业及兼捕的管控措施，特别是禁止或限制仅为获取鲨鱼鳍目的的渔业活动，并在必要时考虑采取其他适当措施，如要求所有捕获的鲨鱼在上岸时须保持鳍和鱼体自然连接；

进一步忆及 FAO《鲨鱼养护和管理国际行动计划》呼吁各国鼓励充分利用死的鲨鱼，以促进改进按物种分类的渔获量和上岸量数据，并监测鲨鱼捕获量，以及识别和报告特定物种生物学数据和贸易数据；

注意到尽管有禁止鲨鱼割鳍弃体的区域协议，但船上仍继续割取鲨鱼鳍，并将鱼体的其余部分丢弃入海；

强调最近 IOTC 与 WCPFC 科学分委会的建议，使用鱼鳍-鱼体重量比并不是一个可以验证的确保杜绝鲨鱼割鳍弃体的方法，而且在实施、执行和监督方面已被证明是无效的；

进一步强调 IOTC 科学分委会 2023 年报告建议，委员会应考虑将防止鲨鱼割鳍的措施（如要求鱼鳍自然附着，包括部分连接或捆绑）扩大到所有渔业或类似替代措施（如人工附着的鱼鳍），前提是这些措施已经 IOTC 科学分委会和履约分委会评估并认可，认为其在实现养护效益方面相当于鱼体鱼鳍自然连接措施或更有可能达到预期效果，并且从履约监测角度来看是可行的；

注意到东北大西洋渔业委员会（NEAFC）通过的第 10:2015 号建议“关于养护 NEAFC 管理的相关渔业捕获的鲨鱼”，西北大西洋渔业组织（NAFO）养护和执行措施第 12 条，以及地中海渔业总委员会（GFCM）通过的第 42/2018/2 号建议“关于养护 GFCM 适用区域内鲨鱼和鳐鱼的渔业管理措施”规定，鱼鳍自然连接鱼体政策是确保 NEAFC、NAFO 和 GFCM 渔业禁止鲨鱼割鳍弃体的唯一选项；

认识到 IOTC 管理区鲨鱼在经济和文化方面的重要性，作为海洋生态系统中的关键捕食者在生物学方面的重要性，以及由于其生物学特性及空间分布与捕捞活动存在显著重叠，许多鲨鱼物种极易因过度捕捞而受到威胁；

注意到 IOTC 科学分委会 2021 年建议，即维持当前的大青鲨捕捞量可能会导致其生物量减少，以及种群在不久的未来可能面临资源型过度捕捞和强度型过度捕捞状态；

忆及大青鲨占全球鲨鱼捕捞量 60%以上，第 18/02 号决议（被本决议取代）“关于养护 IOTC 有关渔业捕捞的大青鲨的管理措施”要求委员会在 2021 年考虑通过大青鲨养护和管理措施，如根据最新捕捞数据为各 CPC 设定捕捞限额，或酌情采取兼捕缓解措施，如禁止使用钢丝引线钩/鲨鱼线捕捞大青鲨等；

进一步忆及第 18/02 号决议（被本决议取代）“关于养护 IOTC 有关渔业捕捞的大青鲨的管理措施”，要求科学分委会在可能的情况下就养护和管理 IOTC 管理区大青鲨建议候选捕捞限值、阈值和目标参考点；

注意到委员会 2024 年年会要求 IOTC 科学分委会启动大青鲨管理策略评估（MSE）模拟，以制定该物种的管理程序；

进一步注意到 IOTC 科学分委会 2021 年提出建议，委员会应以谨慎的方式通过实施减少捕捞死亡率的管理行动来养护尖吻鲭鲨和镰状真鲨；

忆及 IOTC 科学分委会 2023 年建议，采取缓解措施减少长鳍真鲨和镰状真鲨在船上的死亡率及丢弃后的死亡率，包括考虑对主捕金枪鱼和剑鱼的延绳钓渔具进行可能的限制。注意到 Bigelow 等（2022）[①]在 WCPFC 的最近一项研究结论，禁止使用鲨鱼线和钢丝引线有可能使长鳍真鲨的捕捞死亡率降低 40.5%，镰状真鲨的捕捞死亡率降低 30.8%；

进一步忆及 IOTC 生态系统和兼捕工作组于 2024 年在对全球研究进行审查后指出，禁止 IOTC 管理区延绳钓渔业和其他渔业使用钢丝引线和鲨鱼线，可能会减少观察到的鲨鱼捕捞量和鲨鱼的捕捞死亡率，并建议实施更多的减缓措施，包括但不限于禁用钢丝引线和鲨鱼线；

注意到 IOTC 科学分委会 2024 年建议，若委员会希望考虑采取更多减缓措施以加强脆弱鲨鱼的养护，应考虑 2024 年 WPEB 会议报告研究成果，同时指出根据该研究报告的文献综述，禁止在 IOTC 管理区作业的延绳钓渔业和其他渔业使用钢丝引线和鲨鱼线，可能会减少观察到的鲨鱼捕获量和鲨鱼的捕捞死亡率；

深切关注大多数犁头鳐目（Rhinopristiformes）物种被世界自然保护联盟（IUCN）濒危物种红色名录列为“受威胁”物种（即易危、濒危或极危），而这些物种的鱼鳍在全球鱼翅贸易中价值极高，因此需要像保护鲨形总目（Selachomorpha）物种一样防止犁头鳐目物种因鱼翅贸易而遭到过度捕捞；

根据 IOTC 协定第九条第 1 款的规定，决议如下：

① Bigelow K, Panizza A, Vidal T, et al. 2022. Oceanic whitetip and silky shark in longline fisheries between 20°N and 20°S and outside the area to evaluate CMM 2022-04. IOTC

定义

1. 为本决议的目的：
   a）"CPC"指IOTC协定的缔约方和合作非缔约方；
   b）"IOTC鱼种"指IOTC协定附件C所列的所有鱼种；
   c）"鲨鱼"指隶属鲨形总目8个目（真鲨目、鼠鲨目、须鲨目、虎鲨目、角鲨目、扁鲨目、六鳃鲨目和锯鲨目）及犁头鳐目所有物种；
   d）"大青鲨"指真鲨目真鲨科大青鲨属鱼类；
   e）"双髻鲨"指真鲨目双髻鲨科所有物种；
   f）"长鳍真鲨"指真鲨目真鲨科真鲨属长鳍真鲨；
   g）"鲭鲨"指鼠鲨目鲭鲨科鲭鲨属尖吻鲭鲨和长鳍鲭鲨两个鱼种；
   h）"镰状真鲨"指真鲨目真鲨科真鲨属镰状真鲨；
   i）"长尾鲨"指鼠鲨目长尾鲨科长尾鲨属所有物种；
   j）"鲸鲨"指须鲨目鲸鲨科鲸鲨属所有物种；
   k）"充分利用"指渔船抵达首个卸鱼点时，船上留存除鱼头、内脏和鱼皮以外的所有部分；
   l）"割鳍弃体"指割除并保留鲨鱼的全部或部分鱼鳍，然后将其躯体丢弃入海。

适用范围

2. 本决议适用所有在IOTC管理区捕捞IOTC物种的渔船，以及悬挂CPC旗帜的补给船[①]。本决议不适用非商业性船舶及从事研究本决议所载管理措施效力的船舶。

禁止保留的鲨鱼物种

3. 除第4段规定外，CPC应确保其船旗船不得在船上留存、转载、卸载或储存下列鲨鱼的任何部分或整条躯体：
   a）长鳍真鲨；
   b）长尾鲨；
   c）鲸鲨。
4. 在不影响第3段规定的情况下，如果鲨鱼在拉回时已死亡，且样本采集属于IOTC科学分委会批准的研究项目的部分内容，允许科学观察员采集第3段所列鲨鱼的生物样本（包括脊椎骨、肌肉组织、性腺、胃、皮肤、螺旋瓣膜、颌骨及用于分类工作和博物馆收藏的完整标本与骨骼标本）。在向IOTC科学分委会提交详细文件、概述工作目的、拟采集样本的数量和类型、采样工作的时空分布等内容后，方有可能获得批准。该文件应包括研究项目的提案。IOTC科学分委会应审议研究提案，并决定是否批准。研究工作的年度进展报告及研究项目完成后的最终报告应提交给IOTC生态系统和兼捕工作组及

① "补给船"一词应包括支援渔船

IOTC 科学分委会。

充分利用其他鲨鱼

5. CPC 应采取必要措施，确保其船上留存的所有鲨鱼得到充分利用。CPC 应确保禁止割鳍弃体行为。
6. 为执行第 5 段新鲜鲨鱼上岸的义务，CPC 应要求其旗帜船舶在上岸时保持鲨鱼鳍体自然连接。
7. 在不影响第 5 段和第 6 段规定的情况下，为便于船上储存，鲨鱼鳍可按附件 2 图示方式部分切开并折叠合在鲨鱼躯干上，在抵达首个卸货点前不得将鳍体分离。
8. 为执行第 5 段关于 2026 年、2027 年和 2028 年冷冻鲨鱼上岸的义务，CPC 应确保其船队在上岸或转载鲨鱼时，鲨鱼鳍自然附着在鱼体上，或采用以下替代措施之一：
   a）每条鲨鱼鱼体与对应的鱼鳍用绳子或金属丝绑在一起；或
   b）在每条鲨鱼鱼体及其对应的鱼鳍上附上相同且唯一编号的标签，以便检查人员能随时较容易地识别鱼体和鱼鳍的匹配情况。鱼体和鱼鳍应在船上同一货舱内存放。
9. 如果某一 CPC 决定授权其船舶使用第 8 段所述的替代措施，其应：
   a）于 2025 年 9 月 1 日前通报秘书处；
   b）对获准使用替代措施的船舶加强监测力度；
   c）确保船上检查人员随时都能轻松识别每条鲨鱼的鱼体及其对应的鱼鳍；
   d）确保替代措施在鲨鱼入舱存放前立即实施。
10. 秘书处应在第 9 段 a）项截止日期后立即将收到的信息散发给所有 CPC。
11. CPC 应在年度履约调查问卷中报告第 8 段替代措施的执行情况，包括：
   a）从观察员、电子监测、空中巡查、登临及上岸检查报告中遇到的任何执行困难；
   b）如何加强对授权船舶的监测；
   c）上一年度使用替代措施的船舶数量；
   d）在海上和港口如何履约，包括如何处理可能发生的鱼体和鱼鳍数量不成比例、高规格分级和鱼种替代事件等；
   e）解释船队为何采用第 8 段 a）项或 b）项的鱼鳍处理方式；
   f）履约分委会认为必要的任何其他信息。
12. 履约分委会应每年审议并讨论依照第 11 段提交的信息，并在适当时就第 8 段所述防止割鳍的替代措施的有效性向委员会提出建议，特别是与第 5 段规定的禁止割鳍措施进行比较。委员会应在第 32 届会议之前就鲨鱼割鳍和替代措施作出决定，并确定是否需要进一步修订。
13. 如果在任何一年中，使用替代措施的 CPC 未按照第 11 段向履约分委会提供信息，则该 CPC 将不能再使用第 8 段所述的替代措施。

兼捕减缓措施

14. 自 2026 年 1 月 1 日起，CPC 应确保其船旗延绳钓船不使用直接从延绳浮标或浮标线延伸出来的分支线，被称为鲨鱼线。鲨鱼线示意图见附件 1。

15. 为使任何 CPC 继续在 20°N 以北使用钢丝引线钩，至少有一个 CPC 应进行科学捕捞试验，以评估引线材料对脆弱鲨鱼物种（包括长鳍真鲨、镰状真鲨、尖吻鲭鲨和长尾鲨）及大青鲨死亡率的影响。此类试验必须在科学分委会第 30 届会议（SC30）之前完成并提交给 IOTC 科学分委会，但需受第 8 段规定可能延期的规定。

16. 试验的目的是确定 CPC 船队使用钢丝引线对脆弱和目标鲨鱼物种的捕获率及死亡率（以总数量和按物种）是否高于使用尼龙单丝引线。

17. 这些试验将使用适当的试验设计进行，并使用适当的统计方法进行分析，其标准和原则将由 IOTC 科学分委会在 2025 年年度会议上制定并达成一致。

18. CPC 的捕捞试验结果在 2027 年必须以详细的研究报告（全面描述方法、结果和结论）提交给 IOTC 科学分委会，以便科学分委会审议并就试验结果向委员会提出建议。CPC 如有合理理由，可向委员会申请延长一年提交捕捞试验结果。

19. IOTC 科学分委会还将在其第 29 届会议（SC29）之前审议可用数据和信息，内容涉及以下空间和时间趋势：
    a）易受伤害的鲨鱼物种和大青鲨的相对分布情况；
    b）过去 10 年延绳钓总捕捞努力量分布，以及按 CPC 和年的分布情况；
    c）按 CPC 的钢丝引线和尼龙单丝引线（及其他类型引线，如适用）的使用分布和水平。为此，所有 CPC 应在 2026 年 7 月 30 日前向 IOTC 秘书处提供其船队的相关信息（最佳可得信息），以便向科学分委会提供此类空间信息的概要。

20. 在向 IOTC 提供关于捕捞试验结果及其对 IOTC 管理区内脆弱鲨鱼物种禁用钢丝引线措施的有效性的影响的建议时，SC30 在遵守第 18 段可能延期的前提下，还将基于上述第 19 段信息，并考虑每种脆弱和目标鲨鱼物种分布，就适用禁用钢丝引线的空间选项提出建议。

21. 如果没有 CPC 在规定时间内向 SC 提交符合上述条件的研究报告，则自 2028 年 1 月 1 日起，除非第 18 段允许延期，所有 CPC 应确保其管辖船舶不得在 IOTC 管理区 20°S 以北的区域使用或携带钢丝引线作为引线或支线。

22. CPC 应确保其旗船：
    a）如果在将鲨鱼带上船前或将其拉至[①]船舷边以确保安全识别时已确认第 3 段所列鲨鱼，应在可行的范围内立即予以释放；
    b）在鲨鱼为非目标鱼种的渔业中，活体释放意外捕获不用于船上食用或生计的鲨鱼（尤其是幼鲨和怀孕鲨鱼）。

① 在 20°S 以南捕鱼并使用钢丝引线的捕捞船队必须确保其船只在 20°S 以北时始终装载钢丝引线

23. CPC 应确保其休闲游钓船舶：
    a）活体释放捕获的所有第 3 段所列鲨鱼；
    b）如果他们进行的捕鱼活动捕到第 3 段所列鲨鱼的概率高，应配备适合活体释放的工具。
24. 为降低放生后死亡率，CPC 应确保其管辖船舶在放生鲨鱼时，考虑船员和观察员安全，根据附件 3 中规定的最低安全操作和活体释放程序尽快实施放生。IOTC 科学分委会应在 2025 年 12 月 31 日前审议该最低标准，并向 IOTC 提出标准改进建议，供 2026 年年会审议通过。
25. CPC 应确保渔民知晓并使用现有识别指南，如《印度洋渔业鲨鱼和鳐鱼识别》[①]。

大青鲨的具体要求

26. 根据 2025 年将进行的审议和种群评估结果及各缔约方更新的捕捞信息报告，并考虑 IOTC 科学分委会的建议，IOTC 应在 2026 年会议上审议针对大青鲨的具体养护和管理措施，并基于最新报告的渔获数据来确定捕捞限额，包括确定总允许捕获量，以及每个 CPC 的捕捞限额。
27. IOTC 应继续完善印度洋大青鲨管理策略评估框架，并向委员会提交潜在捕捞控制规则方案，以及相应的候选限制参考点、目标参考点和阈值参考点建议。

鲸鲨的具体要求

28. CPC 应确保其船旗船，若在放网前发现鲸鲨，不得故意围绕鲸鲨投放围网。
29. CPC 应确保，若鲸鲨意外被围网围捕，船长应采取一切合理措施确保其安全释放，同时考虑船员的安全。这些释放操作步骤应遵循“关于安全释放和处理围捕鲸鲨的最佳实践指南”，该指南将由 IOTC 科学分委会于 2025 年 12 月 31 日前拟定，并随后提交给委员会供其在 2026 年年会上审议批准。
30. CPC 应确保，若其旗帜围网船无意中用围网围住鲸鲨，或使用其他渔具的渔船在捕捞活动中与鲸鲨发生互动，船长应向船旗国相关主管部门报告该事件，并提供以下信息：
    a）个体数量；
    b）交互的简短描述，包括互动如何发生和为什么发生的详细信息；
    c）互动的地理位置；
    d）为确保安全释放所采取的步骤；
    e）释放时动物生命状态的评估，包括鲸鲨是否被活体释放但随后死亡。

报告要求

31. CPC 应确保与第 3 段、第 15 段、第 22 段和第 28 段相关的所有与鲨鱼有关的互动都通过日志妥善记录，且当有观察员在船上时，应根据第 15/01 号决议“关

① https://iotc.org/science/species-identification-cards，它在拍摄开始前被发现

于 IOTC 管理区渔船记录渔获量和努力量数据”和第 24/04 号决议（被第 25/06 号决议取代）“关于区域观察员计划”的规定，通过观察员报告记录。CPC 应按照第 15/02 号决议“关于对 IOTC 缔约方和合作非缔约方强制性统计报告要求”（或任何后续决议）中规定的时限，向 IOTC 执行秘书提交此信息。此外，CPC 还应在年度实施报告中报告其旗帜围网船在围网捕捞作业中出现鲸鲨被围网围住的任何情况。

32. CPC 应按照第 15/02 号决议“关于对 IOTC 缔约方和合作非缔约方强制性统计报告要求”（或任何后续决议）中有关数据报告的要求和程序，报告所有鲨鱼年度捕获量数据，包括丢弃估计量和丢弃鲨鱼的状况（死的或活的）及体长频率。CPC 还应报告所有尚未报告的现有历史数据。
33. IOTC 应按照 IOTC 科学分委会建议，在 2026 年年会审议和通过鼓励 CPC 履行鲨鱼数据报告要求的机制，特别是针对 IOTC 科学分委会认定最脆弱的鲨鱼物种。
34. IOTC 应考虑向发展中 CPC 提供适当援助，以帮助其识别鲨鱼种类，并收集有关鲨鱼捕捞量数据，并协助报告这些数据。
35. CPC 应在其提交给 IOTC 科学分委会的国家年度报告中，纳入其在国内为监测捕捞量所采取行动的相关信息。

国家行动计划

36. CPC 应实施 FAO《鲨鱼养护和管理国际行动计划》（IPOA 鲨鱼）①。
37. CPC 应在年度执行报告中纳入根据 IPOA 鲨鱼制定的国家鲨鱼行动计划。

科学工作和建议

38. IOTC 科学分委会应通过其 WPEB 继续开展工作，识别并监测 IOTC 管理区所有相关鲨鱼[包括第 3 段所列鲨鱼（长鳍真鲨、长尾鲨、鲸鲨）及镰状真鲨、双髻鲨和鲭鲨]的状况，直至能够对所有相关鲨鱼进行全面评估。科学分委会应制定 IOTC 管理区鲨鱼研究长期项目的工作范围，提交委员会在 2026 年年会上审议通过，以确保收集对关键鲨鱼物种，包括第 3 段所列鲨鱼（长鳍真鲨、长尾鲨、鲸鲨）及镰状真鲨、双髻鲨和鲭鲨等进行可靠的种群评估所需的数据。该项目将包括：
    a）明确 IOTC 关键鲨鱼物种数据的缺失情况；
    b）收集相关数据，包括通过与 CPC 国家管理机构、研究机构和利益相关方的直接联系；
    c）任何有助于改进 IOTC 关键鲨鱼物种种群评估所需数据收集的其他活动；
    d）编制并进一步完善相关鲨鱼物种的识别指南，以更好地了解 CPC 的履约情况，从而协助 CPC 履行其报告义务。IOTC 执行秘书应定期在 IOTC 官网发

① https://www.fao.org/ipoa-sharks/tools/en/

布这些鲨鱼的识别指南，并向各 CPC 分发。

鼓励各 CPC 为该项目的实施提供资金支持。

39. IOTC 科学分委会应就相关鲨鱼的种群状况、其对过度捕捞的脆弱性及是否通过适用第 3 段所述措施对这些物种实行预防性管理向委员会提出建议。

40. 报告有鲨鱼捕捞量和上岸量的 CPC 应努力开展研究，以：

a）探索使渔具更具选择性的方法，降低误捕鲨鱼的死亡率，特别是第 3 段所列鲨鱼；

b）提高对关键鲨鱼物种，包括第 3 段所列的鲨鱼及镰状真鲨、双髻鲨和鲭鲨的关键生物/生态参数、生活史、行为特征、洄游模式和释放后存活率的了解；

c）促进 CPC 在鲨鱼物种鉴定方面的能力建设，以提高物种水平的数据报告；

d）确定重要鲨鱼交配、产仔和育幼区，包括第 3 段所列鲨鱼及镰状真鲨、双髻鲨和鲭鲨；

e）改进活鲨鱼的处理方法，以最大限度地提高释放后的存活率。

CPC 应向 IOTC 科学分委会和 IOTC 生态系统和兼捕工作组提供此类研究的结果。

41. IOTC 科学分委会应每年审议各 CPC 根据本决议报告的信息及第 38 段所述研究项目的成果，按渔具逐一审议。在此基础上，IOTC 科学分委会应酌情每年向委员会提供关于加强 IOTC 管理区内鲨鱼养护和管理的建议，包括：

a）适当禁止利用本决议第 3 段所述的其他易受伤害的鲨鱼物种；

b）采取措施，改善对第 3 段禁止利用的鲨鱼的保护，包括减少鲨鱼死亡率的缓解措施、改进渔具的选择性、禁渔区/禁渔期或最小养护尺寸；

c）用于改善未被禁止利用的鲨鱼的养护和管理措施；

d）针对 IOTC 相关渔业捕捞的所有鲨鱼的养护和管理的候选限制、阈值和目标参考点的选择，优先考虑商业目的捕捞的鲨鱼；

e）IOTC 相关渔业捕捞鲨鱼的许可总渔获量，优先考虑商业目的捕捞的鲨鱼；

f）禁渔区/禁渔期或最小养护尺寸；

g）兼捕减少措施，包括改进渔具的选择性及通过技术设备减少释放后的死亡率，如通过双输送带释放被围网渔业意外捕捞的鲨鱼，以提高释放鲨鱼的存活率；

h）降低鲨鱼释放后死亡率拟纳入第 15/01 号决议“关于 IOTC 管理区渔船记录渔获量和努力量数据”（或任何后续决议）中捕捞量必须记录的鲨鱼物种的选项。

42. IOTC 科学分委会在根据第 26 段提出建议时，应特别考虑到以下方面：

a）利用现有最佳科学数据/信息，对鲨鱼进行全面的种群评估，种群评估及在缺乏更可靠科学信息的情况下，按渔具进行生态风险评估；

b）按渔具每种鲨鱼的捕捞努力量趋势；

c）对那些对鲨鱼有较高意外捕捞风险或其他有害影响的渔具，保护和管理措施的有效性；

d）高风险鲨鱼的优先级；

e）审议第 3 段中保留禁令的实际执行情况；

f）第 3 段中实施保留禁令的可行性，包括识别鲨鱼种类；

g）鲨鱼养护和管理措施对捕捞作业及 CPC 收集和报告的鲨鱼数据/信息的影响与偏差；

h）第 12/01 号决议“关于实施预防性做法”的执行情况。

43. IOTC 科学分委会应在其 2025 年年会上，审议有关鲸鲨生活史和保护状况的现有数据和信息，确认其是否符合“生物脆弱性极高、保护关注度极大且数据非常有限的类群”的定义。如果确认符合这一定义，IOTC 科学分委会应向委员会建议在 IOTC 渔业中实施预防性管理措施的适当性，包括实施禁渔期。此外，IOTC 科学分委会还可以提出未来研究和数据收集的备选方案，并就相关 IOTC 渔业的其他缓解措施提供建议。

最终条款

44. 本决议将于 2026 年 1 月 1 日生效。

45. 尽管有第 44 段的规定，本决议第 3 段 c）项仅当 IOTC 科学分委会根据本决议第 43 段明确无误地建议禁止留存鲸鲨时，方于 2026 年 7 月 1 日生效。

46. 本决议取代下列决议：

a）第 18/02 号决议“关于养护 IOTC 有关渔业捕捞的大青鲨的管理措施”；

b）第 17/05 号决议“关于养护 IOTC 管理渔业捕捞的鲨鱼”；

c）第 13/05 号决议“关于养护鲸鲨”；

d）第 13/06 号决议“关于养护 IOTC 管理渔业捕捞鲨鱼物种的科学管理框架”；

e）第 12/09 号决议“关于养护 IOTC 管理区相关渔业捕捞的长尾鲨”。

附件 1　鲨鱼线示意图

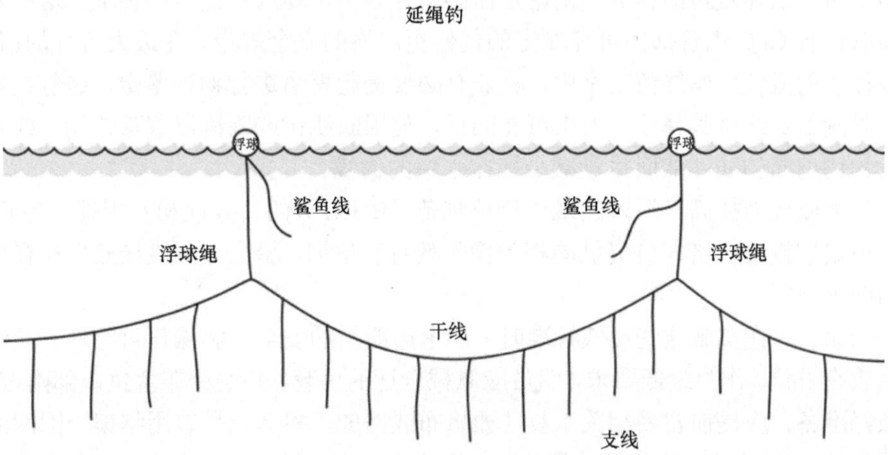

附件2 鱼鳍自然连接

自然连接是指鲨鱼所有鱼鳍在海上时必须全部或部分通过结缔组织或软骨与鱼体相连。为了便于在船上存放，鲨鱼鳍可部分切开并折叠附贴于鲨鱼躯体上，但在首次上岸前不得与鱼体分离。下图是供渔民参考的示意图解。

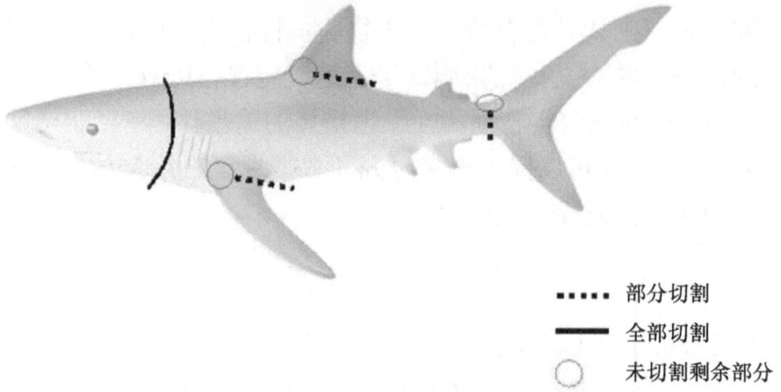

1. 仅允许在海上去除头部和内脏（视情况而定）。
2. 允许在背鳍基部和胸鳍基部位置进行部分切割。
3. 允许在尾柄基部位置进行部分切割，使尾鳍可折叠附于鲨鱼躯体后部。
4. 大青鲨在去除内脏的过程中，若鱼鳍保持自然连接状态，允许沿腹部进行全部切开。

附件3 安全操作和活体释放程序最低标准

以下安全操作和活体释放程序最低标准的主要目标是确保鲨鱼的最高存活率，并在可能的情况下采取迅速有效的行动将鲨鱼放归大海，同时优先确保船员生命和安全不受影响，并且船员应努力避免在安全处理和释放鲨鱼过程的操作中出现危险。这些最低标准适用于所有活体鲨鱼的释放，无论是在不留存政策下释放还是自愿释放。这些基本指南并不取代各CPC主管部门可能制定的任何更严格的安全规定。在最大可行的情况下，所有被释放的鲨鱼应始终留在水中，除非有必要提起鲨鱼进行物种鉴定。这包括鲨鱼还在水中时割断钓线将其释放，如果可能的话，使用断线钳或脱钩器移除钓钩，或者尽可能贴近钓钩剪断钓线，从而尽量减少拖在水中的钓线。

为最大限度地提高已通过的最佳释放规范（BHRP）的实效性和实用性，各CPC应确保船员定期接受合格人员提供的相关操作教育和培训。船上应备最佳操作和释放实践指南的图示说明。

安全第一：在实施这些最低标准时，应考虑船员的安全性和操作可行性，始终将船员安全放在首位。作为最低要求，船员应佩戴合适的手套，并避免在鲨鱼口部附近作业。

做好准备：应提前备妥相关工具（如帆布或网兜、搬运或吊装用担架、围网渔业中用于覆盖舱口/料斗的大网目网或网格、延绳钓渔业中的长柄剪线器和脱钩器等，详见本文件末所列）。

所有渔业的通用建议

- 如果操作上安全可行，应停止船舶航行或大幅降低其航速。
- 当鲨鱼被渔网、钓线等缠住时，如果安全可行，应仔细地将网或钓线从动物身上割断，确保没有残留缠绕物后尽快将其放回海中。
- 如情况允许，且保持鲨鱼在水中的情况下，尝试测量鲨鱼的长度。
- 为防止被咬，可在其口中放一个物体，如一条鱼或一根大棍/木杆。
- 如果出于任何原因必须将鲨鱼带上甲板，那么尽量缩短将它放回水中的时间，以提高其存活率和降低船员的风险。

延绳钓渔业特定的安全操作规范

- 尽可能将鲨鱼拉近到船体旁，但不使支线承受过大张力，以避免脱钩或支线断裂时，钓钩、沉子和其他部件高速飞向船舶和船员。
- 将延绳钓干线远端固定于船体，以避免水中剩余渔具拉扯钓线和鲨鱼。
- 若鲨鱼被钩住，且钩体在鱼身或鱼嘴中可见，应使用脱钩器或长柄剪线钳先去除倒刺，然后取下钓钩。
- 如果无法摘除钓钩或看不到钓钩，则尽可能紧贴钓钩剪断引线（或支线），理想情况下，残留线和/或引线材料尽可能短，鲨鱼身上没有任何沉子。

围网渔业特定的安全操作规范

- 若鲨鱼被困于围网：尽可能向前扫描网具，尽早发现鲨鱼并迅速作出反应。
  避免将网中鲨鱼向动力滑车方向提升。降低船速以松弛网具张力，让缠网的鲨鱼能够容易地从网中脱出。必要时可使用剪刀剪开网具。
- 若鲨鱼在抄网内或甲板上：使用专用大网目货物网或帆布吊带或类似工具。如果船舶布局允许，也可通过将抄网直接倒入料斗并通过连接到上层甲板栏杆开口处的倾斜卸货滑道进行释放，无须船员搬运或处理。

禁止以下行为（所有渔业）

- 在可行的最大范围内，通过支线将鲨鱼提出水面，特别是当鲨鱼被钩住时，除非出于物种鉴定的需要将鲨鱼提起。
- 使用细金属线或缆绳，或仅以提拉鲨鱼尾部的方式吊起鲨鱼。
- 通过撞击鲨鱼体表的方式，将钓钩移除。
- 试图拔出已深吞且看不见的钓钩。
- 试图通过猛拉支线来拔出钓钩。
- 切断鲨鱼尾部或身体任何部位。
- 刺穿鲨鱼躯体或打孔。
- 用鱼叉刺击鲨鱼、脚踢鲨鱼或把手伸进鲨鱼鳃裂。

- 让鲨鱼长时间暴露在阳光下。
- 在把鲨鱼或鳐鱼带到船上时，将手指、手或胳膊缠绕钓线（可能会导致严重受伤）。

安全处理和释放的实用工具

- 手套（鲨鱼皮粗糙，确保安全处理鲨鱼并保护船员的手不被咬伤）。
- 毛巾或布（将一块浸透海水的毛巾或布放在鲨鱼眼睛上，可使鲨鱼保持镇定）。
- 脱钩工具（如猪尾脱钩器、螺栓剪或钳式切割器）。
- 鲨鱼固定带或担架（如需要）。
- 尾绳（用于固定被钩住的鲨鱼，如果需要将其提出水面）。
- 海水软管（如果预计释放鲨鱼需要超过 5 分钟，应将软管放入鲨鱼口中保持海水适度流入。确保软管放入鲨鱼口中之前，需提前开启甲板泵运行数分钟）。
- 测量装置（如标记杆、测绳和浮标或卷尺）。
- 渔获数据记录表。
- 标记设备（如适用）。

决议第 25/09 号：关于 IOTC 管理区尖吻鲭鲨（*Isurus oxyrinchus*）和长鳍鲭鲨（*Isurus paucus*）的养护措施

印度洋金枪鱼委员会（IOTC），

回顾 IOTC 第 17/05 号决议“关于养护 IOTC 管理渔业捕捞的鲨鱼”；

注意到鲭鲨属[包括尖吻鲭鲨（SMA）、鲭鲨属（MAK）和鼠鲨科（MSK）]未来的渔获量不应超过当前（2020～2022 年）渔获量的 40%，以此该种群在 10 年内至少有 50%概率恢复到科比图绿色区域（资源可持续区域）；

考虑到 IOTC 科学分委会（SC）建议采取行动降低尖吻鲭鲨的捕捞死亡率；

进一步考虑到尖吻鲭鲨的繁殖力非常低，存活率相对较高；

进一步考虑到生态系统和兼捕工作组（WPEB）指出，尖吻鲭鲨和长鳍鲭鲨的渔获量高度集中，通常以 MAK 汇总上报；

根据 IOTC 协定第九条第 1 款的规定，决议如下：

1. 本措施应适用于所有悬挂缔约方旗帜并在 IOTC 管理区内捕捞金枪鱼和类金枪鱼物种的船舶。
2. 各缔约方应要求悬挂其旗帜的渔船，在将尖吻鲭鲨和长鳍鲭鲨拖至船边准备带上船时，在可行的情况下，立即予以无损伤放生。各缔约方应要求悬挂其旗帜的渔船在充分考虑船员安全的前提下，执行附件 1 规定的尖吻鲭鲨和长鳍鲭鲨安全处理与放生程序的最低标准，以便在切实可行的范围内尽快将未受伤害的尖吻鲭鲨和长鳍鲭鲨放生，提高其存活率。
3. 仅可在鲨鱼被拉回时已死亡的情况下方可留存，且渔船上有观察员或运行正常的电子监测系统①（EMS）以核实鲨鱼状态。若船上无观察员或正常运行的 EMS，则所有尖吻鲭鲨和长鳍鲭鲨均应被放生或丢弃。
4. 允许渔船保留尖吻鲭鲨或长鳍鲭鲨的缔约方，应禁止转载任何 IOTC 相关渔业捕获的尖吻鲭鲨或长鳍鲭鲨，无论是整尾的还是一部分。
5. 缔约方应确保其渔民根据“关于 IOTC 管理区渔船记录渔获量和努力量数据”的第 15/01 号决议的要求，记录并报告所有鲭鲨属捕获情况，包括死亡丢弃和活体释放。缔约方应敦促其渔民按物种级别报告捕获数据。
6. 截至 2028 年 1 月 1 日，2020～2023 年报告的鲭鲨属（物种代码 SMA、MAK、MSK）年均捕获量（包括上岸量和死亡丢弃量）超过 1 吨的缔约方，则须向生态系统和兼捕工作组（WPEB）和科学分委会（SC）提交用于估算死亡丢弃量和活体释放的统计方法。WPEB 和 SC 应审查并批准这些方法；若认定这些方法缺乏科学依据，应向相关缔约方提供反馈以改进这些方法。
7. 作为其年度数据提交的一部分，各缔约方应向 IOTC 提供在其管理区捕捞的所有鲭鲨属相关数据，包括使用上一段所述经科学分委会（SC）批准的统计方法估

① EMS 的使用必须符合“关于 IOTC 渔业的电子监测标准”的第 23/08 号决议的标准

算得出的死亡丢弃量和活体释放量。若履约分委会认为某缔约方未报告其捕获数据，包括死亡丢弃和活体释放量，则该缔约方应依照第 3 段规定，禁止其渔船保留任何数量的尖吻鲭鲨或长鳍鲭鲨，直至其提交此类数据为止。

8. 鼓励各缔约方继续开展科学研究，以收集尖吻鲭鲨和长鳍鲭鲨的关键生物学/生态学参数、生活史、洄游特征及放归后存活情况等信息，并将相关信息提交至 SC。
9. 第 28 届 SC 会议应评估第 15/01 号决议"关于 IOTC 管理区渔船记录渔获量和努力量数据"的要求，并就扩大所有渔具类型对尖吻鲭鲨和长鳍鲭鲨物种层级数据上报的必要性与可行性向委员会提出建议。
10. SC 应在其第 32 届会议上审查本决议措施对尖吻鲭鲨死亡率的影响。
11. 委员会最晚应于 2028 年第 32 届会议前制定一项机制，以限制鲭鲨属的总死亡率（包括死亡丢弃和放生后死亡），最终实现在 2038 年使该物种的种群恢复至科比风险评估决策矩阵的绿色区域。
12. 本决议自 2026 年 1 月 1 日起生效。

附件 1　安全操作和活体释放程序最低标准（参照第 25/08 号决议更新）

以下提供了安全处理尖吻鲭鲨的最低标准。这些最低标准适用于无留存政策下释放，以及自愿释放尖吻鲭鲨的情况。这些基本准则并不取代各个缔约方主管部门可能已制定的任何更严格的安全规定。

在最大可行范围内，所有待放生的鲨鱼应始终留在水中，除非有出于物种鉴定的必要将其提起。这包括在鲨鱼仍在水中时剪断钓线使其获释，尽可能使用断线钳或脱钩器移除鱼钩；或尽可能贴近鱼钩剪断钓线（从而使残留钓线尽可能短）。

安全第一：在考虑这些最低标准时，应将船员的安全和实操性纳入考量。船员的安全永远是第一的。至少，船员应佩戴合适手套，并避免在鲨鱼口部附近作业。

做好准备：应提前备妥工具（如帆布吊带或网兜吊索、用于搬运或抬运的担架、围网渔业中用于覆盖舱口/料斗的大网目网具或网格、延绳钓渔业中的长柄断线钳和脱钩器等，详见本文件末尾）。

适用所有渔业的通用建议

- 若操作上安全可行，应停船或大幅降低船速。
- 当鲨鱼被网片、钓线等缠绕时，若安全可行，应小心将网/线从鲨鱼身上割断，并尽快将其放归大海，确保没有缠绕物附着。
- 在可行情况下，并且保持鲨鱼处于水中，尝试测量鲨鱼体长。
- 为防止被咬，可在鲨鱼口中放置一物（如一条鱼或一根大棍/木杆）。
- 如果出于任何原因必须将鲨鱼带上甲板，应尽量缩短将其放归水中的时间，以提高其存活率并降低船员面临的风险。

延绳钓渔业特定的安全操作规范

- 尽量将鲨鱼拉近到船边，但不要让支线承受过大张力，以避免脱钩或支线断裂时钓钩、铅坠和其他部件高速飞向船舶和船员。
- 将延绳钓干线的远端固定在船上，以防水中残留渔具拉扯钓线和鲨鱼。
- 如果鲨鱼被钩钩住，且钓钩在鱼体上或口中可见，使用脱钩器或长柄断线钳除钓钩倒钩，然后取下钓钩。
- 如果无法取下钓钩或看不到钓钩，应尽可能贴近鱼钩剪断拖线（或支线、引线）(理想情况下留下最短的钓线和/或引线材料，并不要让任何重物留在鲨鱼身上)。

围网渔业特定的安全操作规范

- 如果在围网内：尽可能提前扫描网内区域以尽早发现鲨鱼以便迅速作出反应，避免将其在网中拉向动力滑车。降低船速以松弛网具张力，让被缠绕鲨鱼从网中脱身。如有必要，使用剪刀剪断网。
- 如果在抄网内或甲板上：使用特制的大网目吊货网、帆布吊带或类似装置。如果船舶甲板布置允许，也可通过将抄网直接倾倒至与上层甲板栏杆开口相连的倾斜的卸料斗和放生滑道上释放鲨鱼，无须船员将其吊起或搬运。

切勿（所有渔业）

- 在最大可行范围内，使用支线将鲨鱼拉提出水面，尤其是当鲨鱼被钩住时，除非为了物种鉴定而必须将鲨鱼提起。
- 用细铁丝或缆绳吊起鲨鱼，或仅通过尾部吊起鲨鱼。
- 猛击鲨鱼任何表面，以使其脱离钓线。
- 尝试移除深吞且看不见的钓钩。
- 试图通过猛拉支线来卸掉钓钩。
- 切割鲨鱼尾部或任何身体部位。
- 在鲨鱼身上割洞或打孔。
- 用鱼叉刺或踢鲨鱼，或者把手伸进鲨鱼的鳃裂。
- 让鲨鱼长时间暴露在阳光下。
- 将鲨鱼或鳐鱼拉向船时，用线缠绕手指、手或手臂（可能会导致严重受伤）。

安全操作和放归的实用工具

- 手套（鲨鱼皮肤粗糙，确保安全操作并保护船员的手不被咬伤）。
- 毛巾或布（一条浸过海水的毛巾或布可放在鲨鱼的眼睛上，用于让鲨鱼镇定下来）。
- 脱钩器（如猪尾脱钩器、断线钳、钳子或剪刀）。
- 鲨鱼固定带或担架（如有需要）。
- 尾绳（用于固定被钩住的鲨鱼，如果需要将其从水中移出的话）。
- 海水软管（若预计放归鲨鱼可能需超过 5 分钟，那么可将一根软管放入其口中，使海水适度流动。在将其放入鲨鱼口中之前，确保甲板水泵已运行数分钟）。

- 测量工具（如标尺杆、带刻度测绳和浮标，或卷尺）。
- 渔获数据记录表。
- 标记工具（如适用）。

决议第 25/10 号：关于设立管理程序技术分委会

印度洋金枪鱼委员会（IOTC），

负有可持续利用印度洋金枪鱼和类金枪鱼的责任；

认识到有必要采取行动，确保实现 IOTC 管理区养护和管理金枪鱼资源的目标；

忆及《执行 1982 年 12 月 10 日〈联合国海洋法公约〉有关养护和管理跨界鱼类种群和高度洄游鱼类种群的规定的协定》（UNFSA）第 6 条第 3 款，关于加强现有组织和安排；

忆及 IOTC 科学分委会已启动管理策略评价程序，以改进有关捕捞控制规则（HCR）的科学建议；

进一步忆及 IOTC 已经开始了“关于加强渔业科学家和管理者之间的对话”的第 14/03 号决议（被第 16/09 号决议取代）商定的进程，要求 2014～2017 年举行 3 次科学与管理对话系列专题研讨会；

注意到科学分委会表示有必要加强其与委员会之间关于管理策略评价（MSE）进程的沟通，以便审议需要经委员会认可的 MSE 有关要素；

认识到科学分委会建议委员会考虑通过专门的管理程序技术分委会（SC18.18）来建立一个科学与管理对话的正式沟通渠道，以强化决策；

根据 IOTC 协定第九条第 1 款的规定，决议如下：

1. 设立一个管理程序技术分委会（TCMP），由委员会主席（或其指定人员）和科学分委会主席（或其指定人员）共同担任主席，并在可行情况下由一位独立专家提供协助。该分委会的目标是落实第 14/03 号决议“关于加强渔业科学家和管理者之间的对话”的要求，以及第 15/10 号决议“关于目标参考点、限制性参考点及决策框架”的规定，同时负责处理后续与管理策略评价和管理程序相关的任何决议所确认的优先事项。
2. TCMP 的目标应包括：
   a）加强委员会针对管理程序的决策响应能力，包括对科学分委会的建议；
   b）加强科学分委会和委员会就管理程序相关事项的沟通、增进对话和相互理解；
   c）协助委员会获取并促进科学资源和信息的有效利用。
3. TCMP 应于委员会年会前召开会议并于年会同期举行，除非委员会在上一年度会议上另有决定。
4. 尽管有第 3 段的规定，科学分委会在其年度会议上仍可建议更改下一届 TCMP 会议的日期和/或形式。IOTC 秘书处应立即将这一信息散发给所有 CPC，并且：
   a）如果在散发之日起 2 周内未收到 CPC 的反对意见，则应采用修订后的日期和/或形式；或
   b）如果在散发之日起 2 周内收到 CPC 的反对意见，则 TCMP 会议仍按照委员会原定的日期和形式召开。
5. TCMP 的成果将在委员会年会为此目的设定的常设议程下进行审议，以及通过关

于管理程序的提案进行审议。

6. TCMP 应侧重于成果展示并开展必要的信息交流，以便委员会审议是否通过相关管理程序是必要的。报告成果应采用标准格式展示，以便非专业受众也能理解材料内容。
7. TCMP 的议程应着重于每个管理程序中需要委员会作出决定的要素。管理程序的通过是一个反复互动的过程，随着工作的推进及对相关要素认识的加深，允许进行相应调整。
8. TCMP 应着手开展以下工作：
   a）识别、评估和讨论 IOTC 渔业管理程序，有助于实现 IOTC 协定目标，包括委员会认定的社会经济、粮食安全等目标，基于生态系统的渔业管理方法和预防性做法，供委员会审议。具体来说，要考虑以下几点：
      i）用于指导 IOTC 渔业管理程序制定的总体管理目标，
      ii）参照第 15/10 号决议（或任何后续修订）“关于目标参考点、限制性参考点及决策框架”的目标参考点和限制性参考点，
      iii）捕捞控制规则（HCR），包括：HCR 满足管理目标的程度；实现目标参考点、避免触及限制性参考点或种群恢复的概率；渔业和资源在这些限制性参考点和目标参考点下的风险；特别是允许按照第 15/10 号决议（或任何后续修订）“关于目标参考点、限制性参考点及决策框架”要求的实施预防性做法；
   b）审议当前与管理程序相关的科学建议，并评估是否需要补充科学建议以支持委员会审议管理程序；
   c）委员会及其附属分委会（特别是科学分委会及其工作组）的角色和职责规范，以及他们在管理程序开发过程的每一步（如从工作组/科学分委会要开展的技术工作到委员会的决策过程）可能存在的互动和反馈的说明；
   d）审议数据监控系统和管理程序实施机制，以确保商定的任何管理程序的有效性。
9. 管理程序技术分委会是否需要延续，最迟应在 2019 年委员会年会上进行审议。
10. 本决议取代第 16/09 号决议“关于设立管理程序技术分委会”。

决议第 25/11 号：关于预防、阻止和消除非法、不报告和不管制捕捞活动的港口国措施

印度洋金枪鱼委员会（IOTC），

深为关切非法、不报告和不管制（IUU）捕捞在 IOTC 管理区继续存在及其对鱼类种群、海洋生态系统和合法渔民生计及对本区域日益增加的粮食安全需求产生不利影响，特别是对小岛屿发展中国家的影响；

意识到港口国在采取有效措施促进海洋生物资源的可持续利用和长期养护方面的作用；

认识到打击 IUU 捕捞应建立在船旗国主要责任的基础上，并根据国际法利用所有可用的管辖权，包括港口国措施、沿海国措施、市场相关措施及确保国民不支持或不从事 IUU 捕捞的措施；

认识到港口国措施为预防、阻止和消除 IUU 捕捞提供一个强有力且具有成本效益的手段；

意识到需要加强区域和区域间各级的协调，通过港口国措施打击 IUU 捕捞；

认识到需要帮助发展中国家，特别是小岛屿发展中国家，采取和实施港口国措施；

注意到 2009 年 11 月在粮农组织框架内通过并开放供签署的关于港口国打击非法、不报告和不管制捕捞活动的具有约束力的协定，并希望在印度洋金枪鱼委员会管理区有效执行该协定；

考虑到印度洋金枪鱼委员会缔约方和合作非缔约方在对位于其领土内的港口行使主权时，可根据国际法采取更严格的措施；

忆及 1982 年 12 月 10 日《联合国海洋法公约》的有关规定；

忆及 1995 年 12 月 4 日《执行 1982 年 12 月 10 日〈联合国海洋法公约〉有关养护和管理跨界鱼类种群和高度洄游鱼类种群的规定的协定》、1993 年 11 月 24 日《促进公海渔船遵守国际养护和管理措施的协定》和 1995 年粮农组织《负责任渔业行为守则》；

认识到最近在开发计算机数字化通信系统方面取得的成就，该系统依照第 10/11 号决议（被第 16/11 号决议取代）“关于预防、阻止和消除非法、不报告和不管制捕捞的港口国措施”附件四的规定开发，被称为 e-PSM（电子港口国措施）应用，并就该系统的应用提供国家培训计划；

确保采纳并逐渐过渡到完全使用电子港口国措施（e-PSM）系统，以促进遵守本决议；

根据 IOTC 第九条第 1 款的规定，决议如下：

第一部分　总　　则

1. 术语的使用。

为本决议的目的：

a）“鱼”是指IOTC协定包括的所有高度洄游鱼类种群；

b）“捕鱼”是指寻找、吸引、定位、捕捉、捕捞或获取鱼，或从事任何可以合理预期导致吸引、定位、捕捉、捕捞或获取鱼的活动；

c）“捕鱼相关活动”是指支持或准备支持捕鱼的任何作业，包括上岸、包装、加工、转载或运输以前港口没有上岸的鱼类，以及在海上提供人员、燃油、渔具和其他物资补给；

d）“非法、不报告和不管制捕捞”是指第09/03号决议（被第11/03号决议取代）第1段规定的活动；

e）“港口”包括离岸码头和其他用于装卸、转载、包装、加工、加油或补给的设施；

f）“船舶”是指任何用于、装备用于或拟用于捕鱼或捕鱼相关活动的船舶、其他类型船舶或船只。

2. 目标。

本决议的目标是通过有效实施港口国措施来管控IOTC区域鱼类的捕捞量，从而预防、阻止和消除IUU捕捞，确保这些资源和海洋生态系统的长期养护和可持续利用。

3. 适用。

3.1 各CPC作为港口国时，应对寻求进入其港口或已在其港口的非本国籍船舶适用本决议，但以下情况除外：

a）从事自给性手工捕鱼的邻国船舶，前提是港口国和船旗国进行合作确保这些船舶不从事IUU捕捞或支持此类捕鱼的相关活动；

b）未载运鱼类或虽载运鱼类但仅载运此前已卸载的鱼类的集装箱船，但前提是无明确理由怀疑此类船舶曾从事支持IUU捕捞的捕捞相关活动。

3.2 本决议应以符合国际法的公平、透明和非歧视方式实施。

3.3 各CPC可应用IOTC网站提供的e-PSM系统实施本决议。从2016年起，将提供为期3年的试用期，以便提供一个完整的培训计划，并进一步改进和完善；CPC应鼓励所有利益相关方（船舶代表、港口国和船旗国）在2020年1月1日前尽可能使用e-PSM应用程序来遵守本决议，并为其开发提供反馈和投入。第16届履约分委会会议应对e-PSM的成功应用情况进行评估，并考虑是否强制性应用和规定实施期限。在此日期之后，如果由于任何原因不能访问互联网，则仍然可根据第6段的规定以手动方式提交进港事先请求。

4. 国家层面的整合和协调。

各CPC应尽最大可能：

a）将渔业相关港口国措施与更广泛的港口国监管体系进行整合或协调；

b）酌情考虑 2001 年粮农组织预防、阻止和消除非法、未报告和不管制的捕捞活动国际行动计划，将港口国措施与其他预防、阻止和消除 IUU 捕捞活动及支持此类捕捞的捕捞相关活动的措施相整合；

c）采取措施在相关国家机构之间交流信息，并协调这些机构在执行本养护和管理决议方面的活动。

第二部分　进　港

5. 港口的指定。

5.1 各 CPC 应根据本决议指定并公布允许船舶申请进入的港口。各 CPC 应在 2010 年 12 月 31 日前向 IOTC 秘书处提供其指定港口的清单，秘书处应在 IOTC 网站上予以适当公布。

5.2 各 CPC 应尽最大努力，确保根据 5.1 项指定和公布的每个港口都有足够的能力，以执行本决议规定的检查工作。

6. 提前进港申请。

6.1 各 CPC 应要求船舶在获准进入其港口之前，提供附件 1 要求的信息。

6.2 各 CPC 应要求船舶在进港之前至少 24 小时提供 6.1 项所述相关信息，或如果距离到港时间不足 24 小时，则应在捕鱼作业结束后立即提供。对于后者，港口国必须有足够时间核实上述信息。

7. 进港、授权或拒绝。

7.1 各 CPC 在收到根据第 6 段要求的相关信息，以及确定申请进港船舶是否从事 IUU 捕捞或支持此类捕捞的相关捕鱼活动而可能需要的其他信息后，应作出是否批准或拒绝该船舶进港的决定，并将此决定通知该船舶或其代表。

7.2 若获准进港，应要求船长或船舶代表在船舶抵达港口时，向 CPC 主管部门出示进港授权书。

7.3 若拒绝进港，各 CPC 应将其根据 7.1 项所作的决定通知该船的船旗国，并视情况尽可能通知相关沿海国和 IOTC 秘书处。如 IOTC 秘书处认为此事件有助于全球打击 IUU 捕捞活动，可将这一决定通知其他区域渔业管理组织秘书处。

7.4 在不影响到 7.1 项的情况下，当 CPC 有充分证据证明，寻求进港的船舶从事了 IUU 捕捞或支持此类捕捞的相关捕鱼活动，特别是该船已被某一区域渔业管理组织按照其规则程序和国际法列入 IUU 捕捞或从事相关捕捞活动的渔船名单内，该 CPC 应拒绝该船舶进港。

7.5 尽管有 7.3 项和 7.4 项规定，CPC 仍可允许这些船舶以接受检查为目的进入其港口，并按照国际法采取至少与拒绝船舶进港等效的其他适当措施，以预防、阻止和消除 IUU 捕捞和支持此类捕捞的相关捕鱼活动。

7.6 如果 7.4 项或 7.5 项所述船舶因任何原因在港内，CPC 应拒绝该船使用其港口上岸、转载、包装和处理渔获物及其他港口服务，除其他外，包括加油、补给、维修和干坞等。第 9 段 9.2 项和 9.3 项在这种情况下比照适用。这类拒绝使用港口应符合国际法。

8. 不可抗力或海险。

本决议任何规定均不影响船舶根据国际法因不可抗力或遇险原因进港，或阻止港口国允许专门向处于危险或遇难中的人员、船舶或航行器以提供援助为目的的进港。

第三部分 港口的使用

9. 港口的使用。

9.1 当船舶进入其某一港口时，若存在以下任一情形，CPC 应根据本国法律法规并符合国际法，包括本养护和管理决议，拒绝该船舶使用其港口上岸、转载、包装和处理以前未卸载过的渔获物，以及提供其他港口服务，除其他外，包括加油和补给、维修和进干坞：

a）CPC 发现该船没有船旗国规定的从事捕鱼或捕鱼相关活动的有效且适用的授权；

b）CPC 发现该船舶没有沿海国规定的在该国管辖海域从事捕鱼或捕鱼相关活动的有效且适用的授权；

c）CPC 获取明确证据表明船上的渔获物是在违反沿海国管辖海域的适用要求的情况下捕捞的；

d）船旗国没有根据港口国要求在合理的时间内确认船上的渔获物是根据有关区域渔业管理组织适用规定要求捕获的；或

e）CPC 有合理理由相信，该船曾以某种方式从事 IUU 捕捞或支持此类捕捞的相关捕鱼活动，包括支持 7.4 项所指的船舶，除非该船舶能证实：

i）其行为方式符合 IOTC 相关决议，或

ii）在海上提供人员、燃料、装备和其他补给的情况下，接受供应的船，在受补给时不属于第 7 段 7.4 项所述的船舶。

9.2 尽管有 9.1 项规定，在下列情况下 CPC 不应拒绝该项所指船舶使用其港口服务：

a）如有充分证明，对船员安全或健康，或船舶的安全至关重要，或

b）在适当情况下，为报废拆解该船舶。

9.3 如果 CPC 根据本段规定拒绝某船舶使用其港口，应立即将此决定通知该船船旗国，并酌情通知有关沿海国、IOTC 或其他相关区域渔业管理组织及其他相关国际组织。

9.4 CPC 应撤回根据 9.1 项拒绝船舶使用港口的决定，如果有充分证据证明拒绝该船舶使用其港口的依据不充分或存在错误，或这些依据已不再适用。

9.5 如果 CPC 根据 9.4 项撤回其拒绝决定后，应立即通知根据 9.3 项通知的有关各方。

第四部分　检查和后续行动

10. 检查级别和优先顺序。

10.1 每一 CPC 应在每个报告年度对其港口至少 5%的上岸或转载量实施检查。

10.2 检查应包括对整个卸货或转载过程的监测，并包括对以前卸载记录中的鱼种及其数量和当前卸载或转载的鱼种和数量进行交叉核对。当完成卸载或转载后，检查人员应核实和记录船上存留鱼种及其数量。

10.3 国家检查人员应尽一切努力避免对船舶造成不当延误，并确保船舶受到最低程度的干扰和不便，防止渔获物品质下降。

10.4 港口 CPC 可邀请其他 CPC 的检查员陪同本国检查人员，共同观察悬挂另一船旗 CPC 渔船所捕获的渔业资源的卸载或转载作业检查。

11. 检查实施规范。

11.1 每一 CPC 应确保其检查人员至少按附件 2 所规定的最低标准履行检查职能。

11.2 每一 CPC 在其港口进行检查时应：

a）确保检查工作由具备适当资质且经授权从事此项工作的检查人员进行，尤其考虑到第 14 段的规定；

b）确保在检查前，检查人员须向船长出示有效证件证明其身份；

c）确保检查人员检查船舶的所有相关区域、船上渔获物、网具和任何其他渔具、设备，以及船上所有与核查遵守养护和管理决议相关的文件或记录；

d）要求船长向检查人员提供一切必要的协助和信息，并提供所需的相关材料和文件，或经核实的副本；

e）如与船旗国有适当安排，邀请船旗国参加检查；

f）尽一切努力避免造成船舶不当延误，以尽量减少干扰和不便，包括任何不必要的检查人员上船，并避免对船上的鱼的质量造成不利影响的行动；

g）尽一切可能努力与船长或有职务船员进行沟通，包括在可行和需要的情况下，检查人员由翻译陪同；

h）确保以公平、透明和非歧视方式进行检查，不构成对任何船舶的骚扰；

i）不妨碍船长根据国际法与船旗国主管部门进行沟通的能力。

12. 检查结果。

作为最低标准，每一 CPC 应在每份书面检查结果报告中包括附件 3 所列信息。

13. 检查结果的传送。

13.1 港口国 CPC 应在检查完成后 3 个完整工作日内，通过电子方式向被检船船长、船旗国和 IOTC 秘书处传送检查报告副本，并经请求提供报告原件或经认证的副本，以及酌情发送给：

a）把渔获物转至受检船的任何船舶的船旗国；

b）有关 CPC 和国家，包括那些通过检查证明其船舶在其国家管辖海域从事 IUU 捕捞，或从事支持此类捕捞的相关捕鱼活动的国家；

c）船长为该国国民的国家。

13.2 IOTC 秘书处应及时将检查报告转送有关区域渔业管理组织，并在 IOTC 网站上公布。

14. 检查人员的培训。

各 CPC 应考虑附件 5 关于检查人员培训指南，确保其检查人员得到适当培训。各 CPC 应在这方面寻求合作。

15. 港口国检查后的行动。

15.1 经检查，如果有明确理由认为一艘船从事了 IUU 捕捞或支持此类捕捞的相关捕鱼活动，进行检查的 CPC 应：

a）将调查结果立即通知船旗国、IOTC 秘书处，并酌情通知相关沿海国、区域渔业管理组织和船长的国籍国；

b）拒绝该船利用其港口上岸、转载、包装或处理以前尚未卸载过的鱼类，以及提供其他港口服务，包括但不限于加油和补给、维修和干坞等，如果尚未对该船实施此类行动的话，且拒绝方式应符合本养护和管理决议的规定。

15.2 尽管有 15.1 项的规定，CPC 不应拒绝该项所指船舶使用对船员安全或健康，或船舶安全至关重要的港口服务。

15.3 本决议的任何规定均不妨碍 CPC 采取除 15.1 项和 15.2 项规定措施外的符合国际法的措施，包括船舶船旗国明确要求或已同意的措施。

16. 关于港口国追索的信息。

16.1 CPC 应保证公众可获得相关信息，并根据书面请求向船舶船东、经营者、船长或船舶代表提供依据其国家法律法规就本决议第 7 段、第 9 段、第 11 段或第 15 段所采取的港口国措施而确立的任何追索权的信息，包括与此目的有关的公共服务机构或司法机构的信息，以及关于是否有权根据其国家法律法规要求赔偿因该 CPC 指控不当而遭受的任何损失或损害的信息。

16.2 CPC 应酌情将任何这种追索权的结果通知船旗国、船东、船舶经营者、船长或代表。如果其他缔约方、国家或国际组织已根据第 7 段、第 9 段、第 11 段或第 15 段获知先前的决定，则 CPC 应将其变更后最新决定通知他们。

16.3 各 CPC 应于每年 7 月 1 日前，以电子方式向 IOTC 执行秘书提交上一年在其港口上岸在 IOTC 管理区捕获的金枪鱼和类金枪鱼渔获物的外国船舶清单。

第五部分　船旗国的职责

17. CPC 船旗国的职责。

17.1 各 CPC 应要求悬挂其旗帜的船舶，在依据本决议实施检查时与港口国合作。

17.2 当某 CPC 有明确理由认为悬挂其旗帜的船舶已从事 IUU 捕捞或支持此类捕捞的相关捕鱼活动，并正在寻求进入或在另一国港口内，应酌情请求该国对该船舶进行检查或采取符合本决议的其他措施。

17.3 各 CPC 应鼓励悬挂其旗帜的船舶，在根据本决议或以符合本决议方式行事的国家的港口上岸、转载、包装和处理渔获物，并使用港口其他服务。鼓励各 CPC 制定公平、透明和非歧视的程序，以确定可能不按照本决议或不符合本决议行事方式的任何国家。

17.4 港口国检查后，如果某船旗 CPC 收到检查报告表明，有明确理由相信悬挂其旗帜的船舶从事了 IUU 捕捞或支持此类捕捞的相关捕鱼活动，应立即进行全面调查，并在有充分证据的情况下，按照其法律法规立即采取执法行动。

17.5 各 CPC 应以船旗国的身份，向其他 CPC、相关港口国，并视具体情况，向其他有关国家、区域渔业管理组织和粮农组织，报告对悬挂其旗帜，且根据本决议执行港口国措施被确定从事了 IUU 捕捞或支持此类捕捞的相关捕鱼活动的船舶所采取的行动。

17.6 各 CPC 应确保适用于悬挂其旗帜船舶的措施，至少在预防、阻止和消除 IUU 捕捞和打击此类捕捞的相关捕鱼活动方面与 3.1 项所述船舶适用的措施具同等效力。

第六部分　发展中国家的需求

18. 发展中国家的需求。

18.1 CPC 应充分认识到发展中国家 CPC 在执行本决议方面的特殊需求。为此目的，IOTC 应向发展中国家 CPC 提供援助，特别包括：

a）增强其能力，尤其是其中最不发达国家和小岛屿发展中国家，建立实施有效港口国措施的法律基础和能力；

b）促进其参与任何推动有效制定和实施港口国措施的国际组织；

c）与相关国际机制协调，为其提供技术援助，以加强港口国措施的制定和实施。

18.2 IOTC 应充分考虑发展中港口国 CPC 的特殊需求，尤其是其中最不发达国家和小岛屿发展中国家，确保实施本决议所产生的负担不会直接或间接地成比例转移给他们。如果已证明存在不成比例的负担转移，各 CPC 应进行合作，协助相关发展中国家 CPC 履行本决议规定的具体义务。

18.3 IOTC 应评估发展中国家 CPC 在实施本决议方面的特殊需要。

18.4 IOTC CPC 应合作建立适当筹资机制，协助发展中国家 CPC 执行本决议。这些机制应特别针对以下方面：

a）发展和增强能力，包括在国家和区域一级加强监测、控制和监视，以及对港口管理人员、检查人员、执法和法律人员的培训；

b）与港口国措施有关的监测、控制、监视和合规活动，包括获得技术和设备；

c）列出发展中国家 CPC 因落实本决议采取行动，在解决争端的任何诉讼中产生的费用。

第七部分 IOTC 秘书处的职责

19. IOTC 秘书处的职责。

19.1 IOTC 秘书处应及时在 IOTC 网站上公布：

a）指定的港口名单；

b）各港口国 CPC 确定的预先通知期限；

c）各港口国 CPC 指定的主管机构的信息；

d）IOTC 港口检查报告表的空白样本。

19.2 IOTC 秘书处应立即在 IOTC 网站的加密区公布港口国 CPC 提交的所有港口检查报告副本。

19.3 所有与具体上岸或转载有关的表格应一并张贴。

19.4 IOTC 秘书处应立即将检查报告转送有关区域渔业管理组织。

20. 本决议适用于 IOTC 管理区的 CPC 港口。位于 IOTC 管理区外的 CPC 应努力适用本决议。

21. 本决议取代第 16/11 号决议“关于预防、阻止和消除非法、不报告和不管制捕捞的港口国措施”。

附件 1 要求进港船舶须预先提供的信息

1. 预定停靠港	
2. 港口国	
3. 预计到达日期和时间	
4. 目的	
5. 最后一次停靠的港口和日期	
6. 船舶名称	
7. 船旗国	
8. 船舶类型	
9. 国际无线电呼号	

续表

<table>
<tr><td colspan="4">10. 船舶联系方式</td><td colspan="5"></td></tr>
<tr><td colspan="4">11. 船东</td><td colspan="5"></td></tr>
<tr><td colspan="4">12. 注册证书号码（ID）</td><td colspan="5"></td></tr>
<tr><td colspan="4">13. 国际海事组织船舶 ID（如有）</td><td colspan="5"></td></tr>
<tr><td colspan="4">14. 外部识别码（如有）</td><td colspan="5"></td></tr>
<tr><td colspan="4">15. IOTC 识别码</td><td colspan="5"></td></tr>
<tr><td colspan="2">16. VMS</td><td colspan="2">编号</td><td colspan="2">是：国家</td><td colspan="2">是：区域渔业管理组织</td><td>类型：</td></tr>
<tr><td colspan="2">17. 容器尺寸</td><td colspan="2">长度</td><td colspan="2">船梁</td><td colspan="3">吃水</td></tr>
<tr><td colspan="4">18. 船长姓名和国籍</td><td colspan="5"></td></tr>
<tr><td colspan="9">19. 相关捕鱼许可</td></tr>
<tr><td colspan="2">识别码</td><td colspan="2">发证单位</td><td>有效期</td><td colspan="2">捕鱼区</td><td>鱼种</td><td>渔具</td></tr>
<tr><td colspan="2"></td><td colspan="2"></td><td></td><td colspan="2"></td><td></td><td></td></tr>
<tr><td colspan="2"></td><td colspan="2"></td><td></td><td colspan="2"></td><td></td><td></td></tr>
<tr><td colspan="9">20. 相关转载授权</td></tr>
<tr><td colspan="2">标识码</td><td colspan="2"></td><td>发证单位</td><td colspan="2"></td><td>有效期</td><td></td></tr>
<tr><td colspan="2">标识码</td><td colspan="2"></td><td>发证单位</td><td colspan="2"></td><td>有效期</td><td></td></tr>
<tr><td colspan="9">21. 有关供货船舶的转载信息</td></tr>
<tr><td>日期</td><td>位置</td><td>船名</td><td>船旗国</td><td>识别号</td><td>鱼种</td><td>产品</td><td>捕鱼区</td><td>数量</td></tr>
<tr><td></td><td></td><td></td><td></td><td></td><td></td><td></td><td></td><td></td></tr>
<tr><td></td><td></td><td></td><td></td><td></td><td></td><td></td><td></td><td></td></tr>
<tr><td colspan="8">22. 船上总渔获量</td><td>23. 待卸渔获物</td></tr>
<tr><td colspan="2">种类</td><td colspan="2">产品形式</td><td colspan="2">捕捞区</td><td colspan="2">数量</td><td>数量</td></tr>
<tr><td colspan="2"></td><td colspan="2"></td><td colspan="2"></td><td colspan="2"></td><td></td></tr>
<tr><td colspan="2"></td><td colspan="2"></td><td colspan="2"></td><td colspan="2"></td><td></td></tr>
</table>

附件 2　港口国检查程序

检查人员应：

a）尽可能核实船上船舶身份证明文件和船舶所有人有关的信息是真实、完整和正确的，包括必要时通过适当联系船旗国或参考船舶国际记录进行确认；

b）核实船舶旗帜和识别标志（如船名、外部注册号、IMO 船舶识别号、国际无线电呼号及其他标识、主尺度）与文件所载信息相符；

c）尽可能核实捕捞和捕捞相关活动的授权真实、完整、正确，并与附件 1 要求提供的信息相符；

d）审查船上持有的所有其他相关文件和记录，包括尽可能核查电子格式文件和记录及来自船旗国、IOTC 秘书处或其他相关区域渔业管理组织（RFMO）的船舶监测系统（VMS）数据。相关文件可能包括捕捞日志、渔获量、转载和贸易文件、船员名单、装载计划和图纸、鱼舱描述及《濒危野生动植物种国际贸易公约》要求的文件；

e）尽可能检查船上所有相关渔具，包括任何藏匿的渔具及相关设备，并在可能的范围内核实其符合授权条件。还应尽可能检查渔具，确保诸如网具、笼壶和耙具等渔具的网目大小、网线直径、装置和附件及尺寸和结构，钓钩尺寸和数量等特征符合适用规定，且标识和船舶授权内容一致；

f）尽可能确定船上的鱼是否依据适用授权捕获；

g）通过取样等方式检查渔获物，以确定其数量和组成。在检查过程中，检查员可打开装有事先包装好渔获物的容器，并移动渔获物或容器以确认鱼舱完整性。这种检查可包括检查产品类型和测定标称重量；

h)评估是否有明确证据证明船舶从事了 IUU 捕捞或支持此类捕捞的相关捕鱼活动；

i）向船长提供载有检查结果的报告，包括可能采取的措施，由检查人员和船长共同签字。船长在报告上签字仅作为收到报告副本的确认。应给予船长在报告中补充意见或异议的机会，并在适当情况下，特别是当船长在理解报告内容方面有严重困难时，适时联系船旗国相关主管部门。应当向船长提供报告副本；

j）在必要且可能的情况下，安排相关文件的翻译。

附件 3　IOTC 港口检查报告表

1. 检查报告编号		2. 港口国			
3. 检查机关					
4. 主要检查员姓名		识别号			
5. 检查港口					
6. 开始检查	年（YYYY）	月（MM）	日（DD）	时（HH）	
7. 结束检查	年（YYYY）	月（MM）	日（DD）	时（HH）	
8. 收到预先通知	是	否			
9. 目的	卸载	转载	加工	其他（具体说明）	
10. 最后一次停靠港、国家和日期			年（YYYY）	月（MM）	日（DD）
11. 船名					
12. 船旗国					
13. 船舶类型					
14. 国际无线电呼号					
15. 注册识别号					
16. 国际海事组织船舶识别号（如有）					
17. 外部识别号（如有）					
18. 注册港					
19. 船东					
20. 船舶受益船东（如已知不同于船东）					
21. 船舶经营者（如不同于船东）					

续表

22. 船长姓名和国籍	
23. 渔捞长姓名和国籍	
24. 船舶代理	

25. VMS	编号	是：国家	是：RFMO	类型：

26. 在 IOTC 管理区的状况，包括任何 IUU 渔船名单

渔船识别号	RFMO	船旗国	列入授权渔船名单	列入 IUU 渔船名单

27. 相关捕鱼授权

识别号	发证单位	有效期	捕鱼区域	鱼种	渔具

28. 相关转载授权

识别号		发证单位		有效期	
识别号		发证单位		有效期	

29. 与供货船舶有关的转载信息

船名	船旗国	识别号	鱼种	产品类型	捕鱼区	数量

30. 卸载渔获物评价（数量）

鱼种	产品类型	捕鱼区	申报数量	卸载数量	申报数量与确定数量之间的差异（如有）

31. 留在船上的渔获物（数量）

鱼种	产品类型	捕鱼区	申报数量	保留数量	申报数量与查明数量之间的差异（如有）

32. 检查捕捞日志和其他文件	是	否	说明
33. 遵守适用的渔获物证书计划	是	否	说明
34. 遵守适用的贸易信息计划	是	否	说明
35. 使用的渔具类型			
36. 检查根据附件 2 中，e）项提及的渔具	是	否	说明

37. 检查人员发现
38. 注意到的明显违规情况，包括提到的有关法律文件
39. 船长的意见

续表

40. 采取的行动
41. 船长签字
42. 检查员签字

附件 4　港口国措施的信息系统

在实施本养护和管理决议时，各 CPC 应：

a）寻求建立计算机化通信系统；

b）尽可能创建网站，公布依据 5.1 项指定的港口名单及根据本养护和管理决议相关条款采取的行动；

c）尽可能以唯一识别编号对每份检查报告进行标识，编号以港口国的 3 位字母代码开头，并附上签发机构的标识。

d）尽可能使用附件 1 和附件 3 所列的国际编码系统，并将任何其他编码系统转换为国际编码系统。

国家/领地：ISO-3166 3 个字母的国家代码；

鱼种：水产科学及渔业信息系统（Aquatic Sciences and Fisheries Information System，ASFIS）3 个字母代码（粮农组织 3 个字母代码）；

渔船类型：渔船国际标准统计分类标准（International Standard Statistical Classification of Fishing Vessels，ISSCFV）代码（粮农组织字母代码）；

渔具类型：渔具国际标准统计分类标准（International Standard Statistical Classification of Fishing Gear，ISSCFG）代码（粮农组织字母代码）。

附件 5　检查员培训指南

港口国检查员培训计划应至少包含以下内容：

1. 职业道德。
2. 健康、安全和安保问题。
3. 适用的国家法律法规、IOTC 管理区及养护和管理决议、适用的国际法；
4. 证据的收集、评估和保存。
5. 常规检查程序，如报告撰写与询问技巧。
6. 分析信息，如日志、电子文件和船舶历史（船名、船东和船旗国）等，用于核实船长提供的信息。

7. 登船检查，包括船舱检查与舱容计算。

8. 核查确认上岸、转载、加工和船上存留渔获物相关信息，包括应用不同鱼种和产品之间的换算系数。

9. 鱼种识别及体长和其他生物学参数的测定。

10. 船舶与渔具识别，以及渔具检查与测量技术。

11. 船舶监测系统（VMS）及其他电子追踪系统的设备与操作。

12. 检查后采取的行动。

决议第 25/12 号：关于促进实施 IOTC 养护和管理措施

印度洋金枪鱼委员会（IOTC），

忆及根据 IOTC 协定第五条第 2 款 c）项，IOTC 的职能之一是“在科学证据的基础上，根据第九条，通过养护和管理措施，确保本协定所包括的种群的养护和促进在整个区域内对这些种群的最佳利用目标的实现”；

认识到需要改进 IOTC 养护和管理措施（CMM）的一致性、解释和可及性；关切 IOTC 缔约方和合作非缔约方（CPC），特别是发展中 CPC，在实施 IOTC CMM 方面遇到困难；

注意到造成这种情况的主要原因，除其他外，可能是由于：缺乏人力和财政能力来执行 CMM；频繁增加新决议并对现存 CMM 进行修订；CMM 结构复杂；以及主题重复；

认识到委员会决定设立必要的附属机构，以监督 CPC 对协定和委员会的 CMM 的执行情况，并协助 CPC 提升其履约能力，将金枪鱼和类金枪鱼的捕捞量及其相关生态系统保持在可持续水平；

考虑到履约分委会的工作已增加到不能在其年会期间充分处理的水平，特别是支持 CPC 实施 CMM 的技术评价和规划；

根据 IOTC 协定第九条第 1 款，决议如下：

术语的使用

1. 为本决议的目的：
   a）“CMM”是指委员会根据 IOTC 协定第九条通过的养护和管理措施；
   b）“缔约方”是指 IOTC 协定的缔约方。

关于提交 CMM 提案的安排

2. 为进一步改进在委员会年度会议审议新的和/或修订 CMM 提案制定过程中的协调性，鼓励缔约方至少在每届委员会年度会议召开前 60 天，向 IOTC 执行秘书提交提案的暂定标题、提案缔约方和提案联络点（包括电子邮箱地址），使所有缔约方提前确定其他缔约方正在制定的提案，并酌情在委员会年度会议讨论提案前合作制定提案。
3. 缔约方应尽可能避免就同一主题的 CMM 重复提案，并努力在闭会期间就 CMM 提案中的争议事项达成协商一致意见，从而提高委员会年度会期间的讨论效率。
4. 缔约方应至少在委员会年度会议召开前 30 天向 IOTC 执行秘书提交其 CMM 提案，但根据 IOTC 履约分委会及行政和财务常设委员会建议的提案除外。如委员会同意，截止期后收到的提案应由委员会审议。

WPICMM

5. 根据协定第十二条第 5 款，委员会设立了实施养护和管理措施工作组（WPICMM），通过履约分委会作为委员会的一个咨询机构。
6. WPICMM 的职责范围见附件 1。
7. WPICMM 的职责范围应在下次修订 IOTC 议事规则时纳入。

简化 CMM

8. 委员会应通过以下方式简化现有的 CMM：
  a）废除已不再适用或过时 CMM，并将仍然需要充分实施的关键内容纳入到新的或现有的 CMM 中；
  b）将多个 CMM 合并为一个宽泛主题下包含多个相关章节的单个 CMM。

删除已不再适用的 CMM

9. 委员会以前通过的下列 CMM 已不再适用，应予以撤销：
  a）决议第 15/09 号“关于集鱼装置工作组”；
  b）决议第 18/09 号“关于 IOTC 渔业社会经济数据和指标的范围界定研究”；
  c）决议第 16/03 号“第二次绩效评估后续行动”；
  d）决议第 14/02 号“养护和管理 IOTC 管理区热带金枪鱼种群”；
  e）决议第 05/03 号“关于建立 IOTC 港口检查计划”。

最终条款

10. 本决议取代第 24/10 号决议“关于促进实施 IOTC 养护和管理措施”和第 17/02 号决议“关于实施养护和管理措施工作小组”。

附件 1　WPICMM 的职责范围

1. 实施养护和管理措施工作组（WPICMM）的议事程序应比照委员会议事规则管理。

目标

2. WPICMM 的目标为：
  a）减轻履约分委会的技术讨论、工作量和时间压力，使其在工作中专注于为委员会制定更高层级的履约实施策略；
  b）增强缔约方和合作非缔约方（CPC）理解和实施 IOTC 养护和管理措施的技术能力；
  c）确定实施问题的优先级，并为 CPC 制定操作标准。

组成

3. 依据 IOTC 议事规则，WPICMM 成员应由各 CPC 的渔业履约官员（或其他相关官员）、科学人员、渔业管理者、渔业行业代表、行政管理人员及其他有利益相关方组成。

职责

4. 全面审查 CPC 在技术层面实施养护和管理措施（CMM）的各方面情况，并提出提升实施水平的方法；
5. 研究监测、控制和监视（MCS）技术事项，为履约分委会提供强化 MCS 的可行方案；
6. 审议 CMM 中的报告要求，以便协调和简化流程；
7. 制定 CPC 实施情况的评估方法，用于编制每年向履约分委会和船旗国提交的国别履约报告；
8. 审议和评估委员会通过的实施 CMM 的实际效果和实践性环节，以识别 CPC 面临的实施缺陷和制约因素，并提出修订选项；
9. 提请履约分委会及委员会年度关注可能已过时的 CMM；
10. 提出行动，解决实施中的不足；
11. 制定实施 CMM 的最低区域标准；
12. 制定统一的评估标准，用于识别涉嫌从事 IUU 捕捞活动的船舶；
13. 监督 IOTC 涉嫌 IUU 捕捞活动渔船名单的更新情况，并建议进一步行动，包括应履约分委会或相关 CPC 的要求，对可获得的证据进行审议（若 WPICMM 能获得这些证据）；
14. 监督根据海上转载计划部署的观察员所记录的大型金枪鱼延绳钓船（LSTLV）/运输船涉嫌违反 IOTC 养护和管理措施名单的更新情况，并提出行动建议；
15. 向履约分委会提出建议，协助 CPC 设计和实施国家 MCS 系统；
16. 向履约分委会提出建议，协助 CPC 设计和实施履约行动，以确保遵守 IOTC 养护和管理措施（CMM）；
17. 建立区域能力建设机制，协助 CPC 达到实施养护和管理措施的区域最低条款或标准；
18. 提出加强 CMM 实施和能力建设活动的建议，包括履约支持任务、区域/国家培训课程和研讨会，这些活动的资金将从能力建设特别基金或预算外捐款获得；
19. 制定关于处罚未履行 IOTC 的 CMM 的时间表的建议和指南，供 CPC 和委员会审议；
20. 审议 CPC 履行数据报告义务的情况，并就执行措施提出建议；
21. 完成履约分委会或委员会制定的其他任务。
22. WPICMM 应每年召开一次会议，时间安排在履约分委会会议之前，并向履约分委会年会报告工作。

决议第 24/02 号：关于 IOTC 管理区漂流集鱼装置（DFAD）的管理①

印度洋金枪鱼委员会（IOTC），

考虑到《执行 1982 年 12 月 10 日〈联合国海洋法公约〉有关养护和管理跨界鱼类种群和高度洄游鱼类种群的规定的协定》（UNFSA）的通过是认识到需要避免对海洋环境造成不利影响、保护生物多样性、维持海洋生态系统的完整性，并尽量减少捕鱼作业造成长期或不可逆转的影响的风险；

回顾《联合国鱼类种群协定》（UNFSA）第 5 条和第 6 条要求各国对高度洄游鱼类种群的养护、管理和开发广泛适用预防性做法，以保护海洋生物资源和保全海洋环境；

回顾 UNFSA 第 6 条要求各国在信息不明确、不可靠或不充足时采用预防性做法时应更为谨慎，并禁止以缺乏充足科学信息为由而推迟或不采取养护和管理措施，联合国粮农组织《负责任渔业行为守则》重申了这一点；

回顾 UNFSA 第 6 条要求各国在适用预防性做法时，除其他外，考虑到与种群规模和繁殖力、捕捞死亡率水平和分布、捕鱼活动对非目标种和关联种或从属种的影响有关的不确定性，以及现有的和预计的海洋、环境和社会经济条件；

回顾 UNFSA 第 5 条要求各国评估捕鱼、其他人类活动和环境因素对目标种群和属于同一生态系统或与目标种群相关或从属于目标种群的物种的影响，并在必要时对属于同一生态系统或与目标种群相关或从属于目标种群的物种采取养护和管理措施，为使这些物种的数量保持或恢复到其繁殖可能受到严重威胁的水平以上；

铭记 UNFSA 第 5 条要求沿海国和公海捕鱼国及时收集和分享，除其他外，有关船舶位置、目标种和非目标种的渔获量和捕捞努力量的完整而准确的捕鱼活动数据，以及从国家和国际研究方案中得到的信息；以及粮农组织《负责任渔业行为守则》的规定，各国应汇编有关分区域或区域渔业管理组织范围内的渔业相关数据和其他与鱼类种群有关的支持性科学数据，并及时向有关组织提供这些数据；

关注到联合国大会 2021 年关于可持续渔业的第 78/71 号决议，呼吁各国单独、共同或通过区域渔业管理部门组织和安排收集必要的数据，以评估和严密监测大型集鱼装置（FAD）及其他装置的使用，并酌情评估其对金枪鱼资源、金枪鱼行为及关联种和依附种的影响，并通过改进管理程序来监测这类装置的数量、类型和使用，以及减轻其对生态系统可能造成的不利影响，包括对幼鱼和误捕的非目标物种，特别是对鲨鱼和海龟的影响；

回顾联合国大会 2023 年关于可持续渔业的第 78/68 号决议认识到，有必要根据现有的最佳科学信息采取和执行适当措施，通过有效管理捕捞方法，包括使用和设计集鱼装置，尽量减少对非目标鱼种和幼鱼的兼捕，以减轻对鱼类种群和生态系统的不利影响；

回顾《联合国海洋法公约》（UNCLOS）第 192 条和第 194 条，要求各国保护和保

① 本决议不适用于阿曼，第 19/02 号决议对阿曼仍有约束力

全海洋环境，并酌情单独或共同采取符合 UNCLOS 的一切必要措施，防止、减少和控制任何来源的海洋环境污染，这些措施应包括为保护和保全稀有或脆弱的生态系统，以及枯竭、受威胁或濒危的物种和其他类型的海洋生物的栖息地所必需的措施；

关切海洋中被遗弃、丢失或丢弃的渔具（ALDFG）和塑料残留物对海洋生物极大的影响，以及有必要促进识别和回收这些渔具；

注意到向海中投放捕鱼辅助装置，如 FAD，并不违反《国际防止船舶造成污染公约》（MARPOL）附件 5 或《防止倾倒废物和其他物质污染海洋公约》（简称《伦敦公约》）和《防止倾倒废物和其他物质污染海洋公约议定书》（简称《伦敦议定书》）的规定，只要该装置在投放以后被回收，并且其后没有被遗弃（除非在不可抗力的情况下）；

特别强调 IOTC 的 FAD 特设工作组第 5 次会议通过的具体建议，并于 2023 年 12 月第 26 届科学分委会会议上审议通过，敦促委员会以积极进取的姿态，尽快推动实施可生物降解 FAD（biodegradable FAD，BIOFAD）的分阶段应用方案；

认识到 BIOFAD 实验项目对了解和发展可生物降解 FAD 所作的重要贡献；

鉴于补给和支持船的活动及使用漂流集鱼装置是围网船队捕捞努力量的组成部分；

考虑到 2018 年 10 月 29 日至 11 月 3 日在塞舌尔召开的热带金枪鱼工作组第 20 次会议所提出的关切：围网渔船为维持捕捞量目标而改变策略，增加了 DFAD 的使用，导致黄鳍金枪鱼和大眼金枪鱼幼鱼渔获量大幅增加；

意识到委员会承诺采取养护和管理措施，以减少 IOTC 渔业的大眼金枪鱼和黄鳍金枪鱼幼鱼的捕捞死亡率；

注意到 IOTC 科学分委会向委员会建议，只应设计和投放非缠绕 DFAD，以防止鲨鱼、海龟和其他物种被缠绕；

根据 IOTC 协定第九条第 1 款的规定，决议如下：

术语的使用

1. 为本决议的目的：

  a）“集鱼装置”（FAD）指被投放和/或跟踪并可能聚集鱼类的任何（人造或天然的）永久、半永久或临时的物体、结构或装置；

  b）“漂流集鱼装置”（DFAD）指为聚集鱼类而投放和跟踪的未固定在海底的 FAD；

  c）“生物降解”指符合海洋环境中可生物降解材料国际标准①的非合成材料②和/或生物基材料替代品。这些材料降解后的成分不应损害海洋和沿海生态系统，也不应含有重金属或塑料；

  d）“流木”指自然来源或因人为活动而意外丢失的漂浮物，并非为了捕获目的而聚集和/或定位目标金枪鱼物种而建造和部署；

  e）“鱼探浮标”（也称电浮标）指清晰标示一个可识别其所有人的唯一参考编号，并配有卫星跟踪系统监测其位置的浮标；

  f）“浮标所有人”指负责跟踪电浮标并授权要求将其激活和/或停用的渔船船东、船长或经营者；

① 国际标准，如 ASTM D6691、D7881、奥地利 TUV、欧洲或任何由委员会成员批准的此类标准

② 例如，基于植物的材料，如棉花、黄麻、马尼拉麻、竹子、天然橡胶，或者基于动物的材料，如皮革、羊毛、猪油

g)“活跃的浮标”指部署在海上的 DFAD 或流木上，并已启动和开启卫星通信服务，能发送位置的电浮标；

h)“浮标的停用”指终止卫星通信服务的行为，由浮标供应商应船东或浮标所有人的要求完成；

i)“重新激活”指浮标供应商应浮标所有人的要求重新启用卫星通信服务的行为；

j)“丢弃的 DFAD”指最初投放时打算以后回收，但由于不可抗力或其他原因留在海上的 DFAD；

k)“丢失的 DFAD”指浮标所有人已失去对其的控制且无法确定其位置和/或找回的 DFAD；

l)“遗弃的 DFAD”指浮标所有人在投放时就没有任何试图对其进一步控制或回收的 DFAD。

适用

2. 本决议应适用于在 IOTC 管理区使用 DFAD 捕捞的悬挂 CPC 旗帜的围网船及相关的补给船[①]。

DFAD 登记和限制

3. IOTC 秘书处应制定并保有在 IOTC 管理区投放的所有电浮标的电子注册（DFAD 注册）。2025 年下半年将挑选一些船舶来检验 DFAD 注册的正常运行情况。DFAD 注册应于 2026 年 1 月 1 日生效。

4. 浮标所有人应填写下列有关电浮标投放的信息：

a）可识别浮标所有人的唯一参考编号；

b）浮标所有人；

c）电浮标所属的围网船的唯一 IOTC 船舶注册号；

d）电浮标所属的围网船的船旗国；

e）电浮标制造商；

f）电浮标的型号名称；

g）IOTC 的 DFAD 唯一识别号；

h）与浮标一起投放的 DFAD 的生物降解类别，或流木（如适用）；

i）投放日期和时间；

j）投放位置。

5. 除第 4 段 c）项、d）项和 j）项所列信息外，IOTC 秘书处应在 IOTC 网站加密部分提供 DFAD 登记，该部分的信息可供 CPC 主要联络人（委员或副代表）访问。任何 CPC 均可向 IOTC 执行秘书提出查阅第 4 段 c）项、d）项和 j）项所列信息的请求。这种请求应由有关 CPC 的主要联络人（委员或副代表）提出。请求应包括所要求的确切信息和对预期用途的说明。IOTC 执行秘书应按照下列规则准许查阅所要求的信息：

① “补给船”一词应包括补给船和支持船

a）查阅第 4 段 c）项和 d）项所列信息的要求应在 30 天内获准。IOTC 执行秘书应将这一访问请求通知船旗 CPC。船旗国可要求提出访问请求的 CPC 提供正当理由。如果提出请求的 CPC 没有提供合理的理由，IOTC 执行秘书应拒绝该请求；

b）查阅第 4 段 j）项所列信息须经船旗国书面同意。船旗国应在 30 天内给予答复，如不同意，应说明拒绝请求的理由。

6. DFAD 注册应采取尽可能简单的形式，并包括一个“点击”按钮，自动通知电浮标的激活和停用，如第 10 段和第 12 段所述。在开发 DFAD 注册电子工具时，IOTC 秘书处应考虑根据附件 1 传送的数据的输出机制，以避免重复报告。

7. IOTC 秘书处应在 2025 年委员会年会上介绍 DFAD 注册的结构和功能。IOTC 秘书处应开始执行 DFAD 注册，除非委员会另有决定。

8. 如电浮标被激活，CPC 应确保浮标所有人通过 DFAD 注册在电浮标激活后 24 小时内，通知 IOTC 秘书处和 CPC，并提供第 40 段所述的 IOTC 的 DFAD 唯一标识号。该电浮标则应在 DFAD 注册上显示为活跃。

9. DFAD 注册不允许每艘围网船注册的电浮标超过第 16 段、第 18 段和第 19 段规定的限额。

10. CPC 应对浮标所有人提供的信息进行确认，每年至少核实一次。

11. CPC 应登记在 DFAD 注册生效前投放的浮标及到 2026 年 1 月 1 日该 DFAD 注册生效之日仍活跃的浮标。

12. CPC 应确保悬挂其旗帜的船舶只激活实际出现在围网船或补给船上的电浮标。

13. CPC 应确保浮标所有人在电浮标停用时，通过 DFAD 注册并在 72 小时内通知 IOTC 秘书处，包括是否回收了 DFAD 和电浮标。一旦 IOTC 秘书处收到此通知，电浮标将不再被视为活跃。浮标所有人应在 DFAD 注册中记录电浮标“退役”（即该浮标被回收，不能重新部署或重新启用）的时间。如果附在 DFAD 上的活跃浮标未被回收而失效，浮标所有人应将该浮标失效的日期、时间、最后位置和失效原因，连同上述失效通知，通过 DFAD 注册通知 IOTC 秘书处。

14. 在实施 DFAD 注册前，CPC 应确保悬挂其旗帜的船舶在适当的日志中记录电浮标的唯一参考编号，以及部署日期、时间和地理坐标（十进制）。

DFAD 的限制

15. CPC 应确保仅限于围网船和相关补给船投放 DFAD 和电浮标。CPC 应鼓励其船旗围网船在围绕 DFAD 捕鱼时，只围绕与 DFAD 注册上的电浮标一起投放的 DFAD 捕鱼。

16. CPC 应确保每艘围网船在任何时候跟踪的电浮标数不超过下列数量：

a）自 2026 年 1 月 1 日起：250 个；

b）自 2028 年 1 月 1 日起：225 个。

17. CPC 应确保从 2026 年 1 月 1 日起，每艘围网船每年获取的电浮标不超过 400 个。

18. 例外情况下，2023 年在 IOTC 管理区有 1 艘或 2 艘实际作业围网船的 CPC，只要其作业围网船少于 3 艘，应确保其每艘围网船：

a）在任何时间跟踪的电浮标数量不得超过下列数量：

i）自 2026 年 1 月 1 日起：280 个，

ii）自 2028 年 1 月 1 日起：255 个；

b）每年取得的电浮标数目不超过下列数量：

i）自 2026 年 1 月 1 日起：480 个，

ii）自 2028 年 1 月 1 日起：460 个。

19. 小岛屿发展中沿海 CPC 应确保其每艘围网船：

a）在任何时间跟踪的电浮标数量不超过下列数量：

i）自 2026 年 1 月 1 日起：270 个，

ii）自 2028 年 1 月 1 日起：240 个；

b）每年取得的电浮标数量不多于下列数量：

i）自 2026 年 1 月 1 日起：440 个，

ii）自 2028 年 1 月 1 日起：420 个。

20. CPC 应确保其船舶只投放带有已激活的电浮标的 DFAD。

DFAD 管理计划

21. 从事 DFAD 捕鱼的船旗国，应根据附件 2 的规定编制 DFAD 管理计划指南，向 IOTC 执行秘书提交使用 DFAD 和相关技术的 DFAD 管理计划。就目前运营的船队，应于 2025 年提交一次管理计划；就未来计划组建的船队，应在其运营首年提交一次管理计划。若附件 2 提供的信息发生变化，CPC 应在其年度执行报告中提交修订的 DFAD 管理计划。

22. IOTC 履约分委会和 IOTC 科学分委会应分析 DFAD 管理计划，并向委员会报告分析结果。

DFAD 监测系统

23. 为支持对本决议遵守情况的监测并改进科学数据的收集，船旗 CPC 在保护商业机密数据的同时，应确保电浮标供应商或其船舶至少延后 30 天（但不超过 60 天），以汇编形式向 IOTC 执行秘书报告所有活跃的 DFAD 的每日信息。该信息应包括：

a）地理位置（度、分、秒）；

b）日期；

c）时间；

d）电浮标唯一参考编号；

e）电浮标所属船舶的船名和 IOTC 注册号。

24. IOTC 船舶监测系统工作组应在 IOTC 履约分委会的支持下开展工作，确定行政安排和制定议事规则，以开发一个实时 DFAD 监测系统。

被丢弃、丢失或以其他方式遗弃的 DFAD

25. CPC 应禁止悬挂其旗帜的船舶故意弃置 DFAD 或相关电浮标，除非有不可抗力。
26. CPC 应要求悬挂其旗帜的船舶采取一切合理的预防措施，防止 DFAD 和电浮标的意外丢失。
27. CPC 应确保其船舶海上回收附接 DFAD 的电浮标时，不得遗弃未配备活跃电浮标的 DFAD。
28. 如果某活跃浮标失效时其最后已知位置在沿海国专属经济区内，应立即自动向船旗国和沿海国有关主管部门发送通知。该自动通知应包括：
    a）日期；
    b）时间；
    c）最后已知的地理位置（度、分、秒）。
29. CPC 应确保悬挂其旗帜的船舶，在按照第 13 段和第 28 段报告某一 DFAD 丢失前，应尽快设法定位并回收 DFAD。

非缠绕且可生物降解的 DFAD

30. 为减少对海洋生物多样性的影响及避免鲨鱼、海龟或任何其他物种被缠绕，CPC 应确保其船舶只使用设计和结构符合下列规格的 DFAD，如附件 4 所示：
    a）禁止在 DFAD 的任何部分使用网状材料；
    b）只能使用无缠绕性材料和设计；
    c）水下结构的长度应限制在 50 米以内。
31. 为减少合成纤维类海洋垃圾量，CPC 应确保悬挂其旗帜的船舶：
    a）自 2026 年 1 月 1 日起，仅可使用附件 3 中定义的第 1 类、第 2 类、第 3 类和第 4 类可生物降解 DFAD；
    b）不再投放附件 3 定义的第 4 类 DFAD；
    c）自 2027 年 1 月 1 日起，仅使用附件 3 定义的第 1 类和第 2 类 DFAD；
    d）自 2029 年 1 月 1 日起，仅使用附件 3 定义的第 1 类 DFAD。
32. 鼓励 CPC 与 FAD 特设工作组和 IOTC 科学分委会分享有关在 DFAD 中使用可生物降解材料的经验和科学知识。
33. CPC 应确保派遣到悬挂其旗帜的围网船上的任何观察员，在投放每个 DFAD 前收集关于所使用的 DFAD 的设计及其是否符合附件 3 所载要求的详细信息。
34. CPC 应在其年度执行报告中提交关于第 30 段执行情况的信息，IOTC 秘书处应将这些信息提供给 IOTC 科学分委会或任何有关附属机构，供其进行分析。
35. 鼓励 CPC 继续试验可生物降解的 DFAD 设计，继续努力改进设计，并与 IOTC 科学分委会或任何相关附属机构分享结果。
36. CPC 应确保其船舶不在不符合本决议关于可生物降解性要求的 DFAD 上投放电浮标。CPC 应确保其围网船在遇到不符合本决议或任何其他 IOTC 决议要求的 DFAD 时，在切实可行的情况下，立即从海中回收这些 DFAD。

37. CPC应向IOTC执行秘书报告任何不遵守本决议有关DFAD生物降解性的情况。在这种情况下，IOTC执行秘书应联系船旗CPC，提供任何有关信息。

DFAD的标识

38. 在委员会根据《制定FAO〈渔具标识自愿准则〉操作化方案职权范围提案》正式通过相关操作化方案前，缔约方应执行第39段和第40段的规定。

39. CPC应确保其船舶不投放DFAD，除非附在DFAD上的电浮标永久性地标有唯一参考编号标记（电浮标制造商提供的ID），并且IOTC唯一船舶识别号永久清晰可见。

40. 自2026年1月1日起，为实现收集有关如何减少DFAD丢失与丢弃信息的特定目标，各CPC除按第39段所述标记电浮标外，还应确保其船舶仅部署永久性标记有特定IOTC唯一标识号的DFAD。IOTC秘书处应向各CPC核发DFAD唯一标识号，CPC应将该标识号通知船舶船长。该标识号应与电浮标分开。DFAD个体标识标准应由IOTC科学分委会在IOTC集鱼装置工作组（WGFAD）准备工作的基础上，并与IOTC秘书处密切合作制定，最迟在2025年年会上完成制定工作。

41. CPC应确保浮标所有者根据第13段规定，对其与电浮标一起投放的标有IOTC唯一标识号的DFAD声明终止使用状态（回收、丢失或废弃）。

42. CPC应努力在海上和港口进行检查，以确保符合DFAD的标识和其他要求。各CPC应将在海上发现的未按规定标识的DFAD报告给相关船旗CPC，如有可能，还应向IOTC执行秘书报告。各CPC应按照第16/11号决议（被第25/11号决议取代）“关于预防、阻止和消除非法、不报告和不管制捕捞的港口国措施”附件2规定的程序，对渔具、DFAD或交付船上用于建造DFAD的材料进行港口国检查，包括有关渔具和DFAD标识的条件。

43. CPC应向IOTC执行秘书报告任何显示有合理理由怀疑违反本决议规定的事实信息。

补给船

44. CPC应逐步减少热带金枪鱼围网作业过程中的补给船，具体如下：

a）到2026年1月1日：3艘补给船补给的围网船不少于12艘，所有船舶均为同一船旗国；

b）到2029年1月1日：3艘补给船补给的围网船不少于15艘，所有船舶均为同一船旗国；

c）a）项和b）项不适用于在IOTC管理区运营一艘补给船的CPC；

d）CPC应确保单艘围网船在任何时候都不得接受一艘以上相同船旗的补给船补给；

e）CPC不得在IOTC授权渔船名单上注册任何新增补给船。

报告义务

45. CPC 应：

a）通过提供附件 1 所列数据和信息并按照 IOTC 秘书处提供的模板，确保其使用 DFAD 的围网船和补给船从投放到使用结束，记录与漂浮物（FAD 或流木）和/或电浮标有关的任何活动；

b）根据 IOTC 提供渔获量和努力量数据的标准，每年在 6 月 30 日前向 IOTC 执行秘书提交 a）项所述的数据和信息。IOTC 秘书处应以 IOTC 第 15/02 号决议规定的汇总水平，并根据 IOTC 第 12/02 号决议规定的保密规则，将这些数据和信息提供给 IOTC 科学分委会进行分析。

46. 为监管本决议所设限制措施的遵守情况，CPC 应：

a）确保悬挂其旗帜的船舶使用所有 DFAD 上的电浮标，并禁止使用任何不符合第 1 段定义的其他浮标，如无线电浮标；

b）确保其旗帜船舶仅投放带有活跃电浮标的 DFAD，并在投放时系统地要求其在 DFAD 注册上登记；

c）确保其船舶仅在电浮标带回港口并获得 CPC 授权后，才能重新启用电浮标；

d）确保其相关 DFAD 作业的旗帜船舶，在每年年底前提交分配给他们的电浮标数量，包括按 1°×1°方格和月份分层与 DFAD 类型统计的丢失、丢弃和/或遗弃的电浮标数量。

47. 第 46 段 d）项提供的信息应按船队、年份、月份和 1°×1°方格分层，以每一层中每天活跃的电浮标的平均数量表示，并根据决议第 12/02 号“关于数据保密政策和程序”规定的保密规则提供给 IOTC 秘书处和 IOTC 科学分委会，供科学分析之用。

科学建议

48. IOTC 科学分委会应进一步分析可获得的资料，并为可持续渔业就现有、新增或替代的 DFAD 管理方案提供科学建议，供委员会审议。

49. IOTC 科学分委会应通过下列方式向委员会提供科学建议：

a）评估渔具或使用 DFAD 捕鱼对幼鱼死亡率的影响，并向委员会提供适当建议。这项评估应包括但不限于所有渔具对目标金枪鱼幼鱼死亡率的贡献进行比较分析，对 MSY 水平的相关影响，关于将种群规模恢复到或维持在能够产生 MSY 水平之上，以及将违反/超出限制性参考点的风险保持在低概率水平的任何其他建议；

b）分析现行活跃浮标限制的有效性，并研究限制海上 DFAD 数量的替代/补充方案的潜在有效性，除其他选择外，这将包括就控制 DFAD 网次数量措施的定义和预期效力提出建议。

50. IOTC 科学分委会在制定意见和建议时，除其他外，应考虑：

a）可获得的 IOTC 渔业数据；

b）其他区域渔业管理组织实施类似目标的相似管理措施的经验，包括 DFAD 禁渔期、DFAD 注册和 DFAD 监测系统（如有）；

c）印度洋捕鱼行为/模式，包括历史上的捕鱼行为/模式，以及由于实施任何新管理措施（包括 DFAD 禁渔期）预计引发的捕鱼行为/模式。

最后条款

51. IOTC 秘书处应每年向 IOTC 履约分委会提交报告，说明各 CPC 对本决议的遵守程度。

52. 在不损害委员会就 DFAD 管理采取进一步措施权利的情况下，除 DFAD 注册和 DFAD 监测系统的技术内容外，本决议所载条款在 2028 年委员会年会之前不应审议。

53. 本决议自 2025 年 1 月 1 日起生效。

54. 本决议取代第 19/02 号决议“关于集鱼装置管理计划的程序”、第 18/04 号决议“关于 BIOFAD 实验项目”。

附件 1　DFAD 及其电浮标数据收集

1. 对 DFAD、漂浮物和/或电浮标的每次活动，不论随后是否放网，每艘渔船、补给船应报告下列信息。

类别	内容	内容数据类型	强制性的	说明
船	船舶 IOTC 编号	船舶识别号	是	
	类型	词典条目	是	可推断
日期	年	整数	是	
	月	整数	是	
	日	整数	是	
作业时漂浮物和/或电浮标的位置	经度	小数	是	
	纬度	小数	是	
船位（如与漂浮物或浮标不同）	经度	小数	是	
	纬度	小数	是	
漂浮物	识别码	识别码	是（如存在）	如果 DFAD 访问，应尽可能提供，即不必将 DFAD 从水中提出
	类型	词典条目	是	见本附件第 3 段所定义
	生物降解类别（如漂浮物是 DFAD）	词典条目	是	见本决议所定义
	活动类型	词典条目	是	见本附件第 4 段所定义
水面部分	有塑料吗？	布尔值（分别以 1 和 0 代指是和非）	是（如果清晰可见）	
	有金属吗？	布尔值		
	长	小数		厘米
	宽	小数		厘米
	高	小数		厘米
	有网目吗？	布尔值		
	网目尺寸	小数		毫米

续表

类别	内容	内容数据类型	强制性的	说明
水下部分	有塑料吗？	布尔值	是（如清晰可见）	
	有金属吗？	布尔值		
	长	小数		厘米
	宽	小数		厘米
	高	小数		厘米
	有网目吗？	布尔值		
	网目尺寸	小数		毫米
浮标	识别码	识别码	是（如有浮标）	
	已知位置	布尔值		
	活动类型	词典条目		如本附件第 5 段所定义。 在浮标失效的情况下，失效的原因（DFAD 从海上回收、抛弃或丢失）和船舶位置

2. 如果访问之后有放网捕鱼作业，应根据下表记录该网次渔获物和兼捕物的结果，不论保留或丢弃，无论死活，均应记录。CPC 应将每艘船的这些数据按 1°×1°（如适用）汇总后报告给 IOTC 秘书处。

类型	内容	内容数据类型	强制性的	说明
渔船	船舶 IOTC 编号	船舶识别码	是	
	类型	词典条目	是	可以推断
日期	年	整数	是	
	月	整数	是	
地点	1°×1°方格	CWP 网格标识符	是	
漂浮物	类型	词典条目	是	如本附录第 3 段所定义
	活动类型	词典条目	是	如本附录第 4 段所定义
努力量	活动数量	整数	是	
	放网次数	整数		可以为零
	数据换算过吗？	布尔值		
#1 渔获量	物种代码	ASFIS 识别码	是（活动后放网）	单一物种
	命运	词典条目		存留/丢弃量
	渔获物/丢弃	小数		数量
	单位	词典条目		重量或数量
……	……	……	……	……
#*N* 渔获量	物种代码	ASFIS 识别码	是（活动后放网）	单一物种
	命运	词典条目		存留/丢弃
	渔获物/丢弃	小数		数量
	单位	词典条目		重量、数量

3. 漂浮物分类。

代码	释义
ANLOG	天然流木或动物源性漂浮物
DFAD	漂流集鱼装置
AFAD	锚定集鱼装置
FALOG	人类活动（与捕鱼活动有关）造成的人工流木或漂浮物
HALOG	人类活动（与捕鱼活动无关）造成的人工流木或漂浮物
VNLOG	植物源天然流木

4. 有关漂浮物活动的分类。

代码	活动	释义
DE	投放	在海上投放 DFAD
CO	合并	在漂浮物上投放 DFAD（如为提高可浮性）
VF	捕鱼相遇	遇到漂浮物放网捕鱼
VI	无捕鱼相遇	遇到漂浮物没有捕鱼
LO	丢失	非自愿终止使用漂浮物（浮标发送信号终止）
AB	丢弃	由于不可抗力或无法到达而停止使用漂浮物（浮标仍在并能发信号）
ST	搁浅	由于漂浮物在浅海栖息地搁浅、不再漂流而遗弃
RE	找回	找回漂浮物

5. 有关电浮标活动的分类。

代码	活动	释义
DE	投放	在海上漂流的无浮标的漂浮物上投放（附加）浮标，或投放配备浮标的 DFAD
LO	丢失	非自愿终止使用浮标（丢失或非自愿终止浮标发送信号）
AB	丢弃	自愿停止使用浮标（浮标仍能发送信号）
RE	找回	从海上漂流的漂浮物上取回浮标
TR	转移	用本船的浮标替换另一船的浮标

6. 投放的 DFAD 结果分类。

<table>
<tr><td></td><td colspan="6">投放 DFAD+激活浮标</td></tr>
<tr><td rowspan="3">DFAD 状况说明</td><td colspan="6">浮标是活跃的</td></tr>
<tr><td colspan="4">浮标发送信号，并可以定位</td><td colspan="2">浮标不发送信号，且无法定位</td></tr>
<tr><td colspan="2">DFAD 可以找回</td><td colspan="2">DFAD 无法找回</td><td colspan="2">DFAD 无法定位，因此无法找回</td></tr>
<tr><td>停用浮标的原因</td><td>DFAD 和浮标从海上收回</td><td>浮标所有人决定不收回 DFAD</td><td>无法到达（如在另一国家的 EEZ 内）</td><td>浮标被抢劫，但仍在发信号</td><td>DFAD 被抢劫</td><td>浮标损坏/技术问题/浮标沉没</td></tr>
<tr><td>DFAD 最终状况</td><td>找回 FAD</td><td>丢弃 DFAD</td><td>遗弃 DFAD</td><td colspan="3">丢失 DFAD</td></tr>
</table>

附件 2　DFAD 管理计划编制指南

为支持在 IOTC 管理区有捕鱼船队的 CPC 向 IOTC 执行秘书提交关于 DFAD 管理计划（DFAD-MP）的义务，DFAD-MP 应包括以下内容：

1. 目的。
2. 范围。
   说明适用范围：
   a）船舶类型及支持船和补给船；
   b）拟投放的 DFAD 数量及 DFAD 信标数量；
   c）投放 DFAD 的报告程序；
   d）减少误捕和利用政策；
   e）与其他类型渔具相互影响的考虑；
   f）丢失 DFAD 的监测和找回计划；
   g）“DFAD 所有权”的声明或政策。
3. DFAD 管理计划的制度安排：
   a）机构责任；
   b）批准 DFAD 和/或 DFAD 信标投放的申请流程；
   c）船东和船长在投放和使用 DFAD 和/或 DFAD 信标方面的义务；
   d）DFAD 和/或 DFAD 信标更换政策；
   e）报告义务。
4. DFAD 建造规范和要求：
   a）DFAD 设计特点（描述）；
   b）DFAD 标示和标识号，包括 DFAD 信标；
   c）照明要求；
   d）雷达反射器；
   e）能见距离；
   f）无线电浮标（要求序列号）；
   g）卫星接收器（要求序列号）；
   h）声呐（型号和技术规格）。
5. 适用区域：
   禁渔区或禁渔期详情，如领海、航道、手工渔业区域附近等。
6. DFAD 管理计划的适用期。
7. 监测和审议 DFAD 管理计划执行情况的方式。
8. DFAD 日志模板（待收集的数据见附件 1 规定）。

附件 3　DFAD 根据可生物降解程度的分类

为本决议的目的，以下是根据可生物降解程度（从不可生物降解至 100%生物降解）确定的 DFAD 类别，但有关定义并不适用于为跟踪 DFAD 而附在 DFAD 上的电子浮标。

第 1 类：DFAD 由完全可生物降解材料制成。

第 2 类：DFAD 除浮性组件（如浮标、泡沫、围网浮子等）外，其余部分由完全可生物降解材料制成。

第 3 类：DFAD 水下部分使用完全可生物降解材料制成，而水面部分和所有浮性组件均含有不可生物降解材料（如合成拉菲树叶、金属框架、塑料浮子、尼龙绳索等）。

第 4 类：DFAD 水下部分含有不可生物降解材料，而水面部分（除可能的除浮性组件外）则由完全可生物降解材料制成。

第 5 类：DFAD 水面和水下部分均含有不可生物降解材料。

附件 4　DFAD 的设计和投放示例

1. DFAD 的水面结构不得覆盖或只覆盖非网目状材料。筏体建造不得使用遮阳布或其他易缠绕材料，如网片。DFAD 的水下结构长度不得超过 50 米。
2. 如果使用水下组件，则不得使用网片，但可使用绳索或帆布等非网目材料。

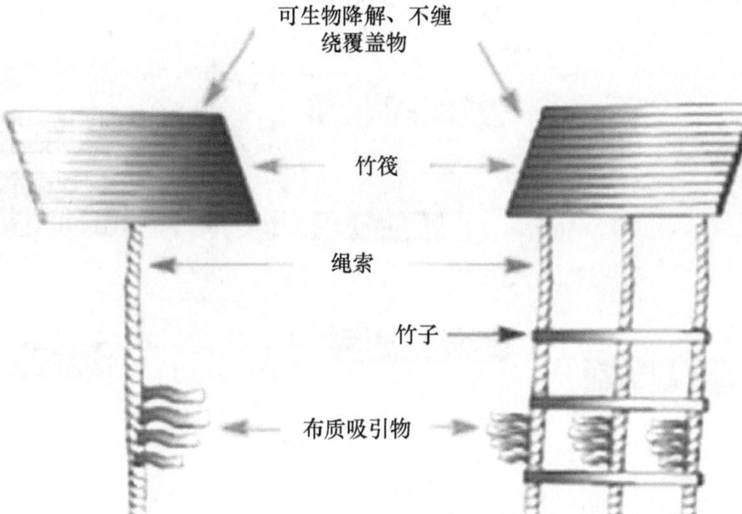

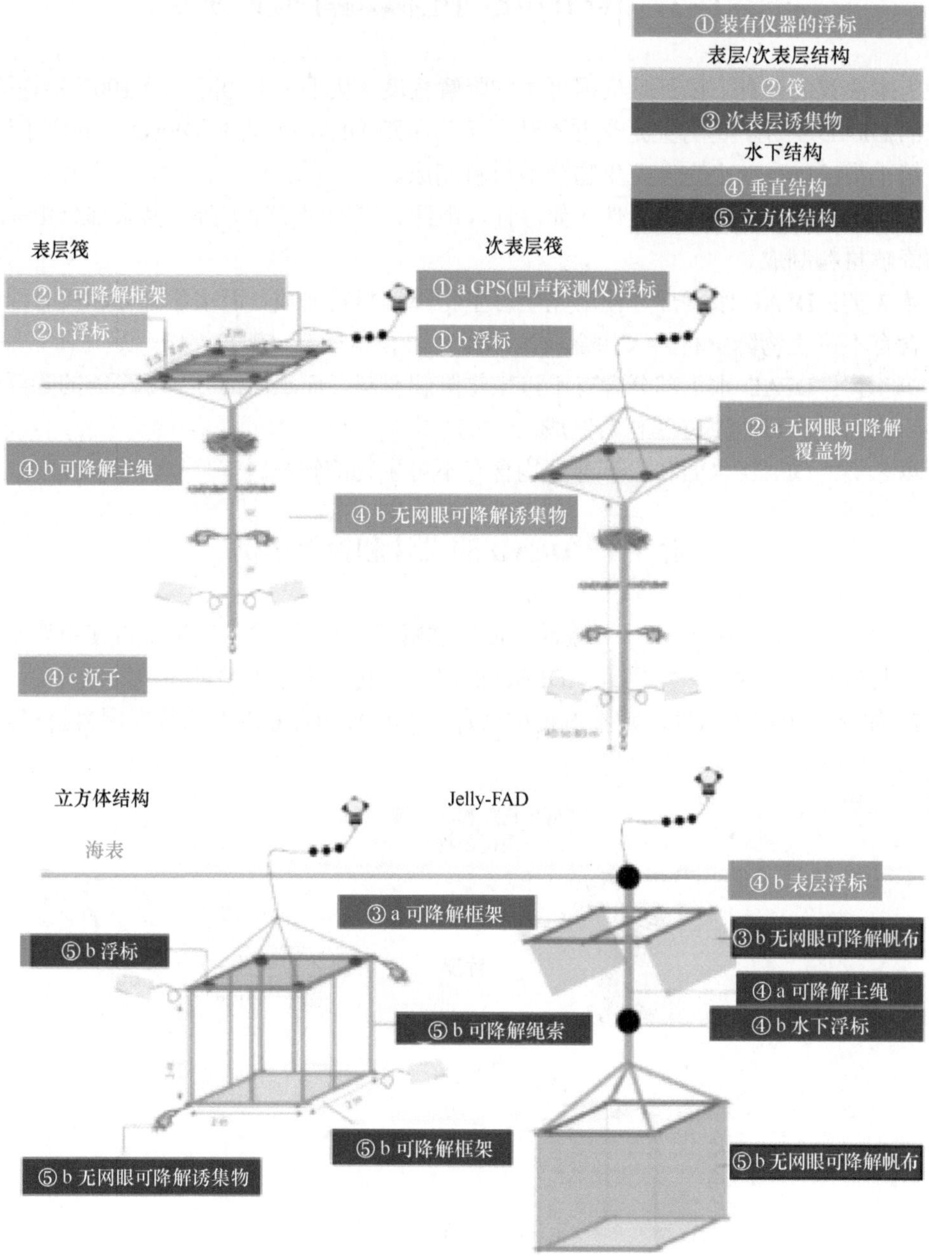
① 装有仪器的浮标
表层/次表层结构
② 筏
③ 次表层诱集物
水下结构
④ 垂直结构
⑤ 立方体结构
表层筏
次表层筏
② b 可降解框架
② b 浮标
① a GPS(回声探测仪)浮标
① b 浮标
② a 无网眼可降解覆盖物
④ b 可降解主绳
④ b 无网眼可降解诱集物
④ c 沉子
立方体结构
Jelly-FAD
海表
④ b 表层浮标
③ a 可降解框架
③ b 无网眼可降解帆布
⑤ b 浮标
④ a 可降解主绳
⑤ b 可降解绳索
④ b 水下浮标
⑤ b 可降解框架
⑤ b 无网眼可降解帆布
⑤ b 无网眼可降解诱集物

决议第 24/03 号：关于建立被认定在 IOTC 海域从事非法、不报告和不管制捕捞活动的渔船名单

印度洋金枪鱼委员会（IOTC），

忆及 FAO 理事会于 2001 年 6 月 23 日通过了《关于预防、阻止和消除非法、不报告和不管制捕鱼的国际行动计划》（IPOA-IUU）。该计划规定，对从事 IUU 捕捞活动的船舶应遵循商定的程序予以识别，并以公平、透明和非歧视性的方式实施；

忆及 IOTC 通过了“关于支持 IPOA-IUU 计划”的第 01/07 号决议（被第 14/01 号决议取代）；

忆及 IOTC 通过了打击 IUU 捕捞活动的相关措施；

忆及 IOTC 通过了第 07/01 号决议（被第 24/09 号决议取代），以促进缔约方和合作非缔约方国民遵守 IOTC 养护和管理措施；

还忆及 IOTC 通过了第 07/02 号决议（被第 13/02 号决议、第 14/04 号决议、第 15/04 号决议和第 19/04 号决议取代），通过建立经授权在 IOTC 管理区作业的渔船名单，以强化 IOTC 养护和管理措施的实施；

认识到 IUU 捕捞活动可能与严重的有组织犯罪相关；

关切 IOTC 管理区的 IUU 捕捞活动事实上仍在继续，这些活动削弱了 IOTC 的养护和管理措施的效力；

进一步关切有证据显示，大量从事此类捕捞活动的船东已改挂船旗，以规避遵守 IOTC 养护和管理措施；

决心通过对从事 IUU 捕捞的船舶采取反制措施以应对 IUU 捕捞活动增加的挑战，同时不影响根据 IOTC 相关法律文书对船旗国采取进一步措施；

意识到作为优先事项需要解决大型渔船从事 IUU 捕捞活动的问题；

注意到必须根据所有相关的国际渔业文书并根据《世界贸易组织协定》（WTO 协定）规定的有关权利和义务处理这类情况；

考虑到 2011 年在加利福尼亚州拉霍亚举行的金枪鱼区域渔业管理组织第三次联席会议的建议，认可对被其他区域渔业管理组织列为 IUU 的船舶采取交叉列名措施的基本原则；

承认有必要在任何交叉列名决定中保留 IOTC 的决策权，以确保各成员有机会在将船舶列入 IOTC IUU 渔船名单之前，逐案审议每艘船的情况；

根据 IOTC 协定第九条第 1 款的规定，决议如下：

术语的使用

1. 为本决议的目的：

   a）“船东”指登记为船舶所有者的自然人或法人；

   b）“经营者”指负责船舶管理和运营进行商业决策的自然人或法人，包括船舶承租方；

c）“船长”指在渔船上任何给定时间内担任最高责任职位的人；
d）“捕鱼”指搜寻、引诱、定位、捕获、获取或收获鱼类，或任何可合理预期会导致引诱、定位、捕获、获取或收获鱼类的活动；
e）“捕鱼相关活动”指支持或准备捕鱼的任何作业，包括卸货、包装、加工、转载或运载先前未在港口卸货的鱼和/或鱼产品，以及在海上提供人员、燃料、渔具、食物和其他补给；
f）“信息”指能够提交给履约分委会和/或委员会可作为任何争议事实证据的适当且充分的有证明文件的数据；
g）单数形式的术语也视为包括复数形式。

本措施的适用

2. 本决议适用于在 IOTC 管理区从事捕捞 IOTC 协定或 IOTC 养护和管理措施所涵盖的物种的捕捞及和捕捞相关活动的船舶及其船东、经营者和船长。

目标

3. 本决议规定委员会维护和更新被认定涉嫌参与非法、不报告和不管制（IUU）捕捞活动的渔船名单的规则和程序，其中包括：
a）IOTC IUU 渔船提议名单（IUU 渔船提议名单）；
b）IOTC IUU 渔船暂定名单（IUU 渔船暂定名单）；
c）IOTC IUU 渔船名单（IUU 渔船名单）。

IUU 捕捞活动的定义

4. 为本决议的目的，当一 CPC 提供信息表明某一船舶在 IOTC 管理区从事与 IOTC 协定或 IOTC 养护和管理措施所涵盖的物种有关的 IUU 捕捞活动，该船舶即被推定为从事了 IUU 捕捞活动：
a）从事捕鱼或捕鱼有关的活动，但既未根据第 15/04 号决议（被第 19/04 号决议取代）在 IOTC 渔船名单中注册，也未在作业渔船名单中记录；或
b）从事捕鱼或捕鱼相关活动，但根据 IOTC 适用的养护和管理措施，其船旗国未获配额、捕捞限额或努力量分配，除非该船悬挂另一 CPC 的旗帜；或
c）未按 IOTC 养护和管理措施记录或报告其渔获量，或提交虚假报告；或
d）违反 IOTC 养护和管理措施，捕获或上岸未达到可捕规格的鱼类；或
e）违反 IOTC 养护和管理措施，在禁渔期或禁渔区内从事捕鱼或捕鱼相关的活动；或
f）违反 IOTC 养护和管理措施，使用禁用渔具；或
g）把渔获物转到没有列入 IOTC 渔船名单或未被授权在 IOTC 管理区内收受海上转载渔船名单上的支持船或补给船或参与其联合作业；或
h）未经沿海国的许可或授权的情况下，或违反沿海国的法律法规在该沿海国管辖区内从事捕鱼或捕鱼相关活动（不损及有关沿海国对这种船只采取执法措

施的主权权利的情况下）[①]；或

i）无国籍从事捕鱼或捕鱼相关活动；或

j）从事捕鱼或捕鱼有关的活动，故意伪造或遮盖渔船标识、身份或注册号；或

k）违反任何其他任何具有约束力的 IOTC 养护和管理措施从事捕鱼或捕鱼相关的活动。

提交有关 IUU 捕捞活动的信息

5. 如果某一 CPC 掌握信息，表明一艘或多艘船舶在履约分委会年会召开前 24 个月内在 IOTC 管理区从事了 IUU 捕捞活动，则该 CPC 应向 IOTC 执行秘书提供一份此类船舶的名单。此类信息应使用 IOTC 非法活动报告表（附件 1），至少于履约分委会年会召开前 70 天提交。

6. CPC（提名的 CPC）根据第 5 段提交的名单应附有名单中每艘船舶从事 IUU 捕捞活动的相关信息，包括但不限于：

a）CPC 关于涉嫌违反 IOTC 现行养护和管理措施从事 IUU 捕捞活动的报告；

b）根据相关贸易统计数据，如统计文件和其他可核实的国家或国际统计数据获得的贸易信息；

c）从其他来源获得和/或从渔场收集的任何其他信息，如：

i）在港口或海上检查收集的信息；或

ii）来自沿海国的数据，包括船位监测数据或船舶自动识别系统（AIS）数据、卫星或海上或空中监测数据；或

iii）IOTC 计划所收集的信息，但此类计划规定所收集的资料必须保密的情况除外；或

iv）第三方收并直接提供给 CPC 或根据第 7 段通过 IOTC 执行秘书提供的信息和情报。

7. 当 IOTC 执行秘书收到第三方提供的关于指控涉嫌 IUU 捕捞活动的信息与情报时，应将此信息传送给涉事船舶船旗国和各 CPC。如果涉事船舶的船旗国为某一 CPC，则经其他任一 CPC 通过 IOTC 执行秘书提出请求时，该船旗国应对有关指控进行调查，并应在 60 天内向 IOTC 执行秘书报告调查进展。如果涉事船舶船旗国不是 CPC，则经由任一 CPC 提出请求后，IOTC 执行秘书应请该船旗国就指控进行调查，并在 60 天内向 IOTC 执行秘书报告调查进展。IOTC 执行秘书则应在切实可行的情况下，尽快将相关情况通报各 CPC 和涉事船舶的船旗国，并附上所收到的汇编信息。如果所指控的 IUU 活动发生在 IOTC 的沿海 CPC 管辖水域内，则该 CPC 可根据第 6 段 c）项 iv 款规定，寻求将该船列入 IUU 提议名单。如果所指控的 IUU 捕捞活动发生在 IOTC 管理区，沿海国国家管辖范围外的水域，任何有关 CPC 可将该船列入 IUU 提议名单。

---

① 就本项而言，如果在 IOTC 授权渔船名单上的船舶部署的 FAD 未经沿海国许可或授权漂入沿海国管辖水域，不得认为该船从事了 IUU 捕捞活动。但是，如果该船未经沿海国许可或授权在其水域内捞取 FAD 或从事 FAD 捕鱼，则该船被认为从事了 IUU 捕捞活动

IOTC IUU 渔船提议名单

8. 基于第 5～7 段获得的信息，IOTC 执行秘书应结合附件 2 规定的信息草拟一份 IUU 渔船提议名单。然后，IOTC 执行秘书应于履约分委会年会前至少 55 天，将该 IUU 渔船提议名单及汇编的信息传送给各 CPC 和列入 IUU 渔船提议名单的每艘船舶的船旗国。IOTC 执行秘书还应要求按照第 7 段提供信息的第三方出席履约分委会会议。
9. 其船舶列入 IUU 渔船提议名单内的船旗国应被要求：
   a）通知船东、经营者和船长该船舶被列入 IUU 渔船提议名单的事实，以及委员会通过并确认列入 IUU 渔船名单可能产生的后果；
   b）密切监管列入 IUU 渔船提议名单内的船舶，以确定其活动和可能变更用途、更改船名、转换船旗和/或变更注册船东。
10. 船舶被列入 IUU 渔船提议名单内的船旗国，至迟应在履约分委会年会前 15 天，向 IOTC 执行秘书提交关于被列船舶及其活动的任何意见和信息，包括根据第 9 段 a）项和 b）项的信息，以及表明被列名船舶是否有或没有从事以下活动的信息：
    a）以符合 IOTC 现行养护和管理措施的方式进行捕鱼活动；或
    b）在沿海国管辖区捕鱼时，以符合该国法律法规的方式进行捕捞活动，并符合船旗国法律法规和捕鱼授权；或
    c）仅捕捞 IOTC 协定或 IOTC 养护和管理措施未涵盖的鱼种。
11. IOTC 执行秘书应汇编从各 CPC 和船旗国收到的有关列入 IUU 渔船提议名单的渔船以及根据第 22 段和第 23 段列入 IUU 渔船名单的渔船的任何新信息，并在履约分委会年会前至少 10 天，将该信息连同填好的附件 3 检核表，以及适用时包括附件 4，发送给所有 CPC 和列名船舶的船旗国。
12. CPC 可在任何时间向 IOTC 秘书处提交任何关于 IUU 提议名单中船舶的任何可能与建立 IUU 渔船名单有关的补充信息。如果 IOTC 秘书处在 IUU 渔船提议名单发送给 CPC 后才收到这一信息，应在可行的情况下，尽快将此信息发送给所有 CPC 和列名船舶的船旗国。

IUU 渔船暂定名单

13. 履约分委会应每年在其年会上审查 IUU 渔船提议名单及提交的信息、从列名 IUU 渔船提议名单的船旗国收到的任何评论及任何 CPC 提交的任何补充信息。如果 IOTC 履约分委会确信文件资料证实该船舶从事了 IUU 捕捞活动，则应将该船舶或有关船舶列入 IUU 渔船暂定名单。
14. 履约分委会不应将一船舶列入 IUU 渔船暂定名单中，如果：
    a）提名 CPC 没有遵守第 5 段和第 6 段的规定；或
    b）根据现有信息，履约分委会不满意第 4 段所述的 IUU 捕捞活动的推定成立；或

c）列于 IUU 渔船提议名单中的船旗国提供信息，证明该船在所有相关时间都遵守船旗国规定和捕鱼授权，且：

i）该船以符合 IOTC 协定及养护和管理措施的方式进行捕捞活动；或

ii）该船在沿海国管辖区域内从事捕捞活动，且遵守该沿海国法律法规；或

iii）该船的捕捞对象不属于 IOTC 协定或 IOTC 养护和管理措施未涵盖的鱼种；或

d）列于 IUU 渔船提议名单的船舶船旗国提供的信息证明，已针对有关 IUU 捕捞活动采取了有效行动，包括起诉和实施足够严厉的惩处，以确保遵守法规和阻止进一步违规。各 CPC 应报告其根据第 07/01 号决议（被第 24/09 号决议取代）报告其所采取的任何行动和措施，以促进悬挂其船旗的渔船遵守 IOTC 养护和管理措施。

15. 如果船旗国没有证明第 14 段 c）项或 d）项所述事项，或船旗国没有根据第 10 段或在履约分委会会议期间提供任何信息，IOTC 履约分委会应将该船列入 IUU 暂定名单，并建议委员会将该船列入 IUU 渔船名单。

16. 在每届 IOTC 年会上进行第 13 段所述的审议后，IOTC 履约分委会应向委员会提交 IUU 渔船暂定名单供其审议。如果履约分委会不能就某一船舶是否应列入 IUU 渔船暂定名单达成一致意见，则应将该船列入暂定名单中，委员会应决定该船舶是否应列入 IUU 渔船名单。

IOTC IUU *渔船名单*

17. IOTC 履约分委会应每年审查 IUU 渔船名单和根据第 11 段通报的信息，建议委员会哪些船只（如有）应添加到 IUU 渔船名单或从 IUU 名单中除名。

18. 委员会应于每年年会期间，对 IUU 渔船名单、IUU 渔船暂定名单及 IOTC 履约分委会通过的修改 IUU 渔船名单的建议进行审议，同时，审议根据第 6 段、第 10 段、第 12 段及第 30 段规定提供的文件信息。经审查后，委员会可通过以下方式修订 IUU 渔船名单：

a）新增或移除船舶；和/或

b）根据第 30 段 a）项规定，对已列入 IUU 渔船名单的船舶的任何错误信息进行更正，或增补新信息。

19. 委员会可根据第 18 段经协商一致修订 IUU 渔船名单。如果无法达成共识，委员会可投票决定任何修订提议。若有缔约方提出要求且获支持，可进行无记名投票。若出席且投票支持修订提议的缔约方达三分之二或以上，则应视为同意通过并生效。委员会根据本条所做的任何决定，不应影响提名国或船旗国根据第 4 条和第 14 段 d）项所做的任何国内起诉或处罚决定。

打击 IUU 渔船的行动

20. 在 IUU 渔船名单通过后，IOTC 执行秘书应要求列入名单的每艘船舶的船旗国：

a）通知船东和经营者该船已被列入名单，以及列入名单后可能造成的后果；

b）采取一切必要措施，防止该船从事 IUU 捕捞活动，包括吊销捕捞许可证或注销该船注册，并向委员会报告在这方面采取的措施。

21. CPC 应根据其法律采取一切必要措施：

a）确保无悬挂其旗帜的船舶，包括任何渔船、支持船、燃料（补给）船、母船或货船，不得以任何方式给列于 IUU 渔船名单的船只提供协助，或与此类船只从事捕捞加工作业，或参与转载或共同捕捞作业，但此类船舶或船舶上任何人员处于危险或危难情况下提供协助的除外；

b）拒绝任何被列入 IUU 渔船名单的船舶进入其港口，除非因不可抗力或船舶或船上人员处于危险或遇险的情况，但因检查及有效履约行动而允许船舶进港的除外；

c）如果在其港口发现列于 IUU 渔船名单的船只，优先考虑检查此类船舶；

d）禁止租用列于 IUU 渔船名单的船只；

e）拒绝将其旗帜授予列于 IUU 渔船名单的船只，除非该船船东已变更，且新船东已提供充分信息，证明前船东或经营者与该船已无进一步的法律、利益或财务关系，或对该船已无控制权；或经考虑和文件记录证明的所有相关事实后，船旗国认为授予该船船旗不会导致 IUU 捕捞；

f）禁止进口、卸下或转载列于 IUU 渔船清单船只的金枪鱼和类金枪鱼；

g）鼓励进口商、载运商及其他相关部门避免交易，包括转载列于 IUU 渔船名单的船只捕捞的金枪鱼和类金枪鱼（包括转载）；

h）收集并与其他缔约方和合作非缔约方交换任何相关信息，以便甄别、管控和防止列入 IUU 渔船名单的船只伪造金枪鱼进口/出口证明书。

船舶除名程序

22. 列于 IUU 渔船名单的船旗国可在任何时间，包括闭会期间，通过向 IOTC 执行秘书提供以下信息，要求将船舶从名单中除名：

a）i）其已通过措施，使该船船东和受雇于该船的所有其他国民在 IOTC 管理区从事捕捞IOTC协定涵盖物种及捕捞相关活动时遵守所有IOTC养护和管理措施，

ii）其正在有效地承担并将继续有效地承担船旗国责任，监视和控制该船捕捞活动，

iii）其已针对导致该船列入 IUU 渔船名单的 IUU 捕捞活动，对船东、经营者和船长（如适当）采取了有效行动，包括起诉和施以足够严厉的处罚；或

b）该船已变更所有权，新船东能证实前船东已与该船不再有，无论直接或间接的任何营运、法律、财务或实际利益关系，或对该船舶不再有管控权，新船东过去 5 年内没有参与任何 IUU 捕捞活动，或

c）该船已沉没或拆除；或

d）提名的 CPC 与船旗国对从事 IUU 捕捞活动船舶的任何起诉和/或惩罚已达成协议。

23. 若在履约分委会年会前 55 至前 15 天内收到将船舶从 IUU 渔船名单上除名的请求，则应在会上审议该请求。履约分委会应一并审议该请求和根据第 22 段提供的任何信息，并应向委员会建议是否应将该船从 IUU 渔船名单中除名。

24. 如果请求是在履约分委会年会前 55 天以上收到的，则按照第 25～28 段所述的闭会期间程序审议该请求。

25. 基于按第 22 段收到的信息，IOTC 执行秘书应在收到除名请求后 15 天内，将除名请求连同所提交的所有支持信息和附件 4 的查核表，发送给所有 CPC。

26. 各缔约方应审议船舶除名请求，并应在 IOTC 执行秘书通知之日起 30 天内，将该船从 IUU 渔船名单中除名或将其保留在 IUU 渔船名单上的结论通知 IOTC 秘书处。

27. 在 30 天期限结束时，IOTC 执行秘书应根据以下情况确定 CPC 就提案的决定结果：
   a）只有至少 50%有投票权的缔约方对该提案作出回应，船舶除名程序才被认为有效；
   b）如果有三分之二以上有投票权的缔约方回应支持将该船从 IUU 渔船名单中除名，则该提案应视为通过，该船应从名单中移除；
   c）如果少于三分之二有投票权的缔约方回应支持将该船从 IUU 渔船名单中除名，则该船不应被移除。除名请求应根据第 23 段所述程序在下届履约分委会年会上考虑。

28. IOTC 执行秘书应将每一项决议结果，连同修订后的 IUU 渔船名单副本，一并通报所有 CPC、涉事船舶船旗国（如果不是 CPC）和任何可能有关系的非缔约方。修订后的 IUU 渔船名单自决议结果通报之日起立即生效。

IUU 渔船名单公布

29. IOTC 执行秘书将采取一切必要措施，确保按照第 18 段通过的或根据第 22～27 段、第 30 段、第 35～37 段修订的 IUU 渔船名单，以符合任何适用的保密要求的方式进行公布，并通过电子手段，包括将其发布在 IOTC 网站上。此外，IOTC 执行秘书应尽快将 IUU 渔船名单发送给粮农组织和第 31 段所列的其他区域渔业管理组织，以加强 IOTC 与这些组织之间的合作，以预防、阻止和消除 IUU 捕捞。

列入 IUU 渔船名单的船舶详细信息变更

30. 附件 2 第 1～8 段有关 IUU 渔船名单上的船舶信息如有新的或变更的，CPC 应在切实可行的情况下尽快将此类信息传送给 IOTC 执行秘书。IOTC 执行秘书应将此信息发送给所有 CPC，和：
   a）如果信息表明该船列入 IUU 渔船名单时就包括错误信息，则将此事提交给委员会根据第 18 段 b）项进行审议；
   b）如信息显示该船只列入 IUU 渔船名单后的细节有所变动，设法参考其他信息予以核实，并在核实后更新 IUU 渔船名单上的相关细节，并根据第 29

段重新公布。若秘书处经合理努力后仍无法核实 CPC 提交的信息，则不更新 IUU 渔船名单。

列入 IUU 渔船名单的船舶交叉互列

31. 为在有关名单通过或修订时及时列入，除其他外，IOTC 执行秘书应与下列组织的秘书处保持适当的联系，以便在通过或修订后及时获得其最新的 IUU 船只名单和有关名单的任何其他相关信息：南极海洋生物资源养护委员会（CCAMLR）、南方蓝鳍金枪鱼养护委员会（CCSBT）、养护大西洋金枪鱼国际委员会（ICCAT）、东南大西洋渔业组织（SEAFO）、南印度洋渔业协定（SIOFA）、南太平洋区域渔业管理组织（SPRFMO）和中西部太平洋渔业委员会（WCPFC）。
32. 尽管有第 2 段规定，被第 31 段所列组织列入其 IUU 名单的船舶，可添加到 IOTC IUU 渔船名单或从 IOTC IUU 名单删除，但必须遵守第 34～37 段规定的程序。
33. 除第 31 段所列组织外，IOTC 执行秘书应将 IOTC IUU 渔船名单转发给表示有兴趣接收该名单的有关组织。
34. 在收到第 31 段所列信息后，IOTC 执行秘书应立即将其转发给所有 CPC，以修订 IOTC IUU 渔船名单。
35. 列入第 31 段所列组织 IUU 渔船名单上的船舶应列入 IOTC IUU 渔船名单，除非在 IOTC 执行秘书转发之日起 30 天内，有 CPC 提出书面意见反对将其列入。提出反对的 CPC 应解释反对的理由。
36. 如果依据第 35 段提出反对将其列入，则应将该案件提交给履约分委会下一届会议审议。履约分委会应就相关船舶列入 IUU 渔船名单向委员会提出建议。
37. 根据第 34 段和第 35 段规定程序列入的船舶和从第 31 段所列有关组织的 IUU 名单上除名的船舶，应从 IOTC IUU 渔船名单中除名。
38. 根据第 34 段或第 36 段变更 IOTC IUU 渔船名单后，IOTC 执行秘书应立即将修订的 IOTC IUU 渔船名单分发给所有 CPC。

一般条款

39. 在不损及船旗国和沿海国采取符合国际法行动的权利的情况下，对根据第 8 段和第 16 段规定因涉嫌 IUU 捕捞活动被列入 IUU 渔船提议名单和/或暂定名单的船舶，或被委员会从 IUU 渔船名单中除名的船舶，CPC 不得采取任何单边贸易措施或其他制裁措施。
40. 有关本决议要采取行动的时间框架概要见附件 5。
41. 本决议取代第 18/03 号决议“关于建立被认定在 IOTC 海域从事非法、不报告和不管制捕捞活动的渔船名单”。

附件 1　IOTC 非法捕捞活动报告表

忆及第 18/03 号决议（被第 24/03 号决议取代）“关于建立被认定在 IOTC 海域从事

非法、不报告和不管制捕捞活动的渔船名单”，现附上[CPC 名称，第三方]在[活动发生的海域]记录的非法捕捞活动的详细情况。

1. 船舶详细情况（请以下列表格详述事件）。

项目	内容	备注
A	船舶当前名称（以前船名，如有）	
B	当前船旗（以前船旗，如有）	
C	首次被列入 IOTC IUU 名单的日期（如适用）	
D	IMO 号（如有）	
E	照片	
F	国际无线电呼号（以前的无线电呼号，如有）	
G	船东（以前船东，如有）	
H	经营者（以前的经营者，如有）和船长/渔捞长	
I	被指控从事 IUU 捕捞活动的日期	
J	被指控从事 IUU 捕捞活动的位置	
K	被指控从事 IUU 捕捞活动的概要（详情见下方“2.”部分）	
L	对涉嫌 IUU 捕捞活动采取的任何行动的概要	
M	采取行动的结果	

2. 违反 IOTC 决议条款的详细信息。

（以“X”标注违反的 IOTC 第 18/03 号决议（被第 24/03 号决议取代）的各个条款，并提供包括日期、位置及信息来源在内的相关细节。必要时，可在附件中提供额外信息）

在 IOTC 管理区内，并就 IOTC 协定或 IOTC 养护和管理措施所涵盖的物种而言，船已：

项目	内容	备注
A	从事捕鱼或捕鱼相关活动，但既没有根据 15/04 号决议（被第 19/04 号决议取代）在 IOTC 授权渔船名单登记，也没有在实际作业渔船名单上；或	
B	从事捕鱼或捕鱼相关活动，但其船旗国在适用的 IOTC 养护和管理措施下没有配额、捕捞限额或努力量分配；或	
C	没有根据 IOTC 养护和管理措施记录或报告渔获物或作虚假报告；或	
D	违反 IOTC 养护和管理措施捕获或上岸体长不达规格的鱼	
E	违反 IOTC 养护和管理措施，在禁渔期或禁渔水域从事捕鱼或捕鱼相关活动；或	
F	违反 IOTC 养护和管理措施，使用禁用渔具	
G	把渔获物转到没有列在IOTC授权渔船名单上或没有在IOTC授权接受海上转载渔船名单上的支持船或补给船上，或参与这些船舶的联合作业；或	
H	在沿海国管辖水域内从事捕鱼或捕鱼相关活动，但没有获得该沿海国的允许或授权或违反其法律法规（不损及有关国家对此类船舶采取执法措施的主权权利）；或	
I	无国籍，从事捕鱼或捕鱼相关活动	
J	从事捕鱼或捕鱼相关活动，但故意伪造或隐匿其标识、身份或注册信息；或	
K	违反 IOTC 任何其他有约束力的养护和管理措施，从事捕鱼或捕鱼相关活动	

3. 相关文件。

（在此列出有关附件文件，如登临报告、法院诉讼文件和照片等）

4. 建议的行动。

建议的行动	内容
A	仅向 IOTC 秘书处通报，没有建议进一步的行动
B	向 IOTC 秘书处通报非法活动，建议通知船旗国
C	建议列入 IOTC IUU 名单

附件 2　IOTC IUU 渔船名单上所包括的信息

IUU 渔船提议名单、IUU 渔船暂定名单和 IUU 渔船名单应包含下列详细信息：

1. 船名和以前船名，如有。
2. 船旗国和以前船旗国，如有。
3. 船舶船东和经营者的姓名和地址及前船东和经营者的姓名和地址，如有。
4. 对于法人实体，注册国及注册号。
5. 国际无线电呼号和以前国际呼号，如有。
6. 国际海事组织登记号，如有，或唯一船舶识别号（UVI），或如不适用，其他任何船舶识别号。
7. 船舶近期照片，如有。
8. 船舶总长。
9. 船舶首次被列入 IOTC IUU 渔船名单的日期，如适用。
10. 证明应将渔船列入 IOTC IUU 渔船名单的涉嫌 IUU 捕捞活动摘要，以及所有相关支持文件及佐证材料。
11. 对涉嫌 IUU 捕捞活动采取任何行动及其结果的摘要。
12. 若船舶已根据另一组织的信息被列入或提议列入 IUU 渔船名单，提供该组织名称。

附件 3　秘书处需完成的列入 IUU 提议和暂定名单中的船舶清单

船名：

行动	责任	段落	按时提交（Y/N）	备注	采用标志	注解
IUU 渔船提议名单						
至少在履约分委会会议前 70 天提交 IOTC 报告表（附件 1），连同文件信息	提名的 CPC	5、6、7、8		如否，不列入 IUU 暂定名单（第 17 段）		

续表

行动	责任	段落	按时提交（Y/N）	备注	采用标志	注解
至少在履约分委会会议前15天，船旗国提供信息，其已通知被列入IUU提议渔船名单的船东和船长，以及其相应后果	船旗CPC	9、10				
至少在履约分委会会议前15天，船旗国提交与第10段一致的信息	船旗CPC	10				
已提交与IUU捕捞相关的其他信息	提名的CPC或船旗CPC	12				
关于被列入IUU渔船暂定名单（注意，秘书处会表明信息是否已提供，但不会作出关于其充足性的判断，这将是履约分委会的责任）						
列入IUU渔船提议名单的船舶的船旗国已经提供了以下信息，证明该船舶在所有相关时间内都遵守船旗国的规定和授权捕鱼规定	船旗CPC	14 c）				
a）船舶以符合IOTC协定及养护和管理措施的方式从事捕鱼活动	船旗CPC	14 c）				
b）船舶在沿海国管辖区域内以与沿海国法律法规一致的方式从事捕鱼活动；或	船旗CPC	14 c）		对CoC的备注：只有在满足14 c）或14 d）的情况下，才不会被列入IUU暂定名单		
c）船舶仅捕捞IOTC协定或IOTC养护和管理措施没有涵盖的物种	船旗CPC	14 c）				
船旗国已经提供信息证明已采取针对IUU捕捞活动的有效行动（CoC决定它们是否足够严厉）	船旗CPC	14 d）				
船旗国提供信息证明其已采取了与第07/01号决议一致的任何行动	船旗CPC	14 c）				

附件 4 秘书处需填写的可能从 IOTC IUU 渔船名单中除名的船舶清单

（委员会除名船舶备注：注意秘书处会表明信息是否已经提供，但对于其充分性不做判断，这将是履约分委会或委员会的责任，见第 17 段和第 27 段）

船名：

<table>
<tr><th>第 22 款，小节</th><th>行动</th><th>责任</th><th>提供信息</th><th>评论</th><th>备注</th></tr>
<tr><td rowspan="3">a）</td><td>i）已采取措施，使船舶、船东和所有其他国民遵守 IOTC 所有养护和管理措施；</td><td>船旗 CPC</td><td></td><td></td><td rowspan="5">如果满足 a）项或 b）项或 c）项，则可根据第 27 段将船舶从 IUU 渔船名单中除名，否则船舶将保留在名单上，以便履约分委会和委员会在下一年度会议上重新审议</td></tr>
<tr><td>ii）正在并将继续有效地承担其船旗国有关监督和控制其船舶捕捞活动的责任；</td><td>船旗 CPC</td><td></td><td></td></tr>
<tr><td>iii）已针对由 IUU 捕捞活动导致船舶被列入 IUU 渔船名单的船东和船员采取有效行动，包括起诉和实施足够严厉的制裁；或</td><td>船旗 CPC</td><td></td><td></td></tr>
<tr><td>b）</td><td>船舶已变更所有权，且新船东能证明前船东不再与该船有任何直接或间接的经营性、法律、财务或实际利益关系，或不再对船舶有控制权，而且新船东在过去 5 年内没有参与任何 IUU 捕捞活动；或</td><td>船旗 CPC</td><td></td><td></td></tr>
<tr><td>c）</td><td>船舶已沉没或拆解</td><td>船旗 CPC</td><td></td><td></td></tr>
<tr><td>d）</td><td>提名 CPC 和船舶的船旗国对于从事 IUU 捕捞活动船舶的任何起诉和制裁已结束</td><td>船旗 CPC</td><td></td><td></td><td></td></tr>
</table>

附件 5 关于本决议采取行动的时间表概要

步骤	时间表	需要采取的行动	责任	段落
1	在 CoC 会议前 70 天（至少）	发送给 IOTC 执行秘书的信息	CPC	5、6
2	在 CoC 会议前 55 天	将所收到的有关涉嫌 IUU 捕捞活动的所有信息与 IUU 渔船名单一起汇编入 IUU 渔船提议名单。发送 IUU 渔船提议名单给所有 CPC 和名单中船舶的船旗国（如果不是 CPC）	IOTC 执行秘书	8
3	在 CoC 会议前 15 天	向 IOTC 执行秘书提供有关涉嫌 IUU 捕捞活动的任何信息	船旗国	10
4	在 CoC 会议前 10 天	根据第 22 段，向所有 CPC 和名单中船旗国（如果不是 CPC）发送 IUU 渔船提议名单和有关 IUU 渔船名单上船舶的任何其他信息	IOTC 执行秘书	11
5	任何时间	向 IOTC 执行秘书提供有关确立 IUU 渔船名单的任何其他信息	CPC 和船旗国	12
6	在 CoC 前尽可能快	根据第 12 段，传发其他信息	IOTC 执行秘书	12

续表

步骤	时间表	需要采取的行动	责任	段落
7	CoC 会议	审议包括提名 CPC 和船旗国提供的信息在内的 IUU 渔船提议名单，包括在会议期间任何成员方提供的信息/澄清说明，向委员会提交暂定 IUU 渔船名单，并提供建议	所有 CPC，船旗国和提名的 CPC 除外	13～15
8	CoC 会议	检查 IUU 渔船名单，并向委员会提供有关除名船舶的建议	所有 CPC，船旗国和提名的 CPC 除外	17
9	委员会年会	审议 IUU 渔船提议名单，包括提名的 CPC 和船旗国在会议期间提供的任何新信息或澄清说明；审议 IUU 渔船名单。通过最终 IUU 渔船名单	所有 CPC，船旗国和提名的 CPC 除外	17、19
10	年会后立即进行	在 IOTC 网站公布 IUU 渔船名单，将 IUU 渔船名单发送给 FAO，第 31 段和第 32 段所列的 RFMO、CPC 和船旗国（如果不是 CPC）	IOTC 执行秘书	29

决议第 24/06 号：关于禁止 IOTC 授权渔船名单中的渔船丢弃在 IOTC 管理区捕获的鲣、黄鳍金枪鱼、大眼金枪鱼及非目标物种

印度洋金枪鱼委员会（IOTC），

认识到 IOTC 需要采取行动，确保 IOTC 管理区鲣、黄鳍金枪鱼和大眼金枪鱼养护和管理目标的实现；

认识到国际社会已在多项国际文书和声明中确认了关于渔获物丢弃的伦理关切和政策，包括联合国大会决议［A/RES/49/118（1994）、A/RES/50/25（1996）、A/RES/51/36（1996）、A/RES/52/29（1997）、A/RES/53/33（1998）、A/RES/55/8（2000）和 A/RES/57/142（2002）］、《执行 1982 年 12 月 10 日〈联合国海洋法公约〉有关养护和管理跨界鱼类种群和高度洄游鱼类种群的规定的协定》（UNFSA）、1995 年 3 月 14～15 日罗马粮农组织渔业部长级会议通过的《世界渔业罗马共识》，《负责任渔业行为守则》、粮农组织《鲨鱼养护和管理国际行动计划》（IPOA）和《生物多样性公约》（CBD）；

回顾 UNFSA 强调了通过诸如 IOTC 等区域渔业管理机构的行动，确保高度洄游鱼类种群的养护和最佳利用的重要性，并规定“各国应尽量减少……丢弃……非目标物种（包括鱼类和非鱼类）的捕获量，以及对相关或依赖物种，特别是濒危物种的影响……”；

回顾1995年3月14～15日在罗马举行的粮农组织渔业部长级会议在罗马通过的《世界渔业罗马共识》规定“各国应……减少兼捕渔获物和鱼类丢弃……”；

回顾粮农组织《负责任渔业行为守则》规定“各国应采取适当措施尽量减少浪费，丢弃……收集关于丢弃渔获的数据……；（在预防性做法中）考虑丢弃渔获……；开发技术，尽量减少丢弃渔获……；使用选择性渔具以尽量减少丢弃渔获”；

回顾委员会通过的“关于实施预防性做法”的第 12/01 号决议；

关切以印度洋金枪鱼渔业中金枪鱼及非目标物种的丢弃为代表，这种在道德上无法接受的浪费和不可持续的捕鱼做法对海洋环境的影响；

考虑到印度洋金枪鱼围网渔业丢弃大量金枪鱼和非目标物种的情况；

考虑到联合国千年发展目标（Millennium Development Goals，MDGs），特别是目标 2 旨在“消除饥饿，实现粮食安全、改善营养状况和促进可持续农业”；

认识到在决策中确保金枪鱼和类金枪鱼渔业的可持续性对于粮食安全、生计、经济发展、多物种相互作用及环境影响的必要性；

根据 IOTC 协定第九条第 1 款的规定，决议如下：

目标金枪鱼物种的留存

1. 缔约方和合作非缔约方应要求所有在 IOTC 管理区主捕 IOTC 协定所涵盖物种的围网渔船，在切实可行的范围内，在船上留存并上岸所有捕获的大眼金枪鱼、鲣和黄鳍金枪，但第 5 段 c）项 i）款和 ii）款定义的被认为不适合人类食用的鱼类除外。

2. CPC 应鼓励其在 IOTC 管理区使用本决议第 1 段未涵盖的其他类型渔具主捕 IOTC 协定所涵盖物种的渔船，在切实可行的范围内，尽可能在船上留存并上岸所有捕获的大眼金枪鱼、鲣和黄鳍金枪鱼，但第 5 段 c）项 i）款和 ii）款定义的被认为不适合食用的鱼类除外。

非目标物种的存留

3. CPC 应要求所有第 1 段界定范围内的围网船，在切实可行的范围内，在船上保留并随后卸货下列非目标物种或物种组：其他金枪鱼类、纺锤（双带鲹）、鲯鳅（鬼头刀）、鳞鲀、旗鱼、刺鲅和鲟科；但第 5 段 c）项 i）款和 ii）款定义的被认为不适合食用的鱼类和/或通过国内立法和国际义务禁止存留、食用或交易的物种除外。
4. CPC 应当鼓励在 IOTC 管理区和第 1 段界定范围以外区域主捕金枪鱼和类金枪鱼的渔船：
   a）在考虑船员安全的情况下，采取一切合理步骤，尽可能确保安全释放活体的非目标物种；
   b）在船上存留并随后卸货所有死亡的非目标物种，但第 5 段 c）项 i）款和 ii）款定义的被认为不适合食用和/或通过国内立法和国际义务禁止存留的物种除外。
5. 执行全部存留要求的程序包括：
   a）围网：在围网括纲完全聚拢且一半以上网具已绞收，捕捞作业进行到这一点后围网船所捕的第 3 段所列的大眼金枪鱼、鲣、黄鳍金枪鱼和非目标物种不得丢弃。如果设备故障影响绞收和起网过程，以致不能遵守这一规则时，船员必须努力尽快释放金枪鱼和非目标物种；
   b）CPC 应鼓励悬挂其旗帜的不在第 1 段规定范围内的其他作业渔船，在渔获物被带上甲板后不得丢弃所捕获的大眼金枪鱼、鲣、黄鳍金枪鱼，以及其他金枪鱼和剑旗鱼及非目标鱼类；
   c）针对上述规则，应适用下列两点例外情况：
      i）当船长确定金枪鱼（大眼金枪鱼、鲣或黄鳍金枪鱼）及第 3 段所列非目标物种不适合食用：
      “不适合食用”的鱼类是指：
      刺在网目中或被压坏的鱼，或
      因咬食破损的鱼，或
      由渔具故障导致无法正常回收渔具和渔获物，也无法实施活体释放，以致在渔具中死亡并腐败变质的鱼；
      由船长或船员不可控原因导致在上岸前已腐败变质的鱼；
      “不适合食用”并不包括：
      在鱼体大小、适销性或物种组成方面被认为是不可取的，或
      由渔船船员的不当行为或疏失导致鱼变质或污染。

ii）当船长确定金枪鱼（大眼金枪鱼、鲣或黄鳍金枪鱼）及第 3 段所列非目标物种是在航次最后一次捕捞作业期间捕获，且船上没有足够鱼舱空间容纳该次捕捞作业所捕获的所有金枪鱼（大眼金枪鱼、鲣或黄鳍金枪鱼）及非目标物种。这些鱼只有在下列情况下才可丢弃：

船长和船员应努力尽快将金枪鱼（大眼金枪鱼、鲣或黄鳍金枪鱼）和非目标物种放生；

在丢弃渔获物后，在船上的金枪鱼（大眼金枪鱼、鲣或黄鳍金枪鱼）和非目标物种上岸或转载前，不得再进行捕捞作业。

不保留

6. 如果船长根据第 5 段 c）项 i）款和 ii）款决定不在船上存留鱼，船长应在有关捕捞日志中记录这一事件，包括该捕捞作业中丢弃鱼的预估计吨位和物种组成及所保留鱼类的估计吨数和物种组成。

审议

7. IOTC 科学分委会、IOTC 热带金枪鱼工作组和 IOTC 生态系统和兼捕工作组应优先根据其在 IOTC 科学分委会第 18 届会议报告中建议采取的行动开展工作，审议保留非目标物种渔获物（经 IOTC 决议禁止保留的除外）的好处，并在委员会第 29 届年会提出建议。这项工作应考虑所有主要渔具通常可能丢弃的所有物种，研究在公海和沿海国海域的渔业，以及渔获物保留在船上和上岸加工的可行性。

执行

8. 本决议将根据 IOTC 科学分委会依据热带金枪鱼工作组（大眼金枪鱼、鲣和黄鳍金枪鱼）和生态系统和兼捕工作组（非目标物种）的审议结果提出的建议进行修订。
9. 本决议取代第 19/05 号决议关于禁止围网渔船丢弃在 IOTC 管理区捕获的鲣、黄鳍金枪鱼、大眼金枪鱼及建议禁止丢弃捕捞的非目标物种。

决议第 24/07 号：关于 IOTC 管理区鲣的管理程序

印度洋金枪鱼委员会（IOTC），

有养护和最佳利用印度洋金枪鱼和类金枪鱼的责任；

认识到有必要采取行动，确保在 IOTC 管理区实现养护和管理金枪鱼资源的目标；

认识到委员会通过的第 15/10 号决议所载管理目标是：①将生物量维持在高于能够产出最大持续产量（MSY）或其替代指标所需的水平；②将捕捞死亡率维持在低于产出 MSY 或其替代指标的水平；③避免生物量低于限制性参考点时的生物量（B_{LIM}）而捕捞死亡率高于限制性参考点时的捕捞死亡率（F_{LIM}）；

注意到 IOTC 协定第十六条有关沿海国的权利和《联合国海洋法公约》第 87 条、第 116 条有关公海捕鱼的权利；

认识到《执行 1982 年 12 月 10 日〈联合国海洋法公约〉有关养护和管理跨界鱼类种群和高度洄游鱼类种群的规定的协定》(UNFSA) 第 24 条的发展中国家，特别是小岛屿发展中国家的特殊需求；

认识到第 12/01 号决议“关于实施预防性做法”，呼吁印度洋金枪鱼委员会根据 UNFSA 第 6 条实施和适用预防性做法；

回顾第 15/10 号决议“关于目标参考点、限制性参考点及决策框架”，其中①明确了委员会的目标是，在考虑包括 IOTC 管理区发展中国家的特殊需求在内的相关环境和经济因素的限制条件下，确保种群长期且大概率维持在不低于能够产生其 MSY 的水平；②确定包括鲣在内的 IOTC 管理的鱼类种群的参考点；③允许在特定情况下使用基于资源消耗量的参考点；

认识到委员会有意根据第 16/09 号决议（被第 25/10 号决议取代）设立管理程序技术分委会（TCMP），并在确立 IOTC 管理区关键物种管理程序的工作时间表中对其工作做了进一步阐述，以期在 TCMP 建议的帮助下，采用管理程序实现 IOTC 协定（第 15/10 号决议）的目标；

承认科学分委会的建议，2023 年的最新资源评估表明鲣种群没有遭受资源型过度捕捞，也没有发生捕捞型过度捕捞；

同时也承认，近年来 IOTC 鲣渔业的渔获量一直超过建议的许可总渔获量（TAC），并敦促委员会确保未来不超过 TAC。

进一步承认 IOTC 科学分委会已在第 25 届会议上设立了 2024～2026 年的鲣捕捞限额，建议的捕捞限额为 628 606 吨。

进一步考虑到科学分委会第 25 届会议批准了鲣管理策略评价框架，以及建议使用 2023 年鲣资源评估时开发的一套新的操作模型来评价候选管理程序（CMP）。

进一步考虑到 TCMP 第 7 届和第 8 届会议认可关于鲣的 CMP 评价，该 CMP 评价包括一份备选 CMP 名单，这些 CMP 均能满足以 90%以上的概率将种群保持在科比图（Kobe Plot）绿色象限的管理目标；

根据 IOTC 协定第九条第 1 款的规定，决议如下：

1. 对于 IOTC 管理的鲣种群，旨在确保该种群生物量大概率维持在科比图的绿色象限区域（未遭受资源型过度捕捞，也没有发生捕捞型过度捕捞），同时最大限度地提高渔业的平均捕获量，并减少管理期内许可总渔获量（TAC）的波动。
2. 旨在将鲣种群维持在高于第 15/10 号决议（或任何后续修订）规定的目标参考点（TRP）水平，并远高于该决议确定的限制性参考点（LRP）。

参考点

3. 与第 15/10 号决议第 2 段相一致，B_{LIM} 应为未捕捞群体产卵生物量的 20%（即 $0.2B_0$）。
4. 与第 15/10 号决议第 3 段相一致，B_{TARG} 应为未捕捞群体产卵生物量的 40%（即 $0.4B_0$）。

管理程序

5. 所采用的鲣管理程序（简称 MP-SKJ）载于附件 1。
6. 根据委员会的管理目标，通过该管理程序旨在实现：
   a）到 2034～2038 年，鲣产卵种群生物量达到初始产卵生物量（SB_0）的 40%水平的概率至少为 50%；
   b）鲣产卵种群生物量维持在 SB_{MSY} 水平以上的概率非常大①；
   c）鲣产卵种群生物量始终保持在初始产卵生物量的 20%（20% SB_0）以上；
   d）TAC 的最大增减幅度相对上一年度的 TAC 分别为增加 15%或减少 10%。

并在下列约束条件下运作：

TAC 的估算

7. 科学分委会应运行管理程序，并向委员会报告结果，包括推荐的 TAC 及根据委员会认可的关于 IOTC 管理程序特殊情况规定的指南（见 IOTC-2021-SC24-R 附录 6a）就特殊情况提出的任何建议。
8. 委员会应通过科学分委会建议的 2024～2026 年度 TAC，此后根据管理程序运行结果设定 TAC，除非科学分委会认定存在特殊情况，需要委员会考虑采取替代管理行动。
9. TAC 应在委员会确定的年份之后每三年适用一次。
10. 该管理程序于 2025 年首次运行，以预计 2027～2029 年的 TAC。
11. 此后，管理程序将每三年适用一次。

TAC 的分配

12. CPC 之间的 TAC 分配将根据本措施以外的商定程序进行。
13. 如果委员会尚未就分配方案达成一致并予实施以，委员会将最迟于 2026 年制定一种机制，将鲣渔获量限制在基于管理程序得出的 TAC 范围内。

---
① 估计概率在参考模拟中大于 90%，而在稳健性测试模拟中大于 70%

审议

14. 委员会及其附属分委会将于 2032 年前对管理程序的表现进行审议，审议的目的是确保管理程序按预期执行，并确定是否存在需要调整运行模型、重新调校现行管理程序，或考虑替代候选管理程序及开展新的全面管理策略评估的情况。

对科学分委会的要求

15. 要求科学分委会审议，并在必要时进一步发展和完善（不迟于 2026 年）由 SC27 和 S30 通过的特殊情况指南，除其他外，同时兼顾在界定特殊情况时特殊性与灵活性之间的适当平衡，以及确保特殊情况仅在必要时才被触发的适当稳健性水平等因素。
16. 作为对特殊情况年度评估的一部分，包括审查与鲣有关的新信息或更新信息，要求科学分委会监测和评估鲣补充量和繁殖力的现有指标，并就是否需要提前审议管理程序向委员会提供建议。这将确保委员会能够考虑到可能未经 MSE 专门测试过的补充量/繁殖力的变化。
17. 要求科学分委会具体审议渔获量是否超过 TAC，将其作为对特殊情况年度评估的一部分。
18. 还要求科学分委会研究将多物种框架纳入未来候选管理程序的有关方法，如果可能，还要研究对生态系统产生的更广泛的影响，如对海龟、海洋哺乳动物、海鸟、鲨鱼和偶然捕获的鱼类物种（兼捕）等受金枪鱼捕捞作业影响的相关物种和依赖物种的死亡率的影响。

最终条款

19. 本决议取代第 21/03 号决议“关于 IOTC 管理区鲣捕捞控制规则”。

附件 1　计算 MP-SKJ 的 TAC 的说明和计算公式

MP-SKJ 是基于经验的，使用两个主要组成部分来估计捕捞限额：①种群状态指标；②决策算法[或捕捞控制规则（HCR）]（图 1），包括调参（tuning parameter）（所使用的术语和参数的完整描述见表 1）。

i）种群状况指标 U_t 根据马尔代夫竿钓（PL）和欧盟围网（流木鱼群）的 CPUE 指数估算。

ii）决策算法或 HCR 使用种群状况指标（U_tU_y）估算该期间（t+1∶3、y+1∶3）的建议捕捞限额 TAC 如下：

a）如果 $U_y \geqslant U_{\text{threshold}}$，那么 $\text{TAC}_{y+1:3}=C_{\max}$；

b）如果 $U_{\text{safety}} \leqslant U_y \leqslant U_{\text{threshold}}$，那么 $\text{TAC}_{t+1:3}=(C_{\max}-C_{\min})x\dfrac{\left(U_t-U_{\text{safety}}\right)}{\left(U_{\text{threshold}}-U_{\text{safety}}\right)}+C_{\min}$；

c）如果 $a_y \leqslant U_{\text{safety}}$；那么 $\text{TAC}_{y+1:3}=C_{\min}$；

表 1　用于描述管理程序的术语

符号	数值	描述
种群未开发时的状况指标（USB_0）	1	与未开发种群对应的种群状况指标值
U_y	每 3 年计算 1 次	第 t 年的种群状况指标。它是基于对数正态分布的标准化竿钓和围网（流木鱼群）单位捕捞努力量渔获量（CPUE）的平均值。这些指标是根据 IOTC-WPTT-DP-13①和 IOTC-2023-WPTT25-08②报告中描述的方法进行标准化，分别应用于 1995 年到最近的可获得数据的渔获量和努力量。该指数使用 1995 年至 2021 年的数值作为参考进行了标准化
阈值种群状况指标（$U_{threshold}$=32%USB_0）	–0.3	渔获量从最大值减少的阈值种群状态指标
种群状况安全指标（U_{safety}=8%USB_0）	–1.4	种群状况指标的安全等级。如果种群状况指标低于这一数值，非生计性渔业将被关闭
$TAC_{t+1:3}$	每 3 年计算 1 次	t+1 至 t+3 期间的总允许捕获量
最大渔获量 C_{max}	528 130 吨	当种群状况指标大于阈值水平时的最大 TAC，数量与阈值种群状态指标（$U_{threshold}$）有关
最小渔获量 C_{min}	66 020 吨	当阈值种群状况指标低于安全水平时的最小 TAC

d）数值 U_y 由以下公式③计算，y 为年，s 为季：

$$A_{y,s} = \log\left(\mathrm{CPUE}_{y,s}^{\mathrm{PSLS}}\right)$$

$$B_{y,s} = \log\left(\mathrm{CPUE}_{y,s}^{\mathrm{PL}}\right)$$

$$U^{\mathrm{REFERENCE}} = \frac{1}{8.n_y}\left(\sum_{y=1995}^{2021}\sum_{s=1}^{4}A_{y,s} + \sum_{y=1995}^{2021}\sum_{s=1}^{4}B_{y,s}\right)U^{\mathrm{REFERENCE}}\,8.n_y$$

$$U_y = \frac{1}{8}\left(\sum_{s=1}^{4}A_{y,s} + \sum_{s=1}^{4}B_{y,s}\right) - U^{\mathrm{REFERENCE}}$$

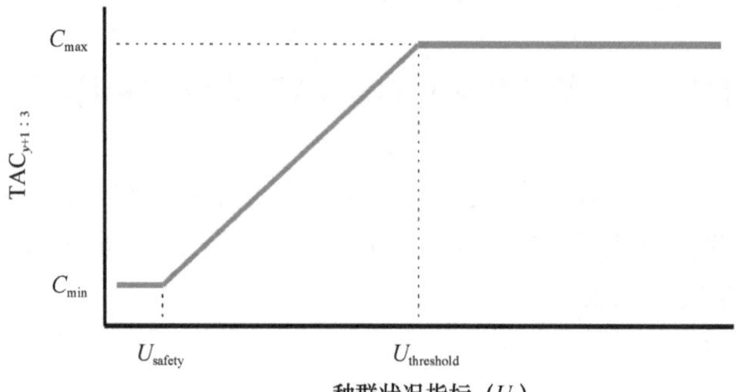

图 1　经验性捕捞控制规则示意图（彩图请扫封底二维码）

① extension：//ngbkcglbmlglgldjfcnhaijeecaccgfi/https://iotc.org/sites/default/files/documents/2023/05/IOTC-2023-WPTT25DP-13.pdf

② extension：//ngbkcglbmlglgldjfcnhaijeecaccgfi/https://iotc.org/sites/default/files/documents/2023/10/IOTC-2023-WPTT25-08_-_SKJ_CPUE_0.pdf

③ 详细计算过程及参数设置见 IOTC-2024-TCMP08-04_Rev2E 文件

决议第 24/08 号：关于 IOTC 管理区剑鱼的管理程序

印度洋金枪鱼委员会（IOTC），

有养护和最佳利用印度洋金枪鱼和类金枪鱼的责任；

认识到有必要采取行动，确保在 IOTC 管理区实现养护和管理金枪鱼资源的目标；

认识到委员会通过的第 15/10 号决议所载管理目标是：①将生物量维持在高于能够产出 MSY 或其替代指标所需的水平；②将捕捞死亡率维持在低于产出 MSY 或其替代指标的水平；③避免生物量低于 B_{LIM} 且捕捞死亡率高于 F_{LIM}；

注意到 IOTC 协定第十六条有关沿海国的权利和《联合国海洋法公约》第 87 条、第 116 条有关公海捕鱼的权利；

认识到《执行 1982 年 12 月 10 日〈联合国海洋法公约〉有关养护和管理跨界鱼类种群和高度洄游鱼类种群的规定的协定》（UNFSA）第 24 条对发展中国家，特别是小岛屿发展中国家的特殊要求；

认识到“关于实施预防性做法”的第 12/01 号决议，要求印度洋金枪鱼委员会根据 UNFSA 第 6 条实施和适用预防性做法；

回顾“关于目标参考点、限制性参考点及决策框架”的第 15/10 号决议，其中确定了委员会的目标是，在考虑包括 IOTC 管理区发展中国家的特殊要求在内的相关环境和经济因素的限制条件下，长期并大概率地将鱼类种群维持在不低于能够产生其 MSY 的水平；以及确定包括剑鱼在内的 IOTC 鱼类种群的参考点；

认识到委员会有意根据第 16/09 号决议设立管理程序技术分委会（TCMP），并在确立 IOTC 管理区关键物种管理程序的工作时间表中对其工作做了进一步阐述，以期在 TCMP 建议的帮助下，采用管理程序实现 IOTC 协定（第 15/10 号决议）的目标；

承认科学分委会的建议，2023 年的最新资源评估表明剑鱼没有遭资源型过度捕捞，也没有发生强度型过度捕捞；

进一步考虑到科学分委会第 26 届会议的建议，测试剑鱼备选管理程序的性能所需的关键技术工作（管理策略评价）可及时完成，以便委员会在 2024 年审议通过管理程序；

进一步考虑到 TCMP 第 7 届和第 8 届会议关于剑鱼管理程序的意见和建议，其中包括一份备选管理程序名单，该名单上的管理程序均达到以 60%以上的概率将种群保持在科比图绿色象限的管理目标；

根据 IOTC 协定第九条第 1 款的规定，决议如下：

1. IOTC 剑鱼种群管理程序的目标是，将种群生物量维持在科比图绿色区域（既未遭受资源型过度捕捞，也没有发生强度型过度捕捞），同时促进管理期内渔获量稳定和平均渔获量最大化。

管理程序

2. 被称为 MP1 的剑鱼管理程序（MP）载于附件 1。

3. 与委员会通过的管理目标一致，该管理程序旨在实现：

a）到 2034～2038 年，剑鱼产卵种群生物量达到 SB_{MSY}[①]目标参考点的概率为 60%；

b）剑鱼产卵种群生物量大概率地避免突破第 15/10 号决议所载的暂定限制性参考点；

并且遵循以下限制条件：

c）TAC 的最大变化幅度较上一年度增加不得超过 15%、减少不得超过 10%。

确立 TAC

4. 科学分委会应运行该管理程序（MP），并向委员会报告结果，包括推荐的 TAC 及根据委员会认可的 IOTC 物种管理程序特殊情况条款指南（见 IOTC-2021-SC24-R 附录 6a）关于特殊情况的任何建议。
5. 委员会应根据管理程序（MP）结果通过 TAC，除非科学分委会认定存在特殊情况，需要委员会考虑采取替代管理行动。
6. 特殊情况证据将由旗鱼工作组和科学分委会每年审查一次。如果触发了特殊情况，则先前的 TAC 应保持不变，直到商定新的 TAC。
7. 根据管理程序得到的第一个 TAC 将适用于 2026～2028 年。TAC 自委员会设定之年起，之后的 3 年每年适用[②]。
8. 自本决议通过后紧接的公历年开始，TAC 的设定和适用时间表载于附件 2。

TAC 分配

9. 各 CPC 之间 TAC 的分配将根据本措施之外商定的程序进行，不迟于 2025 年第 29 届会议结束之前确定。
10. 如果委员会尚未就分配方案达成一致并实施，委员会将不迟于 2025 年制定一项机制，将剑鱼渔获量限制在基于管理程序得出的 TAC 范围内。

审议

11. 委员会及其附属分委会将于 2031 年对该管理程序的执行情况进行审议，审议的目的是确保该管理程序按期执行，并确定是否存在任何需要重新调整运行模型、重新调整现有管理程序，或考虑替代候选管理程序和进行新的全面管理策略评估的情况。
12. 还要求科学分委会研究有关方法，在未来候选管理程序中纳入多物种框架，并在可能的情况下，研究对生态系统产生的更广泛影响，如对海龟、海洋哺乳动物、海鸟、鲨鱼和偶然捕获鱼类（兼捕）等受金枪鱼捕捞作业影响的相关物种和依赖物种的死亡率的影响。

① 产卵种群生物量与实现最大持续产量有关

② 例如，科学分委会在 2024 年运行管理程序，委员会在 2025 年设定 TAC，则 TAC 在 2026～2028 年适用。科学分委会在 2027 年运行管理程序，委员会在 2028 年设定 TAC，则 TAC 适用于 2029～2031 年

附件1　管理程序

用于计算管理程序的 TAC 的描述和公式

MP1 根据近期 CPUE 调整 TAC。TAC 大小通过 CPUE 的斜率及与目标 CPUE 的距离来改变（图 1）。

d）如果近期 CPUE 高于目标 CPUE 且呈上升趋势，则 TAC 调增。

e）如果当前 CPUE 低于目标 CPUE 且呈下降趋势，则 TAC 调减。

f）如果当前 CPUE 相对于目标 CPUE 及 CPUE 斜率方向相反，则 TAC 的变化（调增或调减）可能取决于这些指标的大小和相关的控制参数。

形式上，未来的 TAC 是按照当前 TAC 的比例 TAC_{mult} 计算，其定义为：

$$TAC_{mult}=1+k_a Sl+k_b D$$

式中，Sl 是过去 5 年对数 CPUE 的斜率；D 是最近的 CPUE（过去 3 年平均值）和目标 CPUE 之间的差值（即最近的 CPUE 减去目标 CPUE）；k_a 和 k_b 是响应参数，其中，

$$k_a=2.1$$

$$k_b=1.2$$

目标 CPUE=0.7125

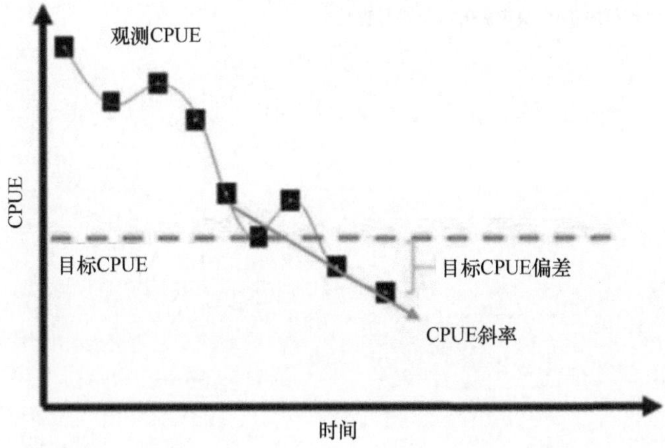

图 1　MP1 是基于近期 CPUE 的斜率及其目标 CPUE 的偏差（彩图请扫封底二维码）

数据规格

MP1 的输入数据为：

1994 年至最近可获得数据年份日本延绳钓渔业的标准化延绳钓 CPUE。这些数据源自 Matsumoto 等（2023）[①]针对西北印度洋地区所描述的标准化分析方法计算得到。

① Matsumoto T，Taki K，Ijima H，Kai M. 2023. CPUE standardization for swordfish（*Xiphias gladius*）by Japanese longline fishery in the Indian Ocean using zero-inflated Bayesian hierarchical spatial model. IOTC-2023-WPB21-14_Rev1. https://iotc.org/documents/WPB/21/14

附件 2　管理程序实施时间表

IOTC分委会	2024年	2025年	2026年	2027年	2028年	2029年	2030年	2031年
委员会（5/6月）	选择和通过剑鱼管理程序	年度审议SC的建议 →						
		确立TAC（2026～2028年）			确立TAC（2029～2031年）			确立TAC（2032～2034年）
WPB和WPM（10月）	整理用于MP的数据			整理用于MP的数据			整理用于MP的数据	
	特殊情况（EC）年度审议，向SC提出建议	EC审议	EC审议	EC审议	EC审议	EC审议	EC审议	EC审议
SC（12月）	运行管理程序			运行管理程序			运行管理程序	
		评估资源状况			评估资源状况			评估资源状况
	年度审议特殊情况 →							
	向委员会提出TAC的建议			提出TAC的建议			提出TAC的建议	

注：种群状况评估与管理程序具有不同的作用和目的，且不用于TAC的建议。本时间表将其纳入旨在明确进行评估的最佳时间，即应在作出管理程序TAC决定后的次年进行评估

决议第 24/09 号:关于促进 IOTC 缔约方和合作非缔约方国民遵守 IOTC 养护和管理措施

印度洋金枪鱼委员会（IOTC），

确信非法、不报告和不管制（IUU）捕鱼损害了 IOTC 协定的目标；

关切某些CPC没有根据国际法履行其对悬挂其旗帜并在IOTC管理区从事捕鱼活动的渔船的管辖权和控制义务，导致这些渔船未受此类 CPC 的有效控制；

意识到在不损害其首要责任的前提下，船旗国根据现行国内法对从事或支持 IUU 捕鱼和与捕鱼有关活动的个人采取行动，对打击这类活动至关重要；

意识到缺乏有效的管制有助于这些渔船在 IOTC 管理区捕鱼，从而破坏了 IOTC 养护和管理措施的效力，并可能导致 IUU 捕捞活动；

关切在 IOTC 管理区从事捕鱼活动而不遵守 IOTC 养护和管理措施的渔船，正受益于受缔约方和合作非缔约方（CPC）管辖的人员提供的支持，除其他外，包括通过参与转载、运输和交易非法捕捞渔获物，或在这些船上工作或参与管理这些渔船；

注意到粮农组织预防、阻止和消除 IUU 捕捞的国际行动计划，呼吁各国采取措施阻止受其管辖的国民支持和参与破坏国际养护和管理措施效力的任何活动；

忆及 CPC 应合作采取适当行动，以阻止任何与协定目标不一致的活动；

希望作为第一步，通过促进对受其管辖的从事 IUU 捕捞活动的自然人和法人采取措施，加强 CPC 之间的合作；

注意到 IUU 捕捞经营者（包括船东和受益船东）常利用跨国企业构架、保险提供者及其他金融安排来限制其责任并规避监管，并意识到需要 CPC 鼓励和支持对此类行为的调查；

根据 IOTC 协议第九条第 1 款，决议如下：

1. 在不损害船旗国首要责任的情况下，各 CPC 应根据其现行适用的法律和规章或拟制定的有关法律和规章采取适当措施：
   a）调查并核实有关在其管辖下的任何自然人或法人从事，除其他外，第 18/03 号决议（被第 24/03 号决议取代）“关于建立被认定在 IOTC 海域从事非法、不报告和不管制捕捞活动的渔船名单”第 4 段所述活动的任何指控或报告。
   b）调查并核实有关在其管辖下的自然人或法人（如作为经营者、船东，包括受益船东、物流和服务提供商，包括保险提供商和其他金融服务提供商）对上述 a）项所述活动的责任、从中受益或提供支持的指控和/或报告；
   c）对第 1 段 a）项和 b）项所述的任何经核实的活动采取相称的、有效的威慑行动；
   d）在执行第 1 段 a）项和 b）项所述措施和行动方面开展合作。
   为达成此目的，CPC 的相关机构应当合作执行 IOTC 养护和管理措施，CPC 应寻求其管辖下的产业界的合作。同时鼓励 CPC 在执行本段规定各项行动和措施方面相互合作。

2. 为协助执行本决议，CPC 应根据本国保密法规定，及时向 IOTC 秘书处和其他 CPC 提交根据第 1 段规定所采取的行动和措施的报告。
3. 本决议取代“关于促进 IOTC 缔约方和合作非缔约方国民遵守 IOTC 养护和管理措施”的第 07/01 号决议。

决议第 23/01 号：关于锚定集鱼装置（AFAD）的管理

印度洋金枪鱼委员会，

铭记《执行 1982 年 12 月 10 日〈联合国海洋法公约〉有关养护和管理跨界鱼类种群和高度洄游鱼类种群的规定的协定》（UNFSA）第 5 条规定，要求沿海国和公海捕鱼国及时收集和分享关于捕鱼活动的完整准确数据，包括但不限于船舶位置、目标鱼种和非目标鱼种渔获量和捕捞努力量，以及来自国家和国际研究计划的信息；

注意到粮农组织《负责任渔业行为守则》规定，各国应汇编有关分区域或区域渔业管理组织范围内的鱼类种群的渔业数据和其他支持性科学数据，并及时向有关组织提供这些数据；

回顾 IOTC 协定的目标是通过适当的管理确保该协定涵盖鱼类种群得到养护和最佳利用，并鼓励基于这些种群的渔业的可持续发展，同时最大限度减少兼捕水平；

认识到锚定 FAD 和漂流集鱼装置（DFAD）在操作方面有很大不同，因此，DFAD 的管理要求，如有关 DFAD 建造所用材料、监测频率和报告要求，与 AFAD 的正常操作不兼容；

根据 IOTC 协定第九条第 1 款的规定，决议如下：

定义

1. 为本决议的目的：
   a）集鱼装置（FAD）指利用任何材料（人造或天然）制作的永久、半永久或临时性物体、结构或装置，其投放和/或追踪目的在于聚集目标金枪鱼和类金枪鱼以进行后续捕捞；
   b）锚定集鱼装置（AFAD）指一种通过锚固系统固定于海底的 FAD，通常由浮标组成，锚定在海底。

适用

2. 本决议适用于所有在 IOTC 管理区为捕捞金枪鱼和类金枪鱼而投放 AFAD 的 CPC，但不包括休闲渔业，且不损害或削弱沿海国主权权利及其现行国家法规。
3. 本决议于 2024 年 1 月 1 日起生效。

AFAD 的管理

4. CPC 应根据附件 1 的指南制定 AFAD 管理计划，并应在 2024 年 1 月 1 日前向 IOTC 执行秘书提交该管理计划。
5. IOTC 履约分委会和科学分委会应依附件 1 的指南，根据各自职责对 AFAD 管理计划进行审议，以便向 CPC 提供有关改进建议。
6. CPC 应通过年度执行报告向委员会提交其 AFAD 管理计划的进展情况，如有必要，包括对以前提交的管理计划的审议。
7. 在制定实施粮农组织《渔具标识自愿准则》（VGMFG）计划之前，CPC 应确保其船舶仅使用永久性标记有唯一国家识别（UNI）编号的 AFAD，该编号可识别 AFAD 所属的 CPC 或渔船（视情况而定）。UNI 编号应永久清晰地标记在 AFAD 的浮标上。

8. 在 CPC 专属经济区内投放的新 AFAD 的详细情况[投放日期、全球定位系统（GPS）定位和 UNI 编号]应在投放后 21 天内向 IOTC 报告，其数据保密应由秘书处负责。CPC 还应保持一份已投放、丢失、遗弃和丢弃的 AFAD 记录，并在其年度执行报告中向 IOTC 执行秘书报告这些数据。
9. CPC 应进行海上检查，以确保 AFAD 永久清晰地标有 UNI 编号。海上检查能力有限的 CPC 可实施港口检查，以确保投放的 AFAD 是按照本决议规定的要求建造和标记的。CPC 应在其年度实施报告中通报（海上或港口）检查的次数和结果。
10. 各 CPC 按照本决议第 8 段的要求提供的 AFAD 位置数据，应仅用于科学分委会和相关工作组的目的，不应公开分享或分发用于其他目的。
11. CPC 应按照 IOTC 提供渔获量和努力量数据的标准，将附件 2 规定的数据要素提交给 IOTC 执行秘书。这些数据应按照第 15/01 号决议“关于 IOTC 管理区渔船记录渔获量和努力量数据”和第 15/02 号决议（或随后的任何替代决议）“关于对 IOTC 缔约方和合作非缔约方强制性统计报告要求”规定的数据汇总层级（aggregation level），并按照第 12/02 号决议（或任何后续取代决议）“关于数据保密政策和程序”规定的保密规则，提供给 IOTC 科学分委会进行分析。

AFAD 的选址与建造

12. CPC 应要求悬挂其旗帜的船舶在投放新的 AFAD 或更换现有 AFAD 时，选择地点要考虑海底地形特征，尽可能避免陡坡地点，把 AFAD 丢失的风险降至最低。
13. CPC 应通过采用流线型设计来减少洋流和波浪阻力，确保 AFAD 的上浮部分适合在外海、强流环境中投放。
14. CPC 应确保 AFAD 水下集鱼部分只使用非缠绕和非网状材料。
15. CPC 应鼓励采用能确保延长使用寿命的材料来建造 AFAD，以便在尽可能长的使用寿命期限内继续保持其结构的完整性。如果 AFAD 的水下集鱼部分与系缆连接，CPC 应确保这些集鱼部分由生物可降解材料建造。
16. IOTC 执行秘书在与科学分委会协商后，应制定一份建造 AFAD 的最佳实践指南，并提交委员会，供其在不迟于 IOTC 第 29 届年会上通过。
17. IOTC 科学分委会应进一步分析可获得的资料，并就可持续渔业的现有、额外或替代的 AFAD 管理选项提供建议。
18. IOTC 科学分委会应不迟于 2025 年年会提供一套有关指标，以便允许监测 AFAD 渔业的影响，并评估现有或额外或替代的 AFAD 管理选项的效率。
19. IOTC 科学分委会应评估使用 AFAD 捕鱼对金枪鱼幼鱼死亡率的影响，并向委员会提供建议。

附件 1　AFAD 管理计划

AFAD 管理计划应包括：

1. 目标。
2. 范围：

有关其适用范围的描述：

a）船舶类型；
b）拟投放的 AFAD 数量和/或 AFAD 信标数量（按 AFAD 类型）；
c）报告和/或记录 AFAD 的投放程序；
d）监测和找回丢失的 AFAD 的计划；
e）关于“AFAD 所有权”的声明或政策。

3. AFAD 管理计划的管理机构安排：

a）机构职责；
b）适用于 AFAD 设置和使用的规定；
c）海上 AFAD 维修、维护规则和更换政策；
d）数据收集系统；
e）报告义务。

4. AFAD 建造规范和要求：

a）AFAD 设计特点（描述）；
b）AFAD 标记和识别码，包括 AFAD 信标（如有）；
c）照明要求（如有）；
d）雷达反射器（如有）；
e）无线电浮标（如有，要求有序列号）；
f）卫星收发器（如有，要求有序列号）；
g）回声探测仪（如有）。

5. 适用区域：

任何禁止区域的详情，如航道、海洋保护区、保留区等。

6. 监测和审议 AFAD 管理计划实施情况的方法。
7. 附件 2 规定的数据记录和报告方法。

附件 2　AFAD 的数据收集

1. 在 AFAD 周围进行任何捕鱼活动，包括渔获物和兼捕，无论是保留或丢弃，存活或死亡。
2. 对于有关 AFAD 的每项活动（包括修理、干预、加固等），无论之后是否有放网或其他捕鱼活动，应记录以下信息：

a）位置（地理位置：经纬度，以度和分来表示）；

b）日期（以 DD/MM/YYYY，即日/月/年表示）；

c）AFAD 识别码（即 AFAD 国家识别码、信标 ID 或任何可识别其所有者的信息）。

决议第 23/03 号：关于在印度洋建立自愿养护热带金枪鱼的休渔制度

印度洋金枪鱼委员会（IOTC），

考虑到委员会的目标是通过考虑包括 IOTC 管理区内发展中国家的特殊需求在内的各种相关环境和经济因素，使鱼类种群数量长期大概率维持在不低于能够产生其最大持续产量的水平；

牢记 IOTC 协定第十六条关于沿海国权利，以及《联合国海洋法公约》第 87 条和第 116 条关于公海捕鱼权；

确认《执行 1982 年 12 月 10 日〈联合国海洋法公约〉有关养护和管理跨界鱼类种群和高度洄游鱼类种群的规定的协定》（UNFSA）（简称《联合国鱼类种群协定》）第 24 条（b）款关于发展中国家，特别是小岛屿发展中国家的特殊需求；

认识到根据《联合国鱼类种群协定》，必须对 IOTC 管理区内的 FAD 进行管理，以确保捕鱼作业的可持续性，并避免对海洋环境产生不利影响，保护生物多样性及维持海洋生态系统的完整性，并把捕鱼作业带来的长期或不可逆转的风险降至最低；

进一步确认《联合国鱼类种群协定》第 24 条（c）款，有必要确保养护和管理措施不会造成直接或间接地将不成比例的养护负担转嫁到发展中国家；

回顾《联合国鱼类种群协定》第 5 条规定，高度洄游鱼类种群的养护和管理应基于可获得的最佳科学证据，并特别参照 IOTC 第 15/10 号决议，对于评估状况处于科比图红色象限区域的种群，应以大概率结束过度捕捞，并在尽可能短的时间内恢复种群生物量；

进一步回顾《联合国鱼类种群协定》第 6 条和 IOTC 第 12/01 号决议“关于实施预防性做法”要求，各国在资料不确定、不可靠或不充足采用预防性做法时应更为谨慎，但这不应成为推迟或不采取养护和管理措施的理由；

考虑到 2009 年 6 月 23 日至 7 月 3 日在西班牙圣塞巴斯蒂安召开的神户系列第二次会议通过的建议；酌情基于逐个渔业对捕捞能力实施冻结，这种冻结不应限制发展中沿海国进入和发展可持续金枪鱼渔业，并从中受益；

进一步考虑到 2011 年 7 月 11～14 日在加利福尼亚州拉霍亚举行的神户系列第三次会议通过的建议；考虑到资源状况，每个区域渔业管理组织应考虑减少过剩捕捞能力的计划，其方式不限制发展中沿海国，特别是小岛屿发展中国家、领地和经济弱小的国家从事和发展包括在公海的可持续金枪鱼渔业并从中受益：在适当情况下，把发达捕鱼成员的捕捞能力转让给发展中沿海捕鱼成员；

进一步考虑到 2018 年 10 月 29 日至 11 月 3 日在塞舌尔召开的热带金枪鱼工作组第 20 届会议的关切，围网船为维持渔获量目标水平改变捕鱼策略增加使用人工集鱼装置，导致幼龄黄鳍金枪鱼和大眼金枪鱼的捕捞量大幅增加；

注意到补给船有助于增加围网船捕捞努力量和捕捞能力，且补给船的数量近年来显著增加；

进一步考虑到联合国大会第 70/75 号决议，要求各国在制定、实施养护和管理措施时更多地信赖科学建议，并考虑到发展中国家，包括《小岛屿发展中国家快速行动方式》（萨摩亚途径）中所强调的小岛屿发展中国家的特殊需要；

注意到 IOTC 协定第五条第 2 款 b）项充分承认本区域发展中国家成员在本协定管理鱼类种群的养护、管理和最佳利用方面的特殊利益和需求，并鼓励发展基于这些鱼类种群的渔业；

进一步注意到 IOTC 协定第五条第 2 款 d）项，要求委员会在特别考虑发展中沿海国利益的情况下，持续地审议基于本协定所包括的鱼类种群的渔业在经济和社会方面的事项，包括确保其通过的养护和管理措施不导致直接或间接地将不成比例的养护行动的负担转嫁到发展中国家，特别是小岛屿发展中国家；

意识到委员会承诺通过养护和管理措施，以减小金枪鱼漂流集鱼装置和其他渔具导致的大眼金枪鱼和黄鳍金枪鱼幼鱼的死亡率；

进一步认识到黄鳍金枪鱼、鲣和大眼金枪鱼渔业之间的相互作用；

进一步考虑到科学分委会第 23 届会议（SC23）的管理建议，即考虑到资源评估的局限性和不确定性，以及无法使用 2018 年黄鳍金枪鱼资源评估模型（K2SM）得出，渔获量应至少降至生产最大可持续产量时的渔获量（CMSY）估计值（40.3 万吨）以下，并需要将捕捞死亡率从 2017 年水平降低，以消除对该种群的过度捕捞；

进一步考虑到 SC23 提出的关于 2018 年资源评估得出的 K2SM 概率估计的问题，且由于 2018 年开发的 K2SM 模型在计算概率方面存在关键错误和预测估计，该 K2SM 模型不适合提供管理建议；

进一步考虑到 SC23 的建议，即委员会应确保各 CPC 采取一切必要行动，根据第 19/01 号决议减少其船队的渔获量；

进一步考虑到科学分委会第 25 届会议宣布大眼金枪鱼既被资源型过度捕捞也经受强度型过度捕捞，且鲣渔获量已超过现行捕捞控制规则规定的上限；

根据 IOTC 协定第九条第 1 款的规定，决议如下：

适用

1. 本决议应适用于在IOTC管理区内捕捞金枪鱼和类金枪鱼的所有缔约方和合作非缔约方（CPC）及渔船。
2. 本决议自 2024 年 1 月 1 日起生效。本决议所载措施应被视为暂定措施，并将由委员会不迟于 2025 年的年会审议。

关于休渔的科学建议

3. IOTC 科学分委会应在 2023 年 12 月 31 日之前就适用于所有渔具的适当休渔提供意见和建议。这些建议需要考虑区域、禁渔期及任何其他细节，以实现大概率减少热带金枪鱼（特别是大眼金枪鱼和黄鳍金枪鱼）幼鱼的捕捞死亡率。如果 IOTC 科学分委会得出结论，认为其目前无法获取足够的科学数据以向委员会提供建议，则应就作出基于科学的建议所需的数据向委员会提供建议。

4. IOTC 科学分委会在提出科学意见和建议时，除其他外，应考虑：
   a）现有 IOTC 渔业数据；
   b）印度洋的捕鱼行为或模式，包括历史上的和由于实施休渔或任何新的管理措施而预期的捕鱼行为或模式。

禁渔

5. 作为一项从 2024 年开始的预防性做法，鼓励所有 CPC 确保悬挂其旗帜捕捞大眼金枪鱼、黄鳍金枪鱼和鲣的渔船至少连续 31 天不在 IOTC 管理区作业，提前决定并不迟于 2023 年 12 月 31 日通知 IOTC 秘书处。
6. CPC 的另一种选择是，除了通过积极的养护和管理措施强制减少黄鳍金枪鱼的渔获量外，还可以实施自愿减少渔获量。这些 CPC 也可选择 2024 年适用自愿减少大眼金枪鱼和鲣的渔获量。这些 CPC 应在 2023 年 12 月 31 日前向 IOTC 执行秘书报告包括参考年份在内的自愿削减目标，由 IOTC 执行秘书尽快分发给所有 CPC。
7. 为防止对手工渔业造成不成比例的负担，除非 CPC 另有决定，此休渔期不适用于在其专属经济区捕鱼的总长小于 12 米的渔船。

决议第 23/06 号：关于养护鲸豚类

印度洋金枪鱼委员会（IOTC），

认识到“关于实施预防性做法”的第 12/01 号决议呼吁 IOTC 缔约方和合作非缔约方（CPC）在依据《联合国鱼类种群协定》第 5 条规定管理金枪鱼和类金枪鱼物种时采取预防性做法；

认识到鲸豚类在印度洋生态和文化中的重要性；

注意到鲸豚类对于包括捕捞在内的开发特别脆弱；

注意到以金枪鱼和类金枪鱼为目标物种的捕捞作业对鲸豚类可持续性的潜在影响；

注意到“关于对 IOTC 缔约方和合作非缔约方强制性统计报告要求”的第 15/02 号决议第 3 段也鼓励 IOTC 缔约方和合作非缔约方记录和提供除鲨鱼和金枪鱼以外的其他兼捕物种的数据；

关切在 IOTC 管理区缺乏准确且完整的数据收集和向 IOTC 秘书处报告关于非目标物种与渔船的相互作用和死亡率的情况；

进一步注意到生态系统和兼捕工作组注意到文件 IOTC-2011-WPEB07-08，该文件研究了与 IOTC 渔业有关的非目标物种现有资料的状况，建议 CPC 收集海洋哺乳动物与 IOTC 渔业相互作用的数据，并向 IOTC 秘书处报告；

进一步注意到 IOTC 生态系统和兼捕工作组注意到文件 IOTC-2020-WPEB16-22 指出的，印度洋的鲸豚类种群数量可能已降至较低水平，可能不到其原始水平的 20%，但使用的汇总方法存在问题，如果不对具体物种进行分析，就不可能全面评估种群丰度的变化；并回顾了监测鲸豚类兼捕和收集特定物种兼捕数据的重要性；

认识到“关于现有最佳科学证据”的第 12/15 号建议，建议各缔约方采取一切措施改进数据收集方法并向 IOTC 秘书处提供数据，包括兼捕数据；

回顾 IOTC 在 2022 年注意到关于 IOTC 缺乏可获得的鲸豚类数据的 IOTC-2022-S26-09 号文件，因此，为改善可供科学分委会使用的信息，还认识到联合国粮农组织和国际捕鲸委员会的共同意愿是加强对鲸豚类兼捕的监测和评估，并实施适当而有效的养护和管理措施以减少鲸豚类的兼捕；

注意到中西部太平洋渔业委员会第 19 届年会（2022 年）通过了安全处理和释放鲸豚类最佳做法的图示；

认识到 2022 年 IOTC 科学分委会第 25 届会议建议委员会注意为鲸豚类制定管理措施的建议，其中指出涉及与鲸豚类相互作用的渔业的数量高度不确定，应作为优先事项加以处理，现有证据表明印度洋的鲸豚类面临相当大的风险，特别是面临金枪鱼流刺网的风险；

根据 IOTC 协定第九条第 1 款的规定，决议如下：

1. 本措施应适用于所有悬挂 CPC 旗帜并在 IOTC 渔船名单上，或授权捕捞 IOTC 管理区金枪鱼和类金枪鱼的渔船。本措施的规定不适用于只在其专属经济区内作业的手工渔业。
2. CPC 应禁止悬挂其旗帜的渔船在 IOTC 管理区作业时，如在放网前目击到鲸豚类，仍然故意围绕鲸类投放围网。

3. CPC 应要求渔船船长一旦发现鲸豚类非故意地被围网包围在网内，或被刺网捕获，或被缠绕时，应：

a）在考虑船员安全的情况下，采取一切合理步骤确保鲸豚类被安全释放。这些步骤应包括遵循 IOTC 科学分委会制定的安全释放和处理鲸豚类的最佳实践指南；

b）向船旗国有关主管部门报告该事件，并提供下列信息：

i）种类（如知道），

ii）个体数量，

iii）简述与鲸豚类的互动过程，包括互动如何发生及为何发生的详细情况，

iv）被包围或缠绕的地点（如发生），

v）确保安全释放采取的步骤（如果包围或缠绕），

vi）评估鲸豚类释放时的生命状况，包括该鲸豚类动物是否被活体释放，但随后死亡。

4. 使用其他渔具捕捞金枪鱼和类金枪鱼且涉及鲸豚类互动的 CPC，应将所有鲸豚类互动事件报告船旗国有关主管部门，并确保报告包含第 3 段 b）项 i）～iv）款所列所有信息。

5. 尽管有第 1 段的规定，如果在手工捕鱼过程中与鲸豚类发生任何相互影响，CPC 应鼓励其船舶尽可能立即释放该动物，并按照第 3 段 b）项规定或根据第 15/01 号和第 15/02 号决议（或任何后续修订）向船旗国有关主管部门报告相关信息。

6. CPC 应确保漂浮人工集鱼装置（DFAD）仅使用非缠绕材料和设计，以减少缠绕的发生。

7. 委员会要求 IOTC 科学分委会制定安全释放和处理被围鲸豚类的最佳实践指南，同时考虑其他区域渔业管理组织（包括中西部太平洋渔业委员会）制定的指南，并最迟在 2025 年将这些指南提交委员会会议批准。

8. CPC 在第 7 段所述的指南获得批准之前，应努力确保渔民了解和使用适当的减缓、识别、处理和释放技术，并在船上备有安全释放鲸豚类的所有必要设备。

9. CPC 应通过捕捞日志或船上有观察员时通过观察员计划，报告根据第 3 段 b）项和第 4 段收集的信息和数据，并根据第 15/02 号决议（或任何后续修订）规定的时限于次年 6 月 30 日前提交给 IOTC 秘书处。鼓励 CPC 使用电子监测系统（EMS）加强本决议要求的数据收集。

10. CPC 应按照 IOTC 协定第十条报告鲸豚类被悬挂其船旗的围网包围或捕获，或者被刺网或人工集鱼装置缠绕的任何情况。

11. 鼓励已有国家级和地方一级立法保护这些物种的 CPC 向 IOTC 科学分委会、履约分委会和执行养护和管理措施工作组提供有关信息供其考虑。

12. IOTC 科学分委会应审议有关 IOTC 管理区鲸豚类状况的资料，并不迟于 2025 年向委员会提供建议或意见，以确定委员会应采取的适当措施，减轻 IOTC 渔业与鲸豚类相互作用的负面影响。

13. “关于养护鲸豚类”的第 13/04 号决议被本决议取代。

决议第 23/07 号：关于减少延绳钓渔业误捕海鸟

印度洋金枪鱼委员会（IOTC），

回顾“关于减少延绳钓渔业误捕海鸟”的第 12/06 号决议；

认识到有必要加强机制以保护印度洋的海鸟，并协调金枪鱼区域渔业管理组织之间的这类机制；

注意到 WCPFC 在 2018 年通过可选用的钓钩屏蔽措施；

考虑到联合国粮农组织《减少延绳钓渔业中误捕海鸟国际行动计划》；

注意到 IOTC 科学分委会之前的建议，同意生态系统和兼捕工作组在其 2007 年、2009 年、2011 年、2016 年和 2022 年报告中概述的减少对海鸟影响的措施；

认识到科学分委会在 2022 年建议委员会考虑在第 12/06 号决议中列入钓钩防护装置，作为海鸟兼捕减缓措施的额外选择；

认识到迄今为止，一些 CPC 已确定了其海鸟国家行动计划的必要性，并已完成或即将完成；

认识到全球对某些海鸟物种的关注，尤其是对面临灭绝威胁的信天翁和海燕；

注意到 2001 年 6 月 19 日在堪培拉开放签字的《保护信天翁和海燕协定》已经生效，并继续更新最佳缓解做法的建议；

注意到 IOTC 和 CPC 的最终目标是使 IOTC 管理渔业实现海鸟零误捕，特别是延绳钓渔业中受威胁的信天翁和海燕物种；

考虑到在其他金枪鱼延绳钓渔业中进行的研究，通过大幅增加目标鱼种的渔获量，证明采用措施减少海鸟误捕的经济效益；

根据 IOTC 协定第九条第 1 款的规定，决议如下：

1. CPC 应记录各种海鸟误捕的数据，特别是根据第 22/04 号决议（被第 24/04 号决议取代）通过科学观察员记录，并每年报告这些数据。观察员应尽可能为渔船捕获的海鸟拍照，并将照片发送给国家海鸟专家或 IOTC 秘书处，以确认种类。
2. 未全面执行第 22/04 号决议（被第 24/04 号决议取代）第 3 段所述的 IOTC 区域观察员计划规定的 CPC，应尽可能通过捕捞日志报告海鸟误捕情况，包括海鸟种类的详细信息。
3. CPC 应在其年度报告中向委员会提供有关其如何执行本措施的信息。
4. CPC 应通过采取有效的减缓措施，力求减少所有渔区、季节和渔业的海鸟误捕水平，同时适当考虑船员的安全及减缓措施的实用性。
5. 在南纬 25°以南区域，CPC 应确保其作业的所有延绳钓船至少使用表 1 所列 3 种减缓措施中的 2 种，或另一种选项，即使用钓钩防护装置（表 2）作为单独措施。这些措施也应在符合科学建议的情况下，酌情考虑在其他区域实施。
6. 根据第 5 段使用的减缓措施应符合这些措施的最低技术标准，如表 1 及表 2 所示。
7. 惊鸟绳的设计和部署也应满足附件 1 规定的附加规范。
8. 科学分委会将继续审议减少海鸟误捕方面的进展和最佳做法，并向委员会提出可行的建议，包括最迟在 2024 年就支绳加重最佳实践向委员会提出建议。

9. 鼓励选用钓钩防护装置作为减少海鸟误捕方法的 CPC，酌情通过生态系统和兼捕工作组与其他 CPC 分享其经验。
10. 钓钩防护装置的使用必须与所有其他 IOTC 决议一致。
11. 本决议自 2024 年 7 月 1 日起生效。
12. 自 2024 年 7 月 1 日起，“关于减少延绳钓渔业误捕海鸟”的第 12/06 号决议由本决议取代。

表 1　减缓措施

减缓措施	描述	规格要求
夜间放钩，甲板照明减至最暗	航海黎明至航海黄昏之间没有放钩；甲板照明保持最暗	航海黎明和航海黄昏的定义见航海天文历中有关纬度、地方时和日期的规定；最低甲板照明不应违反安全与航行的最低标准
惊鸟绳	为阻止海鸟接近支绳，整个延绳钓放钩期间应设置惊鸟绳	对于总长大于或等于 35 米的渔船： a）至少设置 1 条惊鸟绳。在可行的情况下，鼓励渔船在海鸟数量较多或活动频繁时使用第 2 条惊鸟竿和惊鸟绳；2 条惊鸟绳应同时设置，放钩的两侧各设置一条； b）惊鸟绳的覆空范围须大于或等于 100 米； c）使用的长飘带要足够长，无风情况下要抵达海面； d）长飘带的间距不得超过 5 米。 对于总长不到 35 米的渔船： a）设置至少 1 条惊鸟绳； b）覆空范围必须大于或等于 75 米； c）必须使用长飘带或短飘带（但长度大于 1 米），并按以下间距放置： （a）短飘带：间距不超过 2 米； （b）长飘带：惊鸟绳前 55 米间距不超过 5 米。 惊鸟绳附加设计和部署指南详见本决议附件 1
支绳加重	下钩前在支绳上加重	距离钓钩 1 米内的附加重量应大于 45 克；或 距离钓钩 3.5 米内的附加重量应大于 60 克；或 距离钓钩 4 米内的附加重量应大于 98 克

表 2　钓钩防护装置

减缓装置	描述	规格要求
钓钩防护装置[1]	根据《保护信天翁和海燕协定》缔约方列出的最佳实践建议，应使用钓钩防护装置，包裹饵钩的钩尖与倒刺，以防止下钩时误捕海鸟	钓钩防护装置必须符合下列性能特征。该装置必须： 1. 将带饵鱼钩的钩尖和倒钩包住，直至其至少达到 10 米的深度或至少浸入水中 10 分钟。 2. 满足当前支绳加重的最低标准，即距离钓钩 1 米内的附加重量应超过 45 克；或距离钓钩 3.5 米内的附加重量应超过 60 克；或距离钓钩 4 米内的附加重量应超过 98 克。 3. 应设计成保留在渔具上而不丢失

1 只要满足支绳加重要求，钓钩防护装置可以作为一项独立的措施

附件 1　惊鸟绳设计和部署补充指南

前言

部署惊鸟绳的最低技术标准见本决议表 1，不在此复述。这些补充指南旨在协助延

绳钓船准备和执行惊鸟绳规定。虽然这些指南比较明确，但鼓励在本决议表 1 的要求范围内通过实践提高惊鸟绳的效果。本指南考虑到环境和作业变量，如天气条件、投绳速度和船舶大小，所有这些都会影响惊鸟绳的性能和设计，以防止钓饵免受海鸟啄食。考虑到这些因素，惊鸟绳的设计和使用可能会改变，前提是惊鸟绳的性能不受影响。预期惊鸟绳设计将不断改进，因此今后应对这些指南进行审议。

惊鸟绳的设计（图 1）

1. 惊鸟绳的水中部分系上适当的拖曳装置可增加其覆空范围。
2. 惊鸟绳的水上部分应足够轻，因此其运动是不可预测的，以避免鸟类习惯性地啄食；并足够重，以避免惊鸟绳被风偏转。
3. 惊鸟绳最好用坚固的筒形转环固定在船上，以减少绳索纠缠。
4. 飘带应采用很显眼的材料，通过一个坚固的三向转环（再次减少纠缠）挂接在惊鸟绳上，能产生不可预测的激烈动作（如坚固的细绳外套红色聚氨酯管）。
5. 每组飘带应由两条或更多的裙带组成。
6. 每一对飘带应可通过夹子的方式拆卸，使惊鸟绳的存放（积载）更有效。

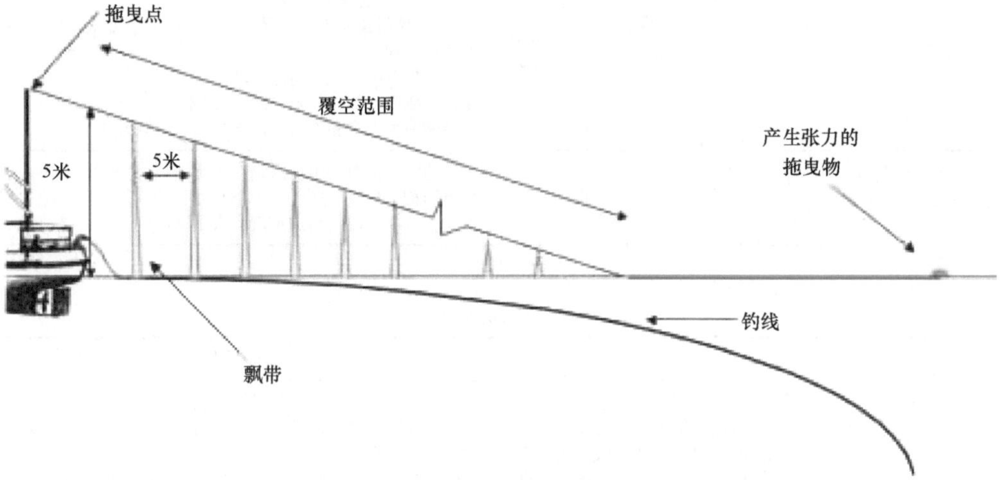

图 1　惊鸟绳的设计示意图（彩图请扫封底二维码）

惊鸟绳的部署

1. 惊鸟绳应悬挂在固定在船上的一根杆子上。惊鸟绳杆的高度应尽可能高，这样惊鸟绳可保护船尾后方相当一段距离的钓饵，且不会和渔具纠缠。惊鸟绳杆高度越高，保护鱼饵的范围越大。例如，离水面约 7 米的高度可保护约 100 米的饵料。
2. 如果渔船使用一条惊鸟绳，则应将惊鸟绳设置在下沉饵料的迎风面。如带饵钓钩要投放到尾流外侧，那么惊鸟绳和船的连接点应在投饵一侧船舷外数米处。如渔船使用两条惊鸟绳，则应在两条惊鸟绳围覆的区域内投放带饵钓钩。

3. 鼓励投放多条惊鸟绳，以更好地保护钓饵不被海鸟啄食。
4. 由于有可能出现惊鸟绳断裂和打结的情况，故船上应携带备用的惊鸟绳，以替换受损的绳索，并确保捕鱼作业能够不间断地进行。如果延绳钓浮子与惊鸟绳的水中部分发生纠结或缠绕，可把分离部分合并到惊鸟绳中，以最大限度地减少安全和操作问题。
5. 当渔民使用投饵机（BCM）时，他们必须通过下列方式确保惊鸟绳和投饵机的协调：①确保投饵机直接投饵至惊鸟绳保护范围内；②当使用允许向左右两舷投饵的投饵机（或多台 BCM）时，应使用两条惊鸟绳。
6. 当渔民用手投放支绳时，应当确保带饵钓钩和盘绕的支绳部分投在惊鸟绳的保护下方，避开可能降低钓钩下沉速度的螺旋桨湍流。
7. 鼓励渔民安装手动、电动或液压起绳机，以提高投放和回收惊鸟绳的便利性。

决议第 23/08 号：关于 IOTC 渔业的电子监测标准

印度洋金枪鱼委员会（IOTC），

回顾 IOTC 对养护和管理印度洋金枪鱼和类金枪鱼物种的责任；

强调在 IOTC 管理区收集足够的经核实的产量数据和努力量数据及与金枪鱼和类金枪鱼渔业有关的其他科学数据的重要性，使科学分委会能够向委员会提供科学评估、意见和建议；

回顾“关于区域观察员计划”的第 1 个决议（第 11/04 号），要求总长等于或大于 24 米的船队，以及在其 EEZ 外捕鱼总长小于 24 米的船队，至少有 5%的观察员覆盖率；

注意到一些 CPC 渔业在达到 IOTC 规定的观察员覆盖率方面面临重大困难和挑战，并且需要提高其观察员覆盖率，以改进数据收集，从而允许估计总兼捕量和物种水平的兼捕量；

进一步回顾 IOTC 科学分委会第 23 届会议对观察员覆盖率低至 2.15%表示关切，以及对占印度洋渔获量很大一部分的手工渔业船队没有覆盖率表示关切；

回顾“关于实施促进 IOTC 区域观察员计划的试点项目”的第 16/04 号决议（被第 24/04 号决议取代），要求探索利用电子观测收集 IOTC 所需数据的潜力，并要求科学分委会制定和提出实施电子观测（监测）系统的最低标准；

回顾委员会原则上认可区域观察员计划程序标准，包括 2019 年的最低标准数据要素；

考虑到“关于区域观察员计划”的第 22/04 号决议（更新和取代第 11/04 号决议），正式承认电子监测系统在促进和改善观察员覆盖率及满足 ROS 最低强制性数据要求方面的作用。第 22/04 号决议（被第 24/04 号决议取代）要求 IOTC 科学分委会（与履约分委会合作）最迟于 2023 年制定并同意 IOTC 渔业电子监测（EM）最低标准[关于围网、延绳钓、饵钓船（竿钓）、手钓和刺网船队使用 EMS 的最低标准]；

注意到科学分委会 2022 年认可并建议委员会通过：①EM 术语和定义；②EM 计划标准；③EM 数据标准（IOTC-2022-SC25-R[E]）；

根据 IOTC 协定第九条第 1 款的规定，决议如下：

电子监测术语和定义

1. 有关 CPC 实施 EMS 的术语和定义，与本决议和第 22/04 号决议（被第 24/04 号决议取代）一致，见附件 1。

电子监测标准

2. 委员会应：
   a）按照 IOTC 电子监测计划标准（附件 1）中描述的目标、目的、职责和责任，在 2024 年 7 月 1 日以前实施区域电子监测计划（REMP）；
   b）根据科学分委会和履约分委会的建议，在 REMP 实施一年后，对 REMP、EM 计划标准（附件 1）及 EM 系统与数据标准（附件 2）进行审议。

3. 捕捞 IOTC 管理区鱼类的 CPC，以及选择在 IOTC 管理区实施 EMS 以部分或全部满足第 22/04 号决议（被第 24/04 号决议取代，或任何后续修订）规定的最低 ROS 数据要求的 CPC，应

a）确保在其船旗船上实施的国家 EMP（NEMP）和 EM 系统符合 EM 计划标准（附件 1）及 EM 系统与数据标准（附件 2）的要求；

b）每年 7 月 1 日前向 IOTC 秘书处提交一份船舶监测计划，该计划包括其 IOTC 渔业中使用 EMS 的每一艘船舶，概述每艘船上的 EMS 设置，符合 EM 计划标准（附件 1）的要求，并利用附件 3 进行指导；

c）作为向科学分委会提交的 CPC 国家报告的附件，提交一份船队层面的船舶监测计划摘要（见第 3 段 b）项），其中至少说明：

i）按渔具或渔业实施 EM 的 CPC 船旗船数量，

ii）船队内实施的 EMS 配置范围（包括每种配置的摄像机数量和位置），

iii）CPC 政府对船长或船员提出的 EMS 要求的一般描述；

d）每年 7 月 1 日前向 IOTC 秘书处提交一份船队层面的 ROS 数据收集表，清楚列明每个 ROS 所需的最低标准数据字段①：

i）数据字段名称和描述，

ii）数据字段报告要求级别（即强制收集和报告、收集后强制报告、非强制等），

iii）用于收集该数据字段数据的方法②，

iv）数据收集方法的简要说明。

4. IOTC 秘书处应：

a）协助委员会建立和实施 REMP；

b）按照 EM 计划标准（附件 1）的履行职责。

5. 科学分委会应不迟于 2024 年审议 ROS 所需的最低标准数据字段，以

a）分别确定 EM 和/或人力观察员实际上难以收集的任何数据字段；

b）为科学目的需要并使用这些确定的数据字段及其收集和报告状况（即强制、非强制等），向委员会提供意见和建议；

c）讨论是否需要制定单独的 EM 的 ROS 最低标准数据字段清单，并向委员会提出建议。

6. 为支持 REMP 的实施和第 5 段所述的科学分委会的工作，鼓励 CPC 与科学分委会和履约分委会分享相关信息、方法和经验，包括涉及能力建设需求和任何 CPC 级别的知识交流。

---

① https://iotc.org/documents/ROS/DataStandards

② 注意，对于非强制性的最小数据字段，可能是“不适用”（“NA”）

附件 1　IOTC 电子监测计划标准

通则

使用经认证符合IOTC通过的电子监测计划(EMP)最低标准的电子监测系统(EMS)的国家或区域数据收集计划，可以纳入 IOTC 区域电子监测计划（REMP)。

IOTC 的 REMP 应由 IOTC 秘书处协调。

目标

IOTC 的 REMP 旨在 IOTC 管理区通过 EMS 收集经核实的渔获数据及与金枪鱼和类金枪鱼渔业有关的其他科学数据，并达到 EM 观察员/检查的覆盖率，以满足 IOTC 关于区域观察员计划决议的要求。

目的

IOTC 的 REMP 目的是允许 CPC 使用 EMS 收集数据，以协助 CPC 满足 IOTC 关于区域观察员计划的观察员决议的要求，包括在船上观察员覆盖率低或不存在的情况下。

REMP 旨在提高渔业数据的数量和质量，改善对 IOTC 渔业的监测，解决渔业数据在收集和核查方面的差距。REMP 今后还可能帮助 CPC 满足 IOTC 的其他决议的要求。

范围

IOTC 的 REMP 和相关的最低 EM 计划和 EMS 数据标准（包括本标准）仅适用于正在开发或已经实施 EMS 作为数据收集工具的 IOTC 的 CPC，以便在实际可能的情况下，帮助其满足 IOTC 关于区域观察员计划的观察员决议的要求。

IOTC 的 REMP 为下列 IOTC 渔业确立 EMS 提供一个框架：

- 总长超过 24 米，以及总长不到 24 米在 EEZ 外捕鱼的围网船；
- 总长超过 24 米，以及总长不到 24 米在 EEZ 外捕鱼的延绳钓船；
- 总长超过 24 米，以及总长不到 24 米在 EEZ 外捕鱼的刺网船；
- 总长超过 24 米，以及总长不到 24 米在 EEZ 外捕鱼的竿钓船；
- 总长 24 米以下（在公海捕鱼）的其他渔具类型。

IOTC 区域电子监测计划或任何参照 IOTC 区域电子监测计划的国家 EMP，应确保通过 EMS 收集的数据有文件记录，并确保所有 ROS 最低数据标准要求（如“强制性报告”），如有必要，辅以任何额外的监测计划（如港口采样、生物学采样等），均由 EMS 收集。

定义

电子技术（ET）：用于支持岸上和海上渔业相关数据收集的任何电子工具，包括电子报告（ER）、电子监测（EM）。

电子报告（ER）：使用电子系统（应用程序、软件、表格或文件）记录、存储、接收和传输渔业数据。

监测：持续收集渔业相关数据。

电子监测（EM）：使用与全球定位系统（GPS）相连的影像技术，使用电子设备记录渔船的活动，其中可能包括传感器。

电子监测系统（EMS）：该系统由船舶和岸基组件组成，用于收集、传输和审核 EM 记录，报告 EM 数据并实施 EM 计划。

EM 程序：由国家或区域主管部门管理的程序，该程序规范船上使用 EMS，通过在指定区域和/或渔业实施 EMS，收集和核实渔业数据和信息。

EM 计划标准：管理建立和运行 EM 计划的商定标准、规范和程序（SSP），适用于 EMS 的所有组成部分。

EM 数据标准：IOTC 区域观察员计划商定的可由 EMS 收集的数据需求细目。

EM 记录：由 EM 设备收集可以通过核查产生 EM 数据的影像，可能的传感器及与位置数据有关的原始数据。

EM 数据：通过核查 EM 记录产生的经处理或分析的符合 EM 数据标准的数据。

EM 设备：安装在船上由电子摄像机、传感器和数据存储设备组成的网络，用于记录船舶活动。

船舶监测计划（VMP）：船舶的 EM 设备特性及船上 EM 设备如何安装和配置，以监测捕捞活动，并满足 IOTC 区域电子监测计划要求的 EM 计划和 EM 数据标准。

EM 审核：由 EM 观察员或审核员审核 EM 记录以产生 EM 数据。

EM 观察员/审核员：有资格根据 EM 数据标准和分析程序审核 EM 记录、存储和生成 EM 数据的人员。

EM 审核系统：EM 观察员用来审核 EM 记录并根据 EM 数据标准生成经处理的 EM 数据的应用软件。

EM 审核中心：接收和审查 EM 记录以生成和存储 EM 数据的地方、国家或区域办公设施。

EM 审核提供者：审核 EM 记录以生成 EM 数据的 EM 审核服务第三方提供者。EM 设备和 EM 审核服务可以由同一第三方机构提供，但也可以由不同的提供者提供。

EM 安装覆盖率：船队中已安装并运行 EM 设备的船舶比例。

EM 记录覆盖率：由安装的 EM 设备收集 EM 记录的捕捞努力量比例。

EM 观察员或检查覆盖率：审核 EM 记录以产生 EM 数据并提交 IOTC 的捕捞努力量比例。

EM 服务提供方：提供 EM 设备和/或系统、技术和后勤服务的第三方，以维护 EM 设备并监测其正常运行。

EM 系统：EM 系统（EMS）应经由 IOTC 相关合适机构（如 IOTC 的 WGEMS 或 WPDCS）或 CPC 批准认可，以确保符合 REMP 与 ROS 的最低标准要求，包括 EM 设备安装（通过 EM 船舶监测计划），数据收集与 ROS 最低数据标准一致，EM 记录经认证公司或组织审核，以及维护 EMS 的独立性。如果 CPC 批准了 EM 系统，该 CPC 应向 IOTC 秘书处提交每艘船的 VMP 副本，并作为国家报告的一个附件，向科学分委会提交一份其船队 VMP 的概要。

数据

关于区域或国家 EMP 提交的 EM 数据在公共区域分享数据的要求（如适用的分层水平，以防止一艘渔船的活动从公布的数据中被清楚地识别出来）和保护记录的程序方面须遵守“关于数据保密政策和程序”的第 12/02 号决议。

通过电子监测收集的 EM 数据应按委员会“关于 IOTC 管理区渔船记录渔获量和努力量数据”的第 15/01 号决议和关于对“关于对 IOTC 缔约方和合作非缔约方强制性统计报告要求”的第 15/02 号决议，以及 IOTC 关于区域观察员计划的决议的要求提供。

国家 EMP 的 EM 数据应按照 IOTC 秘书处提供并经 IOTC 通过的电子数据格式规范提交给 IOTC，以便将数据纳入 IOTC 区域观察员计划数据库。EM 数据在数据库中应妥善标注，以区别于通过船上人力观察员收集的数据。

职责

IOTC：

a）监测和监管 REMP 的实施，包括通过国家 EMP 实施的 REMP；

b）必要时，通过并修订 EM 计划、技术规范和相关数据收集的最低标准；

c）通过 IOTC 关于区域观察员计划的观察员决议，就 EM 观察员或审核总体覆盖率达成一致；

d）制定和通过 REMP 实施计划；

e）必要时，委员会可以合同委托区域 EM 审核中心审核在 REMP 框架内获得的 EM 记录；

f）确保有充足的财政资源来有效地管理 IOTC 的 REMP；

g）在 IOTC REMP 实施的初始阶段（如 3 年）后，审议 IOTC 的 REMP。

IOTC 缔约方和合作非缔约方：

a）如果他们选择 EMP 以满足 IOTC 关于区域观察员计划的观察员决议，应确保在悬挂其旗帜的渔船上安装的 EMP 设备和 EMS 的实施符合委员会实施其 EMP 规定的要求；

b）要求为每艘配备 EM 设备的船舶制定船舶监测计划（见下文），并提交给 CPC 主管部门；

c）确保船舶按照船舶监测计划安装 EM 设备，以收集所需数据，并遵守委员会商定的覆盖率目标；

d）确保 EMS 的实施符合 IOTC 的 REMP 及其最低标准；

e）必要时，合作确保 EM 计划的兼容性和协调性；

f）记录政府渔业主管部门和船东或船员，除其他外，在以下方面的职责和责任：安装和维修设备、定期清洗摄影机、发送存储设备、查阅 EM 记录和 EM 数据、对 EM 系统机械或技术故障作出反应；

g）CPC 应向 IOTC 秘书处提供其 EM 计划协调员的联系方式。

IOTC 秘书处：

a）与委员会和 CPC 合作，确保国家 EMP 与 REMP 保持一致和兼容，并满足 IOTC 的 REMP 监测最低标准；

b）总结并向委员会及其附属机构提供关于 REMP 进展情况的年度报告，包括国家 EMP；

c）建议对 REMP 进行改进和调整，以确保符合 IOTC 的数据和监测要求；

d）按照委员会的要求与其他金枪鱼区域渔业管理组织协调有关 EM 的活动。

EM 船舶监测计划

船舶的 EM 设备特性及如何优化船舶的 EM 设备以满足 EM 系统和数据标准，必须在每艘船的船舶监测计划（VMP）上记录。

VMP 应与 EM 服务提供方、船东和捕鱼主管部门合作制定。

VMP 将描述摄像机的数量、位置和设置，以及对捕鱼活动、渔获物处理、物种鉴定、鱼类个体命运和储存等进行监测的关键区域。

VMP 应当包括以下信息：

a）联系方式：船东、船舶经营者和合同有效期内的 EM 服务提供方的联系方式。

船舶一般信息：有关船舶及其捕鱼活动和作业的基本信息（如船名、注册号、目标鱼种、作业区域、渔具类型、LOA 等）。

b）船舶配置图：带有详细信息的船上设备、船舶配置和不同区域（甲板、加工区、储藏区等）平面图。

c）EM 设备设置：描述 EM 设备的设置，如运行时间、摄像机数量和覆盖区域、每台摄像机的记录时间、传感器的数量和位置（如有）、使用的软件、控制箱配置、检查在船上安装的 EM 设备正常运行的程序等。

d）应在 VMP 中插入每台摄像机的简要说明。

VMP 应由船东签名，最后由船旗国主管部门批准。

船上任何影响 EMS 的物理改变都应向船旗国主管部门报告。VMP 应尽快更新并由主管部门重新批准。

对 EM 设备的任何更改（如安装新一代摄像机）都应当向船旗国主管部门报告。VMP 应当尽快更新并由主管部门重新批准。

实施 IOTC 的 REMP——国家 EMP 的认证和审核

CPC 应向 IOTC 秘书处申请认可其国家 EMP 作为 IOTC 的 REMP 的一部分，以遵守 ROS 数据的最低标准。

IOTC 将根据 EM 最低标准审核国家 EMP。

国家 EMP 应进行审议并顾及 IOTC 同意的定期审计。

IOTC 可授权其他金枪鱼区域渔业管理组织批准的国家 EMP。

附件 2　IOTC 电子监测系统与数据标准

EM 技术最低标准

技术最低标准应描述 EM 的要求。CPC 应确保在其国家或分区域计划中安装的所有 EM 设备符合这些技术规范。

按船舶定制化配置：由于目前印度洋海域作业船舶还没有适用于所有船舶的标准配置方案，因此每套 EM 设备都必须按单船进行定制化安装。安装在渔船上的 EM 设备应当包括一个控制系统，连接若干摄像头，并可选择连接多个不同传感器，用于采集和记录图像数据以实现 EM 计划的目标。为满足项目的总体目标，摄像机和传感器的数量应通过每艘船的监测计划进行调整，而不是过于规定化，并且应当包括足够数量的摄像头。虽然具体配置取决于各船特性，但作为基础配置，应确保摄像头应捕捉附件 3 表 1、表 2 及图 1 至图 3 所列的监测区域和作业活动。每艘船都应制定“船舶监测计划”，明确摄像头的数量、安装位置及其参数设置，以确保采集到 ROS 规定的“强制性”最低标准数据字段。部分 ROS 最低数据标准要求的数据采集工作，可通过港口采样收集[①]和/或其他数据收集方法予以补充。在特定 EM 计划中，各船舶间一定程度的协调也是必要的（如摄像头布设位置及参数设置）。

包含传感器/自动触发装置：由于 EM 记录需要大容量存储，大多数 EMS 不会全程记录船舶活动。部分摄像头可通过探测到渔具使用或捕鱼活动触发录制。因此，EMS 应包括传感器和其他技术手段（计算机视觉、人工智能），以探测船上发生捕鱼作业或其他感兴趣的活动。这将确保获取适当的 EM 记录（如在捕捞作业开始时触发视频录制），并便于后续 EM 记录的审查。

包括全球定位系统（GPS）：监测船舶位置、航线、航速，并提供有关捕鱼活动的日期/时间和地点的信息。渔船位置和日期/时间戳（timestamp，也称时间标记）应当直接包含在图像上或图像元数据中。

兼容性：EMS 理想情况下能与其他监测、控制和监视工具（如船舶监测系统）整合。

稳健的系统：安装在室外的 EM 设备组件（如摄像机或摄像机外壳和传感器）应能耐海上恶劣条件和船上恶劣环境。

安全系统：EM 设备组件和数据需要防篡改和防拆封，理想情况下使用加密数据，这样未经授权企图进行修改是不可能。

摄像机：在可能的情况下，建议使用高分辨率数码摄像机，根据船舶和捕捞作业情况覆盖船上所有感兴趣的区域。摄像机的位置、设置和记录必须确保探测到船舶活动、渔获物和兼捕物种，并能够准确识别物种（至少对 IOTC 管理区的所有物种）。该系统应当能在低光和非常明亮的自然光条件下（高光和低光对比）记录有关活动。摄像机必须防水，放置在独立的耐风雨的箱子中。

---

① 如果各船队间捕捞操作（渔获处理/放网收网）存在差异，EM 收集 ROS 最低数据需求也因船队而异（https://iotc.org/documents/ROS/DataStandards）。因此，这些数值仅作为通用指南参考，需不断审议更新

EM 记录：EM 记录文件名至少包括船名和船舶 ID、摄像机 ID、航次 ID、地理位置数据（日期、UTC、纬度和经度）、摄像机记录状态、EM 运行状态（如适用）、图像和使用时的传感器数据。

独立性：除了由船员进行的最低限度的维护（如传感器和摄像机清洁）之外，系统需要自我管理。该系统可能包括远程验证实时收集所有信息的功能。指定人员应当确保系统在离港前和在海上正常工作，并应为此目的制定一份协议（清单）。

无干扰：EM 设备不应对船上其他通信、导航、安全、地理定位设备（如 VMS）或捕捞设备产生或造成无线电频率干扰。

自主性：EM 设备应有自己的不间断电源或与船舶的电源连接，以确保即使在船舶停电的情况下也能正常工作。EM 设备应当包含独立的、重复的备份设备，以确保存储设备出现故障时数据不会丢失。

EM 数据存储自主权：EM 设备应有足够的存储容量来存储一段时间内的所有 EM 记录，至少应该是一个完整的航次。持续时间将取决于船舶的作业特性，可从 4 个月（围网船）到 12 个月或更长时间（延绳钓船）。

互操作性：理想情况下，EMS 应生成不同 EM 服务和审查提供方之间可互操作的 EM 记录，并在可能的情况下与其他数据收集和监测工具结合。

维护：应指定船上（和/或陆地上）的指定人员维护设备（如清洁镜头等），并当系统在港口或海上发生故障时向 EM 设备供应方和主管部门（如 IOTC 或船旗国）报告，以便尽快修复系统，并应在专用表格中记录 EM 设备的任何故障。

EM 后勤管理最低标准

EM 记录回收：EM 记录应通过移动网络、Wi-Fi、卫星或存储设备交换传输。对于后者，还应执行一份将存储设备收回并送达指定的 EM 审核中心的协议。

EM 记录存储：EM 记录应由船舶、公司、EM 服务提供方、EM 审查提供方或 EM 计划管理员保存至少 1 年或国家/地区 EM 计划规定的期限。

EM 记录备份：如果 EM 记录是以电子方式自动传送，则应考虑到任何必要的监管链安排，实施接收和备份 EM 的操作程序。

存储设备监管链：EMS 必须确保所有存储设备和 EM 记录的可追溯性。EMS 存储设备的监管链应当得到保证。

频率：EM 计划应当包括有关 EM 记录传送到 EM 审查中心的方法和频率（如每个航次后）的要求，这些要求应符合 CPC 或 IOTC 制定的最低标准。

EM 数据审查最低标准

EM 审查软件：EMS 应当包括方便审查 EM 记录并产生 EM 数据的软件，以便以 IOTC 通用输出格式汇编和报告，交换或提交给 IOTC。理想情况下，EM 审查软件可用于审查不同 EM 设备供应方收集的 EM 记录。

EM 记录审查与数据报送：EM 记录的审查及数据报送工作应由具备可靠专业资质和经验的机构、组织和独立公司承担（如具有随船观察员工作经验的实体）。在实施区域计划时，这些工作可集中由“区域 EM 审查中心执行”，并/或由国家机构或独立机构实施。

EM 记录和 EM 数据质量检查：EM 记录的审查过程应当包括通过 EM 记录质量检查、EM 数据输入检查、EM 数据中可能出现的自动错误识别（如不正确的陆上捕鱼作业位置等）、EM 观察员任务汇报等进行质量控制。在向 IOTC 秘书处报告之前，应当对产生的 EM 数据进行检查。

EM 数据：EMS 应允许收集和报告最低限度的 ROS 最低标准数据字段。EM 数据将根据第 22/04 号决议（被第 24/04 号决议取代）或任何替代决议规定的时间框架，使用 IOTC 标准表格并提交给 IOTC 秘书处。第 12/02 号决议“关于数据保密政策和程序”或任何替代决议所述的数据保密要求应适用于提交给 IOTC 秘书处的所有 EM 数据。

EM 观察员的培训：EM 观察员必须具备与 EM 记录审查相关的特定资格，这些资格应纳入区域或国家 EM 计划标准中。EM 观察员应参加专门的培训课程，这些培训内容应在 EM 审查协议修订后更新，以确保 EM 数据的高质量标准。

EM 观察员的资格：EM 观察员必须能够根据 IOTC 的要求审查 EM 记录并生成 EM 数据。EM 观察员应熟悉捕鱼活动，并能够识别：①IOTC 物种和特别关注的物种；②IOTC 捕捞方法；③IOTC 兼捕减缓方法。

与现行标准化数据流及数据库的兼容性：EM 数据应以与现行 IOTC 数据报告格式和标准兼容的输出格式（包括使用标准化且成熟的代码列表），以便交换收集的信息，并符合 IOTC 数据规则。所有 EM 数据将使用 IOTC 标准代码和计量单位，通过经批准的电子数据报送格式提交给 IOTC 秘书处。

数据存储和保留：应制定关于 IOTC 数据保护、存储和保留的法律规定，无论其是 REMP 还是 EM 国家计划并达成。

EM 记录所有权：EM 记录的所有权归船东/船旗国，但应向 IOTC 提供 EM 数据输出，以纳入 IOTC 数据库，供 IOTC 观察员关于区域观察员计划的决议要求使用、分析和处置。

硬件/软件所有权：无论 EM 计划的范围如何，建议硬件和软件授权的所有权（和维护）归船东/船旗国所有。

附件 3　船舶监测计划（指南）

每艘船舶应制定“船舶监测计划”，以确定摄像头的数量和位置，从而收集所需的 ROS 最低标准数据字段。船舶监测计划应由 CPC 渔业主管部门审核并提交给 WGEMS/WPDCS，以确保其符合 IOTC 的 REMP 和 EM 系统及数据标准。

在围网渔船上，建议摄像头覆盖的最小区域：

工作甲板（左舷和右舷）；

取鱼部和抄网；

前甲板或船艏部（如 FAD 活动）；

以及井甲板和传送带；对于传送带，要覆盖多处（如至少传送带的起始端和末端两处）。如果存在废弃传送带，也应将其覆盖。

摄像机必须拍摄以下行动：放网、抄网、收网、FAD 活动、总渔获、甲板井渔获分类（将渔获物倒入船舱或鱼舱的过程）、兼捕渔获物处理和释放，以及金枪鱼丢弃（图 1 和表 1）。

在大型围网船上，至少需要 6 个摄像头来覆盖捕鱼和渔获物处理操作；但对于较小的围网船（如舱容 300～400 吨），较少数量的摄像头（如 4 个）就可以覆盖收集所需数据的作业活动。

首选的 EM 设备配置应确保允许获取更多高质量/高分辨率图像（帧）的配置。数字视频通常是首选，但静态图像也是一种可行的选择，可以在船舶活动的各个阶段捕获信息。然而，考虑到存储容量有限，最优的配置可能是在某些特定区域/特定摄像头/特定

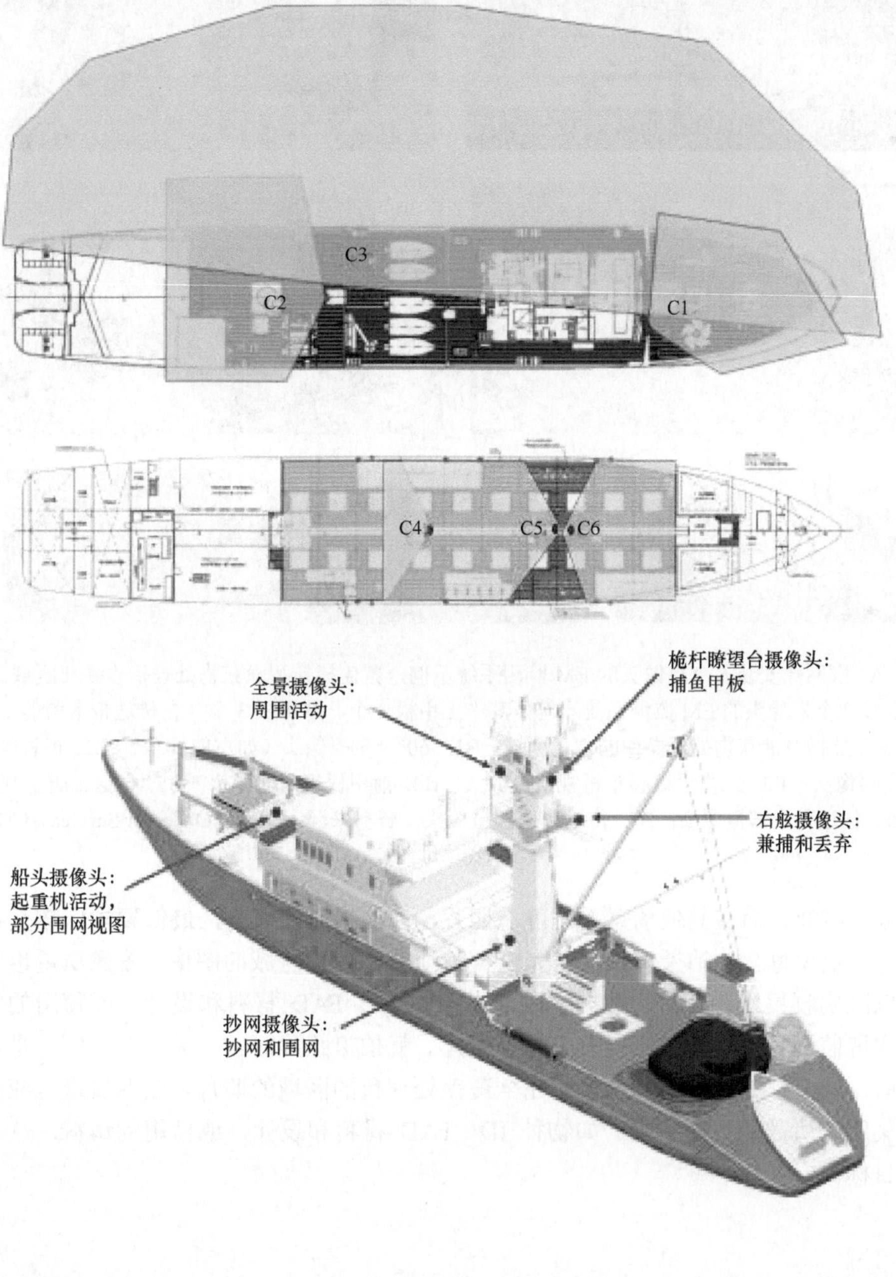

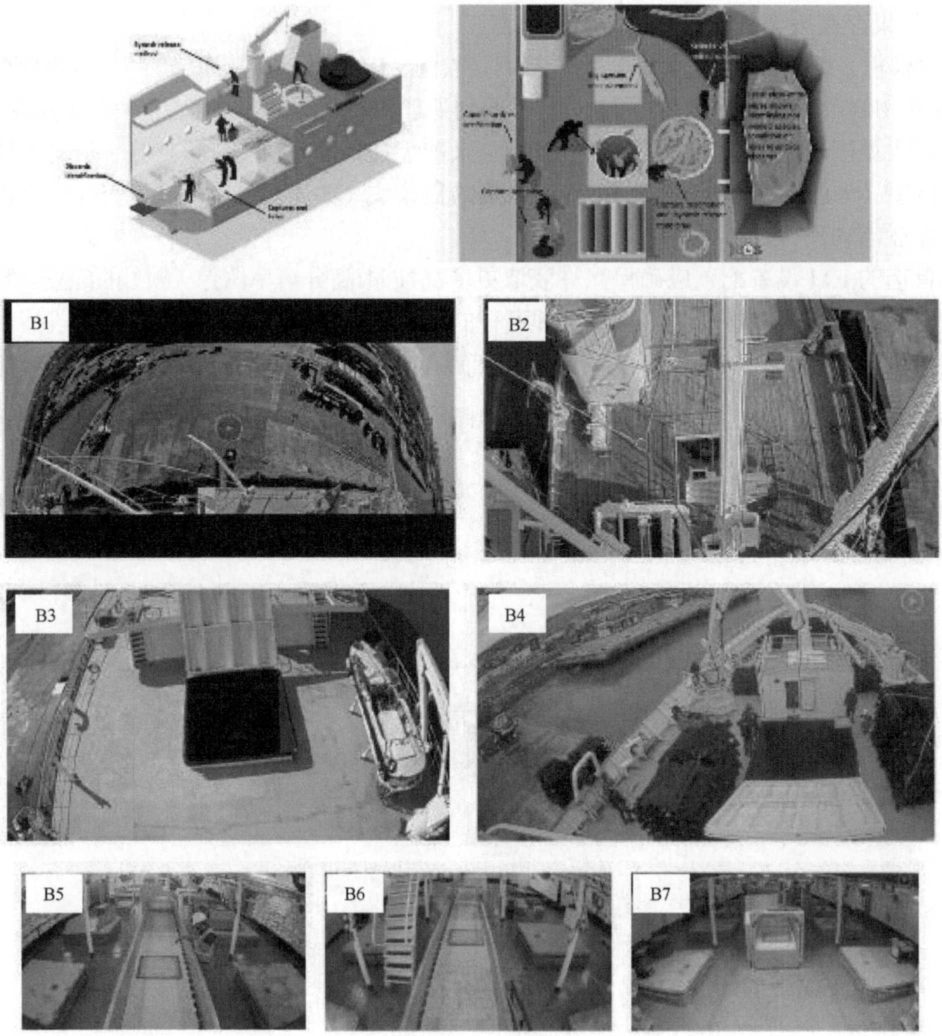

图 1　A. 围网船安装 6 个摄像头的 EM 监测系统示例，覆盖捕捞和渔获物处理操作主要区域。B. 围网船安装 7 个摄像头的 EM 监测系统示例，其中上甲板 4 个、井甲板 3 个（含传送带新增的 1 个摄像头），覆盖捕捞及渔获物处理操作的主要区域：B1. 360°全景摄像头（如左舷视角）；B2. 桅杆瞭望台艉部视角摄像头；B3. .工作甲板起重机视角摄像头；B4. 前甲板视角摄像头；B5. 传送带艉部视角摄像头；B6. 传送带中部摄像头；B7. 传送带艏部摄像头。资料来源：Digital Observer Services（彩图请扫封底二维码）

时刻采用视频，而在其他场景采用静态照片。就拍摄照片而言，最低要求应该是在捕鱼发生时，至少每 2 秒拍摄一张视角完全覆盖渔获物处理区域的图像。图像质量也应足够好，以准确收集所有所需的数据字段，如物种 ID、FAD 材料和设计，或使用的饵料，从而实现监测目标。在其他地方有静态照片。就拍摄照片而言，最低要求应该是在捕鱼发生时，最少每 2 秒拍摄一张视角完全覆盖处理鱼的区域的照片。图像质量也应足以准确收集所有所需的数据字段，如物种 ID、FAD 材料和设计，或使用的饵料，从而实现监测目标。

表 1　应当监测的最小区域和行动

覆盖区域	覆盖的行动	目的	拟监测的最低数据要求
工作甲板（左舷）	抄网作业	按网次的总渔获量、渔获物种类组成	抄网次数和抄网盛满度。存留的金枪鱼重量、规格和种类
	金枪鱼丢弃	按网次的金枪鱼总丢弃量	丢弃的金枪鱼重量、规格和种类
	兼捕渔获物处理	兼捕渔获物估计	个体数量、处理模式、种类识别
工作甲板（右舷）	兼捕渔获物处理	兼捕渔获物估计	处理模式
	兼捕渔获物释放	按网次的总兼捕量	个体数量和物种识别
水中围网区	抄网	按网次的总渔获量	抄网次数和抄网盛满度
	兼捕渔获物处理及个体动物（鲸鲨、蝠鲼等）安全释放	按网次的总兼捕量、处理和安全释放最佳实践应用	处理模式
	大型物种（鲸鲨、蝠鲼等）兼捕的释放	按网次的总兼捕量、处理和安全释放最佳实践应用	个体数量和物种 ID
前甲板或船舯部	FAD 活动（投放、更换、维修等）	每航次统计的 FAD 投放总数、FAD 设计及 FAD 活动情况	数量、材料（天然或人造）及 FAD 特性（缠绕型或非缠绕型）
甲板井和传送带	渔获物甲板井分类	物种组成	留存金枪鱼的重量、规格和种类
	兼捕渔获物处理	最佳实践	处理模式
	兼捕渔获物丢弃、释放或留存的估计	按网次的总兼捕量、种类组成、处理及安全释放最佳实践应用	个体数量、规格或重量，物种 ID 及死活情况

在延绳钓船上，建议摄像头至少覆盖的区域和活动（图 2 和表 2）：

①投放延绳钓的区域（通常是船尾现场摄像头）；

②绞收延绳钓的区域；

③处理渔获物的工作甲板；

④丢弃物种未被拉上船的周围水域；

⑤摄像头必须覆盖以下操作：延绳钓的投放、饵料类型信息、是否使用兼捕缓解技术（如惊鸟绳）、绞收延绳钓、所有钓获的物种（无论留存的还是丢弃的）、渔获物的死活情况及样本大小；

⑥对于多数金枪鱼延绳钓船，至少需配置 3 个摄像头方能覆盖捕鱼作业和渔获物处理操作：一个摄像头记录投绳时的图像；一个摄像头用于记录渔获物被牵引到船边和上船的过程；还有一个摄像头安装在渔获物处理甲板上方记录物种、样本大小和死活情况。此外，还建议另增加一个摄像头覆盖周围水域，以记录那些未被带上船的丢弃物种。

在竿钓船上，建议摄像头至少覆盖的最小区域包括诱饵捕捞活动区域、捕鱼操作和竿钓捕鱼活动区域（船尾摄像头）及处理渔获物的工作甲板。在典型的印度洋竿钓船上，这将需要至少 2 个或 3 个摄像头来覆盖主要捕鱼活动区域、渔获物处理操作区域和诱饵捕捞区域（图 3）。

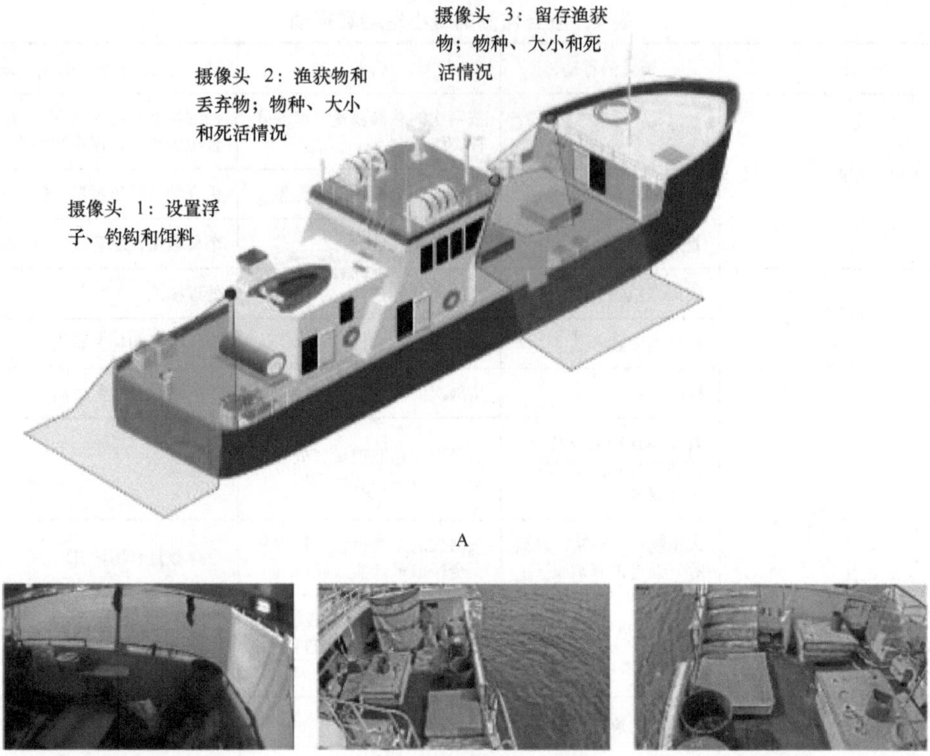

图 2　A. 延绳钓船安装 3 个摄像头 EM 设备覆盖捕捞和渔获处理主要作业区域示例。B. 3 个摄像头的视角。左图：船尾摄像头——放延绳钓，提供有关钓钩、浮标、兼捕减缓技术和饵料的信息；中图：捕鱼甲板 1 号摄像头——收延绳钓信息、渔获物和丢弃物及物种识别、大小和死活情况；右图：捕鱼甲板 2 号摄像头——物种死活情况、大小和物种识别。资料来源：https://digitalobserver.org/en/（彩图请扫封底二维码）

表 2　热带金枪鱼延绳钓船 EM 系统的总体配置及覆盖区域/活动

覆盖区域	覆盖的行动	拟监测的最低数据要求
船尾摄像头	开始和结束放钩操作	位置、日期和时间
		投放的总钩数和两浮球间钩数
		投放的总浮球数
		饵料类型
		饵料种类
		饵料比例（%）
		减缓措施/海洋污染
工作甲板	船上渔获物	按渔获物的体长和体重
		状态
		死活情况
		观察到的捕食者
	兼捕渔获物的丢弃、释放，或留存	按钩次的总兼捕渔获物和物种组成
处理区域	渔获物	按钩次的总渔获量

续表

覆盖区域	覆盖的行动	拟监测的最低数据要求
处理区域	渔获物	按渔获物的体长和体重
		性别
		死活情况
周围水域	开始与结束起钩操作	位置、日期和时间
	兼捕渔获物丢弃、释放或留存估计	按钩次的总兼捕量和种类组成
		种类状况和死活情况

1 通过体长-体重关系估计

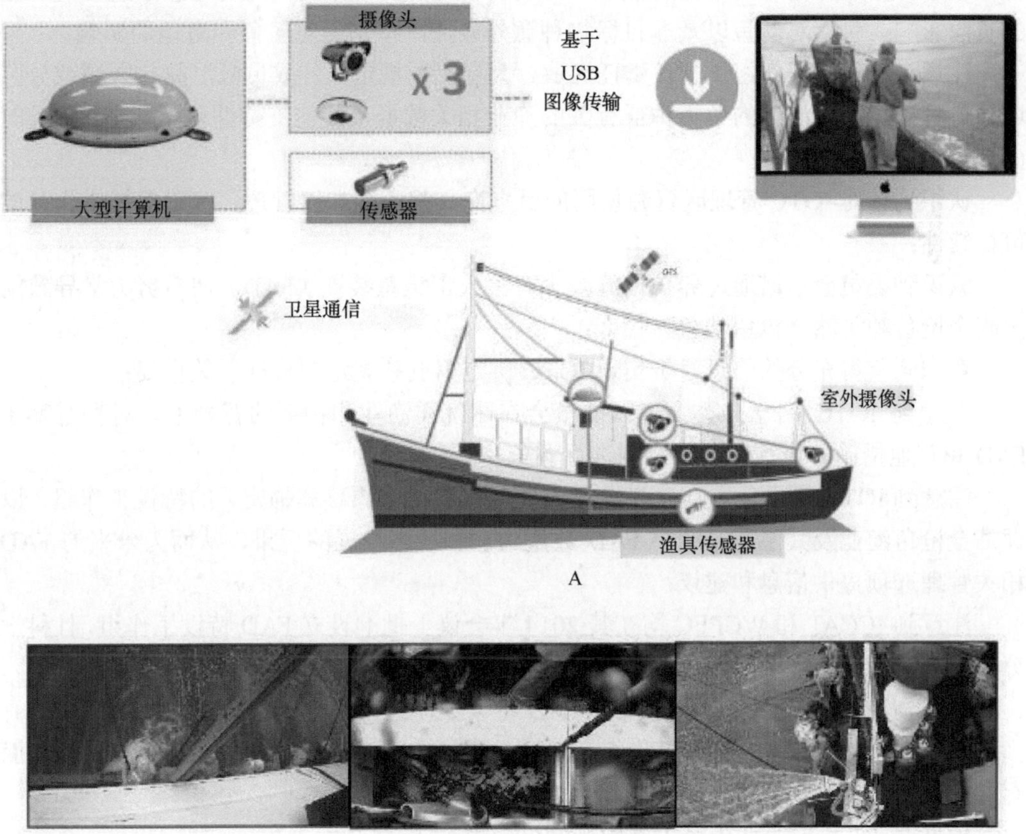

B

图3　A. 安装在比斯开湾（大西洋）竿钓船上的3个摄像头EM设备实例，覆盖了主要捕鱼作业和鱼类处理操作区域。B. 3个摄像头的视野。左图：船桥尾部摄像头视野——竿钓作业活动；中图：鱼类处理——渔获物储存；右图：船桥前端摄像头视野——诱饵和竿钓作业。资料来源：https://psmmarine.com/（彩图请扫封底二维码）

决议第 23/09 号：关于 FAD 特设工作组

印度洋金枪鱼委员会（IOTC），

考虑到《执行 1982 年 12 月 10 日〈联合国海洋法公约〉有关养护和管理跨界鱼类种群和高度洄游鱼类种群的规定的协定》（UNFSA），鼓励沿海国和公海捕鱼国及时收集和分享关于捕鱼活动的完整和准确的数据，尤其是船位、目标和非目标鱼种的渔获量及捕捞努力量等；

注意到联合国大会关于可持续渔业的第 67/79 号决议呼吁各国单独、集体或通过区域渔业管理组织和安排收集必要的数据以评估和密切监测大型集鱼装置和其他装置的使用情况，并酌情评估其对金枪鱼资源、金枪鱼行为及关联种和依附种的影响，以改善管理程序，从而监测此类装置的数量、类型和使用情况，并减轻其对生态系统可能产生的负面影响，包括对幼鱼以及非目标物种意外兼捕，特别是对鲨鱼和海龟的影响；

注意到联合国粮农组织《负责任渔业行为守则》规定，各成员应汇编与区域或分区域渔业管理组织所涵盖的鱼类种群有关的渔业相关数据及其他支持性科学数据，并及时向该组织提供；

认识到针对 IOTC 管理区资源使用的所有渔具都应当加以管理，以确保捕捞作业的可持续性；

意识到委员会承诺通过养护措施减少有关人工集鱼装置（FAD）捕捞努力量导致的大眼金枪鱼和黄鳍金枪鱼幼鱼死亡率；

意识到获得充分的信息对于实现 IOTC 协定第五条规定的目标至关重要；

注意到 IOTC 科学分委会建议委员会在印度洋渔业和种群的背景下，对暂时禁止 FAD 和其他措施的可行性及其影响进行调查；

注意到 IOTC 科学分委会建议设立一个关于 FAD（漂移和锚定）的特设工作组，以评估金枪鱼渔业及其生态系统中 FAD 数量增加和技术发展的后果，从而为未来的 FAD 相关管理选项提供信息和建议；

注意到 ICCAT 和 WCPFC 均在其 2014 年会议上批准设立 FAD 特设工作组，且科学分委会同意应尽可能至少开展 ICCAT 和 IOTC 的 FAD 特设工作组的合作；

注意到 2015 年通过相关决议后，FAD 特设工作组已召开 3 次会议；

认识到第 3 次 FAD 特设工作组会议注意到，在特设工作组的作用和报告结构方面存在一些不确定性，并同意该工作组在性质上应是技术性的；

根据 IOTC 协定第九条第 1 款的规定，决议如下：

1. 根据 IOTC 协定第十二条 5 款和 IOTC 议事规则（2024）规则 13 第 1 段，应设立一个人工集鱼装置（FAD）工作组（WGFAD）。
2. FAD 特设工作组的职责范围应按附件 1 的规定。
3. 除非委员会另有决定，WGFAD 应按附件 1 的规定每年召开一次会议。

附件1　人工集鱼装置工作组（WGFAD）的职责范围

1. FAD 特设工作组是一个技术和科学工作组，负责评估 FAD 管理措施的效力，并就其他可能的 FAD 管理办法提供建议。
2. WGFAD 的目标如下：
   a）收集和汇编有关过去和现在浮标及 FAD 的数量、FAD 技术变化和补给船的活动的信息；
   b）审议根据第 23/01 号决议和第 23/02 号决议（或任何后续修订）确立的 FAD 数据收集要求，并提供可能有用的修订建议；
   c）评估 FAD 技术的发展，特别是关于：
      i）由于技术改进导致的渔获能力变化；
      ii）使用 FAD 和浮标标记与识别作为监测、跟踪及管控 FAD 的工具；
      iii）通过改进设计，如非缠绕 FAD 和可生物降解材料，减少 FAD 的生态影响。
   d）评估在资源评估过程中，特别是在单位捕捞努力量渔获量标准化过程中，改进使用 FAD 相关信息的方法；
   e）确定潜在的管理方案，包括适当的投放限制、区域关闭、网次限制及 FAD 的特征；
   f）评估 FAD 管理方案对 IOTC 管理物种和中上层生态系统的影响；
   g）分享有关 FAD 相关渔业现行做法和挑战的科学与技术经验、知识及信息。
3. IOTC 秘书处应考虑通过在线形式或利用参会基金召开 WGFAD 会议，以便于对 WGFAD 作出重要贡献的 IOTC 沿海成员国科学家参与。
4. 访问 WGFAD 使用的数据应遵循第 12/02 号决议（或任何后续替代决议）规定的保密政策和程序。
5. WGFAD 应主要由科学家和技术专家组成，但不限于渔业管理人员、渔业行业代表、行政人员和其他利益相关方。
6. 讨论应优先考虑技术文件。
7. WGFAD 应铭记第 12/15 号建议的各项内容。
8. WGFAD 应每年召开一次会议，并酌情向热带金枪鱼工作组、生态系统和兼捕工作组及数据收集和统计工作组的年度会议报告工作。相关工作组应酌情向科学分委会提出建议。
9. IOTC 将在其年度会议上通过科学分委会的报告对 WGFAD 的工作进展和成果进行审议，并酌情就可能建议的对第 23/01 号决议和第 23/02 号决议（或任何后续修订）的修订作出决定，以实施适当的 FAD 管理措施。

决议第 23/10 号：关于社会经济工作组的职责范围

印度洋金枪鱼委员会（IOTC），

考虑到委员会的目标是持续审议基于 IOTC 协定所涵盖种群的渔业的经济和社会方面；

进一步考虑到委员会的目标是在包括 IOTC 管理区发展中国家的特殊要求在内的各种有关环境和经济因素的限制下，使鱼类种群数量长期大概率地维持在不低于能够产生最大持续产量的水平；

注意到 IOTC 协定第十六条关于沿海国权利及《联合国海洋法公约》第 87 条和第 116 条关于公海捕鱼的权利；

认识到发展中国家的特殊要求，特别是《执行 1982 年 12 月 10 日〈联合国海洋法公约〉有关养护和管理跨界鱼类种群和高度洄游鱼类种群的规定的协定》（UNFSA）第 24 条中发展中国家，特别是小岛屿发展中国家的特殊要求；

回顾 UNFSA 第 6 条，要求各国对高度洄游鱼类种群的养护、管理和开发广泛采用预防性做法；

进一步回顾预防性做法要求各国在信息不确定、不可靠或不充分时更加谨慎，并且预防性做法规定，不能以缺乏科学信息为理由推迟或不采取养护和管理措施；

考虑到 2009 年 6 月 23 日至 7 月 3 日在西班牙圣塞巴斯蒂安举行的神户系列第二次会议（KOBE II）通过的建议：酌情按渔业实施捕捞能力冻结，且这种冻结不应限制发展中沿海国从事和发展可持续金枪鱼渔业并从中受益；

进一步考虑到 2011 年 7 月 11～14 日在加利福尼亚州拉霍亚举行的神户系列第三次会议（KOBE III）通过的建议，考虑到资源状况，每个区域渔业管理组织应考虑一项减少过剩捕捞能力的计划，其方式不限制发展中沿海国，特别是小岛屿发展中国家、领地和经济弱小的国家从事和发展包括公海在内的可持续金枪鱼渔业并从中受益；并在适当情况下，将捕捞能力从发达捕鱼国成员转移给发展中沿海捕鱼成员；

进一步考虑到联合国大会第 70/75 号决议，呼吁各国在制定、采用及实施养护和管理措施时增加对科学建议的信赖，并考虑到发展中国家，包括《小岛屿发展中国家快速行动方式》（又名《萨摩亚途径》）中所强调的小岛屿发展中国家的特殊需要；

回顾 IOTC 协定第十二条第 5 款——附属机构规定：

“5. 委员会依据本条的规定，可建立为本公约目的的实现所必要的专门委员会、工作组或其他附属机构。”

回顾 IOTC 议事规则（2024）规则 13 第 1 款——委员会其他附属机构规定：

“1. 根据协定第十二条第 5 款，委员会也可为协定目的的实现建立必要的分委会、工作组或其他附属机构。

2. 根据协定第十二条第 5 款，委员会设立下列常设工作组，作为科学分委会或委员会的咨询机构”。

注意到社会经济数据是基于证据的渔业管理所需要的科学咨询的关键组成部分，但在许多国家，这些数据是有限的，通常是因为缺乏收集这些数据的技术能力；

根据 IOTC 协定第九条第 1 款的规定，决议以下：

1. 根据 IOTC 协定第十二条第 5 款，委员会设立一个社会经济工作组（WPSE）。

2. WPSE 的职责范围及议事规则载于附件 1。

3. 职责范围和该工作组议事规则应在下次修订 IOTC 议事规则时纳入 IOTC 议事规则。

4. 本决议在纳入 IOTC 议事规则的下一次修订后失效。

附件 1　社会经济工作组——职责范围和议事规则

社会经济工作组（WPSE）应向委员会报告 IOTC 管理区金枪鱼和类金枪鱼渔业的社会经济状况与动态，评估及建议养护和管理措施、配额分配和捕捞限额及 IOTC 科学分委会的建议对 CPC 的潜在影响。

组成：

WPSE 在本质上应是技术和科学性质的，并应由利益相关方、专家和从业者组成，特别是以下人员：

a）社会科学家；

b）经济学家；

c）渔业官员；

d）邀请的专家。

科学分委会主席（或指定人员）必须参加 WPSE 会议。

授权：

WPSE 应：

a）制定 WPSE 的工作计划；

b）确定、审议和建议适当的、稳健的衡量标准与指标，以评估渔业的社会和经济动态。

c）确定并建议向 IOTC 秘书处提交信息的报告标准及提交方式，或从多边协定和组织获取相关信息，同时应考虑新的数据收集要求不应构成行政负担。

d）提议和推动：

i）根据 a）项指出的、用于收集和管理社会及经济数据的区域协调统一及改进的方法和工具；

ii）分析 IOTC 管理区金枪鱼和类金枪鱼渔业价值链，以评估其社会经济状况和动态；

iii）分析 CMM 对这些因素的可能影响。

e）提供数据和指标定义指南，以确保 CPC 之间对数据和指标采取一致的方法。

f）与数据收集和统计工作组密切合作，收集和汇编历史与当前的社会及经济指标的信息，包括但不限于 IOTC 管理区金枪鱼和类金枪鱼渔业的社会和经济贡献、各自对鱼类资源的经济依赖、渔业的社会和经济重要性、对国家粮食安全需求的贡献、国内消费、出口收入、渔业补贴和就业等。

g）制定评估框架，以分析实施 CMM、配额分配和捕捞限制，以及 IOTC 科学分委会建议所产生的社会和经济影响。

h）支持和协调在其职责范围内的能力开发与培训计划。

i）每年举行一次会议，首次是面对面的会议，后续会议可以面对面或混合方式举行。考虑到 IOTC 预算限制和 IOTC 第 22/01 号决议（被第 24/01 号决议取代），在线会议将是首选方案，或面对面会议，秘书处将寻求减少会议费用的解决方案。

该 IOTC 会议参与基金应用于资助每个符合条件的缔约方最多一名（1 名）代表参会，以协助完成 WPSE 工作组的职责使命。

所有 WPSE 收集的数据都应遵守第 12/02 号决议（或任何替代决议）所载的保密政策和程序。

决议第 22/03 号：关于 IOTC 管理区大眼金枪鱼管理程序

印度洋金枪鱼委员会（IOTC），

有养护和最佳利用印度洋金枪鱼和类金枪鱼的责任；

认识到有必要采取行动，确保实现 IOTC 管理区养护和管理金枪鱼资源的目标；

认识到委员会通过的第 15/10 号决议规定的管理目标是：①将生物量维持在高于能够产出 MSY 或其替代指标所需的水平；②将捕捞死亡率维持在低于产出 MSY 或其替代指标的水平；③避免突破生物量低于 B_{LIM} 而捕捞死亡率高于 F_{LIM}；

注意到 IOTC 协定第十六条关于沿海国权利和《联合国海洋法公约》第 87 条和第 116 条关于公海捕鱼的权利；

认识到在《执行 1982 年 12 月 10 日〈联合国海洋法公约〉有关养护和管理跨界鱼类种群和高度洄游鱼类种群的规定的协定》（UNFSA）第 24 条中发展中国家，特别是小岛屿发展中国家的特殊要求；

认识到 IOTC 第 12/01 号决议“关于实施预防性做法”，呼吁印度洋金枪鱼委员会根据 UNFSA 第 6 条实施和应用预防性做法；

回顾“关于目标参考点、限制性参考点及决策框架”的第 15/10 号决议，确认委员会的目标是在包括 IOTC 管理区发展中国家的特殊需要在内的各种有关环境和经济因素的限制下，使鱼类种群数量长期大概率地维持在不低于能够产生最大持续产量的水平；并确定包括大眼金枪鱼在内的 IOTC 鱼类种群的参考点；

认识到委员会有意采用管理程序，以期如第 16/09 号决议所规定并在制定 IOTC 区域关键物种管理程序的工作时间表中进一步阐述的，在管理程序技术分委会（TCMP）建议的帮助下，实现 IOTC 协定（第 15/10 号决议）的目标；

确认科学分委会建议，2019 年最新的资源评估确定大眼金枪鱼没有发生资源型过度捕捞，但正遭受强度型过度捕捞；

进一步考虑到科学分委会第 24 届会议（2021 年 12 月，SC24）认可大眼金枪鱼的操作模型，以及 SC24 指出，测试候选管理程序性能所需的关键技术工作（管理策略评估）已经完成；

进一步考虑到 TCMP 第 5 届会议关于大眼金枪鱼管理程序的意见和建议，其中指出，向 TCMP 提交的两个大眼金枪鱼候选管理程序都可实现管理目标，并建议委员会第 26 届会议讨论并选择通过其中一个候选管理程序；

根据 IOTC 协定第九条第 1 款的规定，决议如下：

1. IOTC 管理大眼金枪鱼种群的管理程序的目的是将种群生物量维持在科比图的绿色区（未遭资源型过度捕捞，也没有发生强度型过度捕捞），同时使平均渔获量最大化，并减少各管理周期之间许可总渔获量（TAC）的波动。

管理程序

2. 通过的大眼金枪鱼管理程序（MP），称为 MP1 捕捞，见附件 1 所述。

3. 为符合委员会通过的管理目标，该管理程序旨在实现：
   a）大眼金枪鱼产卵种群生物量在 2034～2038 年达到 SB_{MSY} 目标参考点的概率为 60%；
   b）大眼金枪鱼产卵种群生物量以大概率避免突破第 15/10 号决议设定的暂定极限参考点；
   并遵循以下限制条件：
   c）TAC 的最高增、减幅度应为前次 TAC 的 15%。

总允许渔获量的设定

4. 科学分委会应运行该管理程序并将结果通报委员会，包括建议的 TAC 以及根据委员会认可的 IOTC 管理程序的特殊情况条款指南（见 IOTC-2021-SC24-R 附录 6a），关于特殊情况的任何建议。
5. 委员会应根据管理程序的结果通过 TAC，除非科学分委会确定需要考虑由委员会采取替代管理行动的特殊情况。
6. 源自管理程序的第一个 TAC 应适用 2024 年和 2025 年。2025 年以后，TAC 应在委员会确定 TAC 的年份之后的 3 年适用①。
7. 从本决议通过后的第一个公历年开始，制定和适用 TAC 的时间表载于附件 2。
8. 如触发特殊情况，原有 TAC 应继续有效，直到委员会同意新的 TAC 或其他管理措施。

TAC 的分配

9. CPC 之间的 TAC 分配将根据本措施之外商定的程序进行。
10. 如果分配方案尚未得到委员会的同意和执行，委员会将不迟于 2025 年制定一项机制，将大眼金枪鱼渔获量限制在管理程序得出的 TAC 范围内。

审议

11. 委员会及其附属分委会将于 2030 年审议管理程序的实施成效。审议的目的是确保管理程序如预期，以及是否存在任何条件需要重新调整运行模型、重新调整现有管理程序，或考虑替代候选管理程序以及新的全面管理策略评估。
12. 要求科学分委会必要时进行审议，进一步发展和完善（不迟于 2024 年）由 SC24 和 S26 通过的特殊指南，除其他外，考虑在定义特殊情况时需要在界定特殊性与灵活性之间取得适当平衡，以及适当程度的稳健性，以确保特殊情况仅在必要时触发的适当稳健性水平。
13. 要求 IOTC 通过管理程序技术分委会审议是否有必要制定相关指导方针，如有必要，最迟于 2025 年制定一系列适当的管理对策指南，以应对可能发生的特殊情况。

---

① 例如，科学分委会在 2022 年运行该管理程序，委员会在 2023 年设定 TAC，TAC 适用于 2024 年和 2025 年。科学分委会在 2024 年运行该管理程序，委员会在 2025 年设定 TAC，TAC 适用于 2026～2028 年

附件 1　MP1_Harvest 参数的描述和计算公式

MP1_Harvest 有两个数据输入：总渔获生物量和从 1980 年到最近一年渔获量数据的空间汇总的延绳钓单位努力量渔获量（CPUE）。然后，在给定渔获生物量的条件下，将 Pella-Tomlinson 生物量动态模型与 CPUE 数据拟合。估计的参数有承载力（K）、内禀增长率（r）、初始生物衰退量（delta）、生产曲线形状参数（m）、生物量（B）及其随机变异值 sigma$B$。从这些参数中，我们推导出捕捞控制规则（HCR）中使用的关键变量：

1. 捕捞死亡率与产出最大持续产量（MSY）之比（F_{MSY} ratio）。

2. 相对生物量或消耗量：B/K。

HCR 是一个简单的曲棍球棒类型曲线：当生物量消耗超过 0.4 时，HCR 乘数（HCR_{mult}）为 1；当生物量消耗为 0.1 时，HCR 乘数呈线性降低到（几乎）零。用于估计 TAC 的总体捕捞死亡率的计算如下：F_{MSY} ratio×HCR_{mult}×F_{mult}（调整参数）。该捕捞死亡率与生物量（B）一起用于计算新的 TAC（TAC_{new}）。然后应用 15%最大对称变化来计算实际建议的 TAC。定义 HCR 的主要方程组如下：

$$\text{如果 } B_y/K \geqslant 0.4\text{，那么 } HCR_{mult}=1$$

$$\text{如果 } 0.1 < B_y/K < 0.4\text{，那么 } HCR_{mult}=(B_y/K-0.1)/0.3$$

$$\text{如果 } B_y/K \leqslant 0.1\text{，那么 } HCR_{mult}=0.0001$$

$$TAC_{new}=[1-\exp(-F_{mult}\times HCR_{mult}\times F_{MSY}\text{ ratio})]$$

数据规范

MP1_Harvest 的输入数据为：

a）IOTC 管理区大眼金枪鱼的总渔获量。数据由 IOTC 秘书处整理，并每年提供给 IOTC 热带金枪鱼工作组。使用的数据是从 1980 年到最近一年的可用数据；

b）标准化和空间汇总的延绳钓 CPUE。这些数据来自 Hoyle 等（2019）[①]描述的联合标准化分析方法，适用于 1980 年至最近一年可获得的渔获量和努力量数据。

附件 2　实施管理程序时间表

IOTC 分委会	2022 年	2023 年	2024 年	2025 年	2026 年	2027 年	2028 年	2029 年
委员会（5/6 月）	选择和通过 SWF 管理程序	年度审议 SC 的建议 →	→	→	→	→	→	→
		确立 TAC（2024～2025 年）			确立 TAC（2026～2028 年）			确立 TAC（2029～2031 年）

① Hoyle S，Chang S T，Fu D，Kim D N，Lee S I，Matsumoto T，Chassot E，Yeh Y M. 2019. Collaborative study of bigeye and yellowfin tuna CPUE from multiple Indian Ocean longline fleets in 2019，with consideration of discarding. IOTC-2019-WPM10-16. https://iotc.org/documents/WPM/10/16

续表

IOTC 分委会		2022 年	2023 年	2024 年	2025 年	2026 年	2027 年	2028 年	2029 年
WPB 和 WPM（10 月）	整理用于 MP 的数据				整理用于 MP 的数据			整理用于 MP 的数据	
	特殊情况（EC）年度审议，向 SC 提出建议		EC 审议	EC 审议	EC 审议	EC 审议	EC 审议	EC 审议	EC 审议
SC（12 月）	运行管理程序				运行管理程序			运行管理程序	
			评估资源状况			评估资源状况			评估资源状况
	年度审议特殊情况			→	→	→	→	→	→
	向委员会提出 TAC 的建议				提出 TAC 的建议			提出 TAC 的建议	

注：资源状况评估与管理程序具有明显不同的作用和目的，因此不用于建议 TAC。将其纳入本时间进度表旨在确定运行评估时的最佳做法，即评估应在作出管理程序许可总渔获量（MPTAC）决定的次年进行

决议第 21/01 号：关于恢复 IOTC 管理区印度洋黄鳍金枪鱼资源的暂定计划①

印度洋金枪鱼委员会（IOTC），

考虑到委员会的目标是在包括 IOTC 管理区内发展中国家的特殊要求在内的各种有关环境和经济因素的限制下，使金枪鱼鱼类种群数量长期大概率地维持在不低于能够产生其最大持续产量的水平；

注意到 IOTC 协定第十六条有关沿海国的权利和《联合国海洋法公约》第 87 条和第 116 条有关公海捕鱼的权利；

认识到发展中国家的特殊需求，特别是《执行 1982 年 12 月 10 日〈联合国海洋法公约〉有关养护和管理跨界鱼类种群和高度洄游鱼类种群的规定的协定》（UNFSA）第 24 条（b）款所载发展中国家，特别是小岛屿发展中国家的特殊需求；

进一步认识到 UNFSA 第 24 条（c）款，有必要确保养护和管理措施不会直接或间接地将养护行动的负担不成比例地转移给发展中国家；

回顾 UNFSA 第 5 条规定，高度洄游鱼类种群的养护和管理规定是基于现有的最佳科学证据，并特别参考 IOTC 第 15/10 号决议，当某一资源的评估状态处于科比图红色象限时，其目标是以大概率结束过度捕捞，并在尽可能短的时间内恢复该资源的生物量；

进一步回顾 UNFSA 第 6 条和 IOTC“关于实施预防性做法”的第 12/01 号决议，要求各国在数据不确定、不可靠或不充分的情况下实施预防性做法应谨慎，但不应成为推迟或不通过养护和管理措施的理由；

考虑到 2009 年 6 月 23 日至 7 月 3 日在西班牙圣塞巴斯蒂安召开的神户系列第二次会议通过的建议；酌情以渔业为基础对渔业实施捕捞能力冻结，且这种冻结不应限制发展中沿海国家进入、发展可持续的金枪鱼渔业并从中受益；

进一步考虑到 2011 年 7 月 11～14 日在加利福尼亚州拉霍亚召开的神户系列第三次会议通过的建议；考虑到资源状况，每个区域渔业管理组织应考虑一项减少过剩捕捞能力的计划，且该计划不得限制发展中沿海国家，特别是小岛屿发展中国家、领地和经济弱小和脆弱的国家，进入、发展可持续的金枪鱼渔业（包括在公海上）并从中受益；并在适当情况下，在其管理区内将发达捕鱼成员的捕捞能力转给发展中沿海捕鱼成员；

进一步考虑到 2018 年 10 月 29 日至 11 月 3 日在塞舌尔召开的热带金枪鱼工作组第 20 次会议的关切，围网渔船为维持目标渔获量水平改变策略增加使用人工集鱼装置，已导致黄鳍金枪鱼和大眼金枪鱼幼鱼渔获量明显增加；

注意到补给船有助于增加围网船的努力量和捕捞能力，并且多年来补给船的数量多年来显著增加；

---

① 本决议不适用印度、印度尼西亚、伊朗、马达加斯加、阿曼和索马里；第 19/01 号决议对印度尼西亚、伊朗、马达加斯加、阿曼和索马里仍然具有约束力；第 18/01 号决议对印度仍然具有约束力；第 21/01 号决议于 2021 年 12 月 17 日生效

进一步考虑到联合国大会第 70/75 号决议，呼吁各国在制定、通过及实施养护和管理措施时应更多地依靠科学建议，并考虑到发展中国家，包括《小岛屿发展中国家快速行动方式》（又名《萨摩亚途径》）中所强调的小岛屿发展中国家的特殊需求；

注意到 IOTC 协定第五条第 2 款 b）项充分认识到本区域内的发展中国家成员在养护、管理和最佳利用本协定所涵盖的鱼类种群方面的特殊利益和需要，并鼓励基于此鱼类资源为基础发展渔业；

进一步注意到 IOTC 协定第五条第 2 款 d）项要求委员会不断审议本协定所涵盖鱼类的渔业经济和社会问题，并特别考虑到发展中沿海国家的利益，包括确保所通过的养护和管理措施不会直接或间接地将养护行动的不成比例的负担转移给发展中国家，特别是小岛屿发展中国家；

进一步认识到黄鳍金枪鱼、鲣和大眼金枪鱼渔业之间的相互影响；

进一步考虑到科学分委会第 23 届会议的管理意见，即鉴于资源评估的局限性和不确定性，以及无法使用 2018 年黄鳍金枪鱼资源评估得出的 K2SM 建议，渔获量应至少减少到低于 C_{MSY} 估计值（40.3 万吨）的水平，并需要将捕捞死亡率从 2017 年的水平降低捕捞死亡率，以消除对种群的过度捕捞；

进一步考虑到科学分委会第 23 届会议提出的关于 2018 年种群评估得出的估计 K2SM 概率估计的问题，以及由于 2018 年制定的 K2SM 在概率计算中的预测和估计存在严重错误，该模式不适合提供管理建议；

进一步考虑到科学分委会 2020 年的建议，即委员会应确保 CPC 采取一切必要行动，根据第 19/01 号决议减少其船队的渔获量；

根据 IOTC 协定第九条 1 款的规定，决议如下：

适用

1. 本决议应适用于 IOTC 管理区内所有 CPC。
2. 本决议自 2022 年 1 月 1 日起生效。本决议所载措施应被视为暂定措施，并将由委员会最迟于 2022 年的年会上进行审议。
3. 尽管有第 2 段的规定，但本决议应在委员会通过并实施黄鳍金枪鱼资源的正式管理程序及该程序生效时进行审议。
4. 本决议的任何规定不得预先决定或损害未来捕鱼机会的分配。

捕捞限额

5. 2014 年报告的黄鳍金枪鱼渔获量超过 5000 吨的 CPC，其黄鳍金枪鱼渔获量应比 2014 年减少 21%，但以下情况除外；
   a）如果这些 CPC 是发展中沿海国，其黄鳍金枪鱼渔获量应比 2014 年减少 12%；
   b）如果这些 CPC 是小岛屿发展中国家或最不发达国家，其黄鳍金枪鱼渔获量应比 2014 年减少 10%。
6. 2014 年报告的黄鳍金枪鱼渔获量低于 5000 吨且 2017～2019 年（含）平均黄鳍金枪鱼渔获量高于 5000 吨的 CPC，其黄鳍金枪鱼渔获量应比 2014 年减少 21%，但：

a）如果这些 CPC 是发展中沿海国，其黄鳍金枪鱼渔获量应比 2017～2019 年的平均黄鳍金枪鱼渔获量减少 12%；

b）如果这些缔约方是小岛屿发展中国家或最不发达国家，其黄鳍金枪鱼渔获量应比 2017～2019 年平均黄鳍金枪鱼渔获量或 2018 年黄鳍金枪鱼渔获量减少 10%，其中以较高者为准。

7. 2014 年报告的黄鳍金枪鱼渔获量低于 5000 吨，且 2017～2019 年（含 2017 年）平均黄鳍金枪鱼渔获量在 2000～5000 吨的 CPC，其黄鳍金枪鱼的渔获量不得超过 2017～2019 年报告的最大值。

8. 2014 年报告的黄鳍金枪鱼渔获量低于 5000 吨，2017～2019 年（含）平均黄鳍金枪鱼渔获量低于 2000 吨的 CPC，其渔获量不应超过 2000 吨。

9. 关于第 8 段，并回顾第 4 段，有 3 个 CPC 出于养护目的特别同意 2022 年（或 1 年）的黄鳍金枪鱼渔获量限制在不同水平。

10. 在适用第 5 段的渔获量削减时，小岛屿发展中国家和最不发达国家 CPC 可以选择 2014 年或 2015 年报告的黄鳍金枪鱼渔获量，或 2017～2019 年的平均黄鳍金枪鱼渔获量。

11. 远洋捕捞 CPC 在适用第 5 段的渔获量消减时，如果其 2017～2019 年黄鳍金枪鱼平均渔获量低于 10 000 吨，则这些 CPC 应将其黄鳍金枪鱼渔获量较 2014 年水平减少 13%。

12. CPC 将确定实现这些渔获量削减的适当方法，其中可包括捕捞能力削减、努力量限制等，并将每年在其执行报告中向 IOTC 秘书处报告。

13. 任何根据 IOTC 第 15/01 号决议提交黄鳍金枪鱼历史渔获量更新数据并经秘书处和 IOTC 科学分委会核实的 CPC，应有权按照本决议规定的限额捕捞黄鳍金枪鱼。

超出年捕捞限额

14. 如果某一 CPC 的渔获量超出第 5～13 段所列的年度限额，该 CPC 的捕捞限额应按以下方式削减：

a）如果 2020 年和/或 2021 年的渔获量超出第 19/01 号决议规定的限额，应从其后两年的限额中扣回 100%超额捕捞量；

b）如果 2022 年及以后年份的渔获量超限额，应从下两年的限额中扣回 100%超额捕捞量，除非；

c）该 CPC 连续两年或两年以上出现超限额渔获量，在这种情况下，应从其后两年的限额中扣除 125%超额捕捞量。

15. 因渔获量超额而削减渔获量的 CPC 应在其执行报告中，通过履约分委会向委员会通报其为遵守规定的渔获量水平而采取的纠正行动。

16. 第 14 段所述的修订后的捕捞限额将在下一年适用，并应根据该 CPC 向 IOTC 履约分委会报告的修订捕捞限额评估其遵守情况。

17. CPC 按照“关于 IOTC 管理区渔船记录渔获量和努力量数据”的第 15/01 号决

议和关于对“关于对 IOTC 缔约方和合作非缔约方强制性统计报告要求”的第 15/02 号决议提交的热带金枪鱼数据应由秘书处审议，并经科学分委会讨论是否有可能存在不一致之处。在这种情况下，科学分委会应提供发现不一致的依据，并就科学分析所要进行的工作，说明选择最佳解决方案的依据。用于计算捕捞限额的数据，包括可能的估算值，应基于秘书处审议的数据。

补给船

18. CPC 应按照下述 a）项和 b）项的规定在 2022 年 12 月 31 日前逐步减少主捕热带金枪鱼围网作业中的补给船[①]，具体按照下述 a）项和 b）项的规定。船旗国应将减少使用补给船的情况作为执行报告的一部分，提交给履约分委会。
    a）2022 年 1 月 1 日至 2024 年 12 月 31 日：每 3 艘补给船支持不少于 10 艘同一船旗国的围网船[②]；
    b）CPC 不得在 IOTC 授权渔船名单上注册任何新的或额外的补给船。
19. 单艘围网船在任何时间点不得由一艘以上同一船旗国的补给船提供支持。
20. 作为第 15/08 号决议和第 15/02 号决议的补充，CPC 或船旗国应在次年 1 月 1 日前报告上一年每艘补给船为围网船提供服务的作业情况。这些信息将公布在 IOTC 网站上，以便所有 CPC 都可以访问，并且是强制性的。

刺网

21. 在不损害 IOTC 协定第十六条的情况下，考虑到刺网渔具对生态的巨大影响，并加快实施“关于禁止在 IOTC 管理区使用大型流网”的第 17/07 号决议，同时注意到自 2022 年 1 月 1 日起在 IOTC 管理范围内禁止使用大型流网，CPC 应鼓励逐步淘汰刺网渔船或将其转型为其他渔具。
22. CPC 应在 2023 年之前，在刺网渔业中将刺网设置于距海面 2 米深处，以减轻刺网对生态的影响。
23. 鼓励 CPC 在 2023 年前使用经 IOTC 科学分委会认可的替代数据收集方法（电子或人工），将刺网渔船的观察员覆盖率或现场抽样率增加到 10%。
24. CPC 应通过履约分委会向 IOTC 报告第 21～23 段的实施情况。

行政管理

25. IOTC 秘书处应根据科学分委会的建议，于当年 12 月准备一份上一年度按第 5～13 段所述条件分列的捕捞限额分配表。
26. 为本决议的目的，每一 CPC 应在下一年的 2 月 15 日前，向执行秘书通报上一年度在 IOTC 管理区内捕捞黄鳍金枪鱼的渔船名单。
27. IOTC 秘书处应以捕捞船队能力指标汇总统计的形式汇编实际作业渔船名单，每年向 IOTC 履约分委会和科学分委会报告。

---

① 为本决议的目的，“补给船”一词包括支持船

② a）项不适用于仅使用一艘补给船的 CPC

28. CPC 应按照“关于 IOTC 管理区渔船记录渔获量和努力量数据”的第 15/01 号决议和“关于对 IOTC 缔约方和合作非缔约方强制性统计报告要求”的第 15/02 号决议监测其渔船的黄鳍金枪鱼渔获量，并向 IOTC 履约分委会提供一份最近黄鳍金枪鱼渔获量摘要供其审议。
29. IOTC 履约分委会应每年评估本决议规定的报告义务和捕捞限额的遵守情况，并应据此向委员会提出建议。
30. IOTC 科学分委会应通过其热带金枪鱼工作组“实施改进现有黄鳍金枪鱼评估工作计划”，并向委员会提出进一步加强所开展工作所需的财务和行政要求方面建议，以尽量减少黄鳍金枪鱼资源评估相关问题和复杂性。
31. IOTC 科学分委会及其工作组应优先考虑黄鳍金枪鱼管理程序的工作，并向管理程序技术分委会提出建议，使委员会能够尽早通过黄鳍金枪鱼管理程序。
32. 科学分委会应通过其热带金枪鱼工作组对本决议详述的措施的有效性进行评估，同时考虑所有可能的捕捞死亡来源，目的是使生物量恢复并维持在委员会的目标水平。
33. 本决议取代 IOTC“关于恢复印度洋黄鳍金枪鱼资源的暂定计划”的第 19/01 号决议。

决议第 19/03 号：关于养护 IOTC 管理区相关渔业捕捞蝠鲼

印度洋金枪鱼委员会（IOTC），

认识到“关于实施预防性做法”的第 12/01 号决议呼吁 IOTC 缔约方和合作非缔约方在管理金枪鱼和类金枪鱼时依《联合国鱼类种群协定》第 5 条采用预防性做法，并为了良好的渔业管理，这种做法也适用于国家管辖区内；

回顾“关于养护 IOTC 管理渔业捕捞的鲨鱼”的第 05/05 号决议（被第 17/05 号决议取代）；

考虑到蝠鲼科的物种，包括前口蝠鲼属和蝠鲼属（以下简称蝠鲼），因生长缓慢、性成熟晚、妊娠期长，且通常只产几尾幼鱼，极易受到过度捕捞的影响；

认识到蝠鲼在印度洋生态和文化方面的重要性；

关切从沿海到公海的不同渔业对这些物种的可能影响；

考虑到联合国粮农组织的鲨鱼国际行动计划呼吁各国通过区域渔业管理组织合作，以确保鲨鱼种群的可持续性；

关切缺乏有关非目标物种捕捞活动的完整且准确的数据报告；

认识到有必要改进对特定蝠鲼物种的渔获量、捕捞率、释放、丢弃和贸易的物种特异性数据收集工作，作为改进蝠鲼种群养护和管理的基础；

注意到蝠鲼被列入《保护野生动物迁徙物种公约》（CMS）附录Ⅰ和附录Ⅱ，且迁徙物种经过的有关国家应努力并严格地保护它们；

进一步注意到蝠鲼也被列入《濒危野生动植物种国际贸易公约》（CITES）附录Ⅱ，这些物种的贸易应在特定条件下受严格控制，包括，除其他外，这种贸易不会危及这些物种在野外的生存；

认识到科学分委会（SC21）最近注意到这些物种在印度洋的数量减少，并建议需要管理行动，如不得在船上存留的措施等，且必须立即通过；

根据 IOTC 协定第九条第 1 款的规定，决议如下：

1. 本决议应适用于所有悬挂缔约方和合作非缔约方（CPC）旗帜，并列在 IOTC 渔船注册名单上或授权捕捞 IOTC 管理的金枪鱼和类金枪鱼的渔船。

2. CPC 应禁止所有渔船在 IOTC 管理区故意以蝠鲼类为目标鱼种投放任何类型的渔具，如该动物在投放渔具之前就被发现。

3. CPC 应禁止其所有渔船在 IOTC 管理区内留存、转载、上岸、储存在 IOTC 管理区所捕蝠鲼的任何部分或全部鱼体。

4. 上述第 2 段和第 3 段的规定不适用于生计渔业①的渔船，但此类渔船无论如何不得销售或代销蝠鲼的任何部分或全部鱼体。

5. CPC 应要求生计渔业以外的其他所有渔船，一旦发现网内、钓钩上或甲板上有

---

① 根据粮农组织日常收集捕捞渔业数据的准则，生计渔业是指渔获物由渔民家庭直接消费，而不是由中间商购买并在下一个较大的市场上出售的渔业。粮农组织渔业技术文件，382 号，罗马粮农组织，1999，113 页

活的和未受伤害的蝠鲼，应在切实可行的范围内立即活体无伤害释放，并尽可能以对捕获个体伤害最小的方式进行。在考虑船员安全的情况下，应执行和遵守附件 1 详述的处理程序。

6. 尽管有第 3 段的规定，如果蝠鲼被围网船在作业过程中非故意捕捞并冷冻，该船必须将所有蝠鲼交给政府主管部门或其他主管部门，或在卸货点丢弃。以这种方式上交的蝠鲼不得出售或用于以物换物，但可捐赠给本地消费。

7. 尽管有第 3 段的规定，如果蝠鲼被手工捕鱼非故意捕获，该渔船应在卸货点向政府主管部门或其他主管部门报告该误捕渔获物的信息。非故意捕获的蝠鲼只能用于本地消费。这项豁免将于 2022 年 1 月 1 日失效。

8. CPC 应报告渔船通过捕捞日志和/或通过观察员计划收集到的与蝠鲼互动（即丢弃和释放数量）的信息和数据。这些数据应根据第 15/02 号决议（或任何后续修订）规定的时间表，在次年 6 月 30 日前提供给 IOTC 秘书处。

9. CPC 应确保渔民了解和使用适当的减缓、识别、处理及释放技术，并按照附件 1 的处理指南，在船上配备所有释放蝠鲼所需的设备。

10. 休闲游钓捕鱼应当活体释放所有捕获的蝠鲼，不得在船上保留、转载、上岸、储存、销售或代销蝠鲼的任何部分或全部鱼体。

11. 除非明确证明在其渔业中不发生有意和/或意外捕获蝠鲼的情况，CPC 应在必要时在 IOTC 秘书处的协助下制定抽样计划，监测生计渔业和手工渔业的蝠鲼渔获量。从 2020 年开始，应在国家科学报告中向科学分委会报告抽样计划，包括其科学和操作理由。科学分委会最迟将在 2021 年就其合理性提出建议。如需要，CPC 将考虑科学分委会的建议，从 2022 年起实施抽样计划。

12. 鼓励 CPC 研究蝠鲼在船上的和释放后的死亡率，包括但不限于应用卫星标记计划，这些计划可主要通过国家资助并补充 IOTC 可能的资金配置支持，以研究这一措施的有效性。

13. IOTC 科学分委会应在 2023 年审议 IOTC 管理区蝠鲼物种的状况，在 2023 年向委员会提出管理建议，并确定专属经济区内外可能的养护和管理蝠鲼的热点。此外，要求 IOTC 科学分委会根据不断发展的知识和科学建议，适当时，进一步改善附件 1 中详述的处理程序。

14. 如果采样样本是 IOTC 科学分委会批准的研究项目的一部分，应允许科学观察员收集在 IOTC 管理区捕获并在拉上船时死亡的蝠鲼生物样本。为获得批准，建议须包括一份详细的文件，概述工作目的、拟采集样本数量以及采样效果的时空分布。应向科学分委会提交年度工作进展报告及完成的最终报告。

附件 1 活体释放处理程序

1. 禁止对蝠鲼使用鱼叉。
2. 禁止通过鳃裂或呼吸孔提起蝠鲼。
3. 禁止在蝠鲼体上打孔（如穿过缆绳来提升蝠鲼）。
4. 对于个体太大无法用手安全提起的蝠鲼，应尽可能采用如文件 IOTC-2012-

WPEB08-INF07 推荐的最佳可行方法，用抄网将其从网中抄出。

对于在卸到甲板前不能安全释放的大蝠鲼，应尽快放回水中，最好利用甲板上与船舷开口连接的坡道，或如果没有这样的坡道可用，则用吊索或网将其下放到水中。

决议第 19/04 号：关于经授权在 IOTC 管理区作业的 IOTC 渔船名单

印度洋金枪鱼委员会（IOTC），

回顾 IOTC 已采取各种措施，预防、阻止和消除大型金枪鱼渔船从事 IUU 渔业；

进一步回顾 IOTC 在 2001 年年会通过的“关于 IOTC 大眼金枪鱼统计文件计划”的第 01/06 号决议；

进一步回顾 IOTC 在 2001 年年会通过的“关于捕捞活动的控制”的第 01/02 号决议（后被第 13/02 号决议、第 14/04 号决议、第 15/04 号决议和第 19/04 号决议取代）；

注意到大型渔船机动性强，作业渔场容易从一个洋区转移至另一个洋区，没有及时向委员会注册而在 IOTC 管理区作业的可能性很大；

注意到补给船和支持船通过（在禁渔区）投放人工集鱼装置，以不可控的方式增加围网渔船捕捞能力；

回顾 FAO 理事会于 2001 年 6 月 23 日通过的预防、阻止和消除非法、不报告和不管制捕鱼的国际行动计划（IPOA），该计划规定，区域渔业管理组织应采取行动，依照国际法加强和开发创新方法，以预防、阻止和消除非法、不报告和不管制捕鱼，特别是建立授权渔船名单和从事 IUU 捕捞的渔船名单；

回顾委员会于 2003 年 7 月 1 日通过的“关于建立授权在 IOTC 水域作业的船长超过 24 米的渔船名单”的第 02/05 号决议（先后被第 05/02 号决议、第 07/02 号决议、第 13/02 号决议、第 14/04 号决议、第 15/04 号决议和 19/04 号决议取代），建立了授权的 IOTC 实际作业渔船名单；

认识到有必要采取进一步措施，有效消除捕捞金枪鱼的大型 IUU 渔船；

依据 IOTC 协议第九条第 1 款的规定，决议如下：

1. 委员会应维持 IOTC 渔船名单，包括：
   a）总长 24 米及以上；或
   b）总长小于 24 米，在船旗国专属经济区外作业的渔船，以及授权在 IOTC 管理区捕捞金枪鱼和类金枪鱼的渔船（以下称为“授权船舶”或 AFV）。
2. 为本决议的目的，未列入 IOTC 注册渔船名单的渔船，包括辅助船、补给船和支持船，被认为未被授权在 IOTC 区域捕捞及在船上存留、转载或卸载金枪鱼和类金枪鱼，或支持任何捕鱼活动，或投放漂浮人工集鱼装置（DFAD）。本规定不适用于在船旗国 EEZ 内作业的总长不到 24 米的渔船。
3. 每一缔约方和合作非缔约方（CPC）应以电子方式向 IOTC 执行秘书提交授权在 IOTC 管理区作业的上述第 1 段 a）项和 b）项所指的 AFV 名单。此名单应包含下列信息：
   a）船名、船旗国注册号或欧盟注册号；
   b）IMO 号（如果符合 IMO 要求）；

c）为了让 CPC 有必要的时间为尚未拥有 IMO 号的合格船舶获得 IMO 编号，本段规定自 2016 年 1 月 1 日起生效。对于 100 总吨以下、总长 12 米及以上的船舶，本段要求自 2020 年 1 月 1 日起生效，CPC 应确保其所有在 IOTC 渔船名单上的渔船均获得符合 IMO 大会第 A.1117（30）号决议要求的 IMO 号。关于 IMO 号的第 3 段 b）项不适用于没有资格获得 IMO 号的船舶；

d）以前船名（如有）或注明无此信息；

e）以前船旗（如有）或注明无此信息；

f）以前被除籍的详细信息（如有）或注明无此信息；

g）国际无线电呼号（如有）或注明无此信息；

h）注册港；

i）船舶类型、总长（米）及总吨（GT）；

j）鱼舱总容积（m^3），此要求将自 2022 年 1 月 1 日起生效；

k）船东和经营者的姓名及地址；

l）船舶受益所有人的姓名和地址，如果已知且不同于船东/经营者，或注明无此信息；

m）船舶经营公司名称、地址和公司注册号（如有）；

n）使用的渔具；

o）获授权捕鱼和/或转载的时期；

p）船舶彩色照片显示：

　i）船的右舷和左舷，均需显示整个结构，

　ii）船首，

　iii）至少一张照片清晰地显示第 3 段 a）项所述的至少一项外部标记。

4. 对于未被授权在船旗 CPC 专属经济区外作业的渔船，第 3 段 p）项要求将自 2022 年 1 月 1 日之后生效。

5. 如果未提交第 3 段中的任何信息，该船舶不应被列入 IOTC 名单。委员会应考虑到船东尽管遵循了适当程序仍不能取得 IMO 号的例外情况。船旗 CPC 应向 IOTC 秘书处报告任何此类例外情况。

6. 所有向其船旗船舶签发捕捞 IOTC 管理鱼种的 CPC，应向 IOTC 执行秘书提交一份在其国家管辖区外捕鱼的最新官方授权模板，并在这些信息发生变化时更新。这些信息包括：

a）主管部门名称；

b）主管部门工作人员的姓名和联系方式；

c）主管部门工作人员的签名；

d）主管部门官方印章。

7. 为监测、控制和监视目的，IOTC 执行秘书应在 IOTC 网站加密处公布上述信息。

8. 第 6 段中的模板仅用于监测、控制和监视目的，该模板与船上携带的授权证书之间存在差异并不构成违规，但会促使监管国与所涉船舶船旗国主管机构澄清这一问题。

9. 每一 CPC 在 IOTC 最初渔船名单建立后，在任何时候对 IOTC 名单的添加、删除和/或修改，应及时通知 IOTC 执行秘书。
10. IOTC 执行秘书应维持 IOTC 名单，并采取任何措施确保以电子方式确保此名单的公开性，包括以符合 CPC 指定的保密要求的方式将其公布在 IOTC 网站上。
11. 该名单中船舶的船旗 CPC 应：
    a）只有在有能力履行 IOTC 协定及其养护和管理措施所规定的对这些船舶的要求和责任的情况下，方可授权其船舶在 IOTC 管理区作业；
    b）采取必要措施，确保其 AFV 遵守 IOTC 所有相关的养护和管理措施；
    c）采取必要措施，确保其在 IOTC 渔船名单上的 AFV 随船携带有效的船舶登记证书及有效的捕鱼和/或转载的有效授权书；
    d）应确保在本国法律允许的最大程度上，其登记在册的金枪鱼渔船船东及经营者，不得参与或关联任何未登记渔船在 IOTC 管辖水域内进行的捕捞作业；
    e）在国内法允许的范围内，确保其在 IOTC 名单上的 AFV 的船东和经营者不从事金枪鱼捕捞活动或与未列入 IOTC 名单的船只在 IOTC 管理区进行的金枪鱼捕捞活动有关；
    f）在国内法允许的范围内，采取必要措施确保其在 IOTC 名单上的 AFV 船东是船旗 CPC 的公民或法律实体，以便能够有效地对其采取任何管控或处罚行动。
12. CPC 应审核其依据第 11 段所采取的内部行动及措施，包括处罚与制裁行动，并以符合其国内法有关信息披露的方式，每年向委员会报告其审核结果。委员会应考虑到这种审核结果，酌情要求在 IOTC 名单上的 AFV 船旗 CPC 采取进一步行动，强化这些船舶遵守 IOTC 的养护和管理措施。
13. a）CPC 应根据其适用的法规采取措施，禁止未列在 IOTC 名单上的船舶捕捞及在船上存留、转载和卸载金枪鱼和类金枪鱼；
    b）为确保 IOTC 统计文件计划所涵盖物种的养护和管理措施的效力：
        i）船旗 CPC 应只对 IOTC 名单上的船舶确认统计文件，
        ii）CPC 应要求 AFV 在 IOTC 管理区捕获的统计文件所涵盖的鱼种，在进口到缔约方领土时，须附有确认为 IOTC 名单上船舶的统计文件，
        iii）进口统计文件计划所涵盖鱼种的 CPC 应与船舶船旗国合作，确保统计文件不被伪造或不含错误信息。
14. 每一 CPC 应将任何有合理理由怀疑未列入 IOTC 名单的渔船在 IOTC 管理区从事捕捞和/或转载金枪鱼和类金枪鱼的事实信息通知 IOTC 执行秘书。
15. a）如第 14 段所述渔船悬挂某一 CPC 的旗帜，执行秘书应要求该 CPC 采取必要措施，防止该船在 IOTC 管理区捕捞金枪鱼和类金枪鱼；
    b）如无法确认第 14 段所述渔船的船旗，或其船旗属于不具有合作地位的非缔约方，IOTC 执行秘书应立即汇总这些信息并将其分发给所有 CPC。
16. 委员会和有关的 CPC 应相互联系，并尽最大努力与粮农组织及其他相关金枪鱼区域渔业管理组织制定和实施适当的措施，如可行，包括及时建立类似性质的

名单，以避免对其他洋区的金枪鱼资源产生不利影响。这些不利影响可能包括IUU 渔船从印度洋移转到其他洋区造成的过度捕捞压力。

17. 每一 IOTC 缔约方和合作非缔约方应：

确保其每一艘渔船随船携带由 IOTC 缔约方和合作非缔约方主管部门核发的文件，至少包括下列内容：

i）捕捞证书、许可证或授权，以及证书所附的条款和条件，

ii）船名，

iii）注册港和注册号，

iv）国际无线电呼号，

v）船东姓名和地址，以及船舶承租人（如有）的姓名和地址，

vi）总长，

vii）主机功率，单位酌情为千瓦或马力（1 马力≈0.735 千瓦），视情况而定；

viii）定期核实上述文件，至少每年审核一次，

ix）确保对第 17 段 a）项所述文件和信息的任何修改均经该 IOTC 缔约方和合作非缔约方的主管部门认证。

18. 各 IOTC 缔约方和合作非缔约方应确保其授权在 IOTC 管理区捕鱼的渔船，按照粮农组织渔船标识标准规范等普遍接受的标准进行标示，以便能够容易识别。

19. 每一 IOTC 缔约方和合作非缔约方应确保：

a）被授权在 IOTC 管理区捕鱼的渔船所使用的每一渔具均有适当标记，如网具的末端、海中钓线和渔具的始末端，白天应配有旗帜或雷达反射浮标，夜间应配置发光浮标，充分显示其位置和范围；

b）用于指示定置渔具位置的标记浮标和浮在水面上的类似物体，应始终清楚地标明其所属船舶的船名和/或船号；

c）人工集鱼装置应始终清楚地标识其所属渔船的船名和船号。

20. 每一 IOTC 缔约方和合作非缔约方应确保其所有总长 24 米或以上的渔船和总长小于 24 米但在其专属经济区外捕鱼的渔船，在船上保存页码连续并装订成册的国家捕捞日志本。捕捞日志的原始记录应至少在渔船上保留 12 个月。

21. 本决议取代“关于经授权在 IOTC 管理区作业的 IOTC 渔船名单”的第 15/04 号决议。

决议第 19/07 号：关于 IOTC 管理区船舶租赁

印度洋金枪鱼委员会（IOTC），

认识到根据 IOTC 协定，缔约方应愿意进行合作，以确保印度洋金枪鱼和类金枪鱼的养护和促进其最佳利用；

回顾根据 1982 年 12 月 10 日《联合国海洋法公约》第 92 条，除有关国际文书另有规定外，船舶航行应仅悬挂一国的旗帜，在公海上应受该国的专属管辖；

认识到所有国家发展其捕鱼船队的需要和利益，以便使其能够充分利用根据 IOTC 相关养护和管理措施可获得的捕鱼机会；

注意到租船协议的做法，即渔船没有改变其旗帜，可能会严重削弱 IOTC 制定的养护和管理措施的有效性，除非得到适当的监管；

关注确保租船协议没有助长 IUU 捕捞活动或损害 IOTC 养护和管理措施；

认识到 IOTC 有必要适当考虑所有相关因素，规范租船协议；

认识到 IOTC 有必要制定租船协议的程序；

根据 IOTC 协议第九条第 1 款的规定，决议如下：

第一节　定　义

1. 渔船租赁：系指一艘悬挂缔约一方旗帜的渔船在不改变旗帜的情况下，由另一缔约方的经营者通过协议或安排租赁使用一定期限。就本决议而言，“租赁缔约方”是指拥有配额分配或捕捞机会的缔约方，而“船旗缔约方”是指被租赁渔船注册的缔约方。

第二节　目　标

2. 可允许签订租船协议，主要是作为租赁国渔业发展的第一步。租船安排的期限应当与租赁国的发展计划一致。租赁协议不得损害 IOTC 的养护和管理措施。

第三节　一般条款

3. 租船协议应包括下列条件：

3.1 船旗缔约方已书面同意租赁协议。

3.2 租赁协议规定的捕鱼作业期限在任何一公历年累计不超过 12 个月。

3.3 拟租赁的渔船应在明确同意 IOTC 养护和管理措施适用其船舶的负责任的缔约方和合作非缔约方注册。所有相关船旗缔约方和合作非缔约方应切实履行其监管渔船的职责，以确保 IOTC 养护和管理措施得到遵守。

3.4 拟租赁的渔船应根据 IOTC 第 15/04 号决议（被第 19/04 号决议取代）“关于经授权在 IOTC 管理区作业的 IOTC 渔船名单”，列入授权在 IOTC 管理区作业的 IOTC 渔船名单中。

3.5 在不影响租赁缔约方职责的情况下，船旗缔约方应确保租赁船遵守租赁缔约方及船旗缔约方或合作的非缔约方根据国际法规定的权利、义务，并在符合国际法管辖权的情况下，确保租赁船遵守 IOTC 制定的相关养护和管理措施。如果租赁缔约方允许租赁的船在公海捕鱼，则船旗缔约方负责管理根据租船安排进行的公海捕鱼活动。租赁船舶应向租赁缔约方和船旗缔约方及 IOTC 秘书处报告船舶监测系统（VMS）数据和渔获数据。

3.6 所有根据租赁协议[包括根据 IOTC 第 18/10 号决议（被第 19/07 号决议取代）前存在的租赁协议]收获的渔获量（历史、当前或未来），包括兼捕渔获量和丢弃渔获量，均应计入租赁缔约方的配额或捕鱼机会。在船舶根据租赁协议捕鱼期间，此类船舶的观察员覆盖率（历史、当前或未来）也应计入租赁缔约方的观察员覆盖率。

3.7 租赁缔约方应按照本决议第三节详述的租赁通知计划，向 IOTC 报告所有渔获物，包括兼捕的渔获物和丢弃的渔获物，以及 IOTC 要求的其他信息。

3.8 为有效管理渔业，应根据 IOTC 有关养护和管理措施，使用 VMS 和酌情用于区分捕鱼区域的工具，如给鱼做标记或标识。

3.9 根据第 11/04 号决议（被第 22/04 号决议取代，或任何后续取代决议）第 2 段规定的方式计算，租赁渔船的观察员覆盖率应至少为捕捞努力量的 5%。第 11/04 号决议（被第 22/04 号决议取代）的所有其他条款比照适用于租赁船舶。

3.10 租赁船应有租赁缔约方发放的捕鱼许可证，且不得列入根据 IOTC“关于建立被认定在 IOTC 海域从事非法、不报告和不管制捕捞活动的渔船名单”的第 17/03 号决议（被第 18/03 号决议取代，后被第 24/03 号决议取代，或任何后续取代决议）确定的 IOTC 的 IUU 名单，和/或其他区域渔业管理组织的 IUU 名单。

3.11 根据租赁协议作业时，租赁船应尽可能不被授权使用船旗缔约方和合作非缔约方的配额（如有）或权利。在任何情况下，租赁渔船不得同时根据多份租赁协议进行捕鱼。

3.12 除非租赁协议有明确规定并符合相关国内法律法规，租赁船的渔获物应仅在租赁缔约方的港口卸货或在其直接监督下卸货，以确保租赁船的活动不损害 IOTC 的养护和管理措施。

3.13 租赁船应随时携带第 4.1 款所述文件的副本。

第四节　租赁通知计划

4. 在 15 天内，或者无论如何在根据租船协议开展捕鱼活动 72 小时之前：

4.1 租赁缔约方应将根据本决议为租赁的任何渔船通知 IOTC 执行秘书，并抄送船旗缔约方，并应在可能的情况下以电子方式提交每一艘租赁船舶的下列有关信息：

a）租赁船船名（以母语和拉丁字母）和注册号、国际海事组织（IMO）船舶识别号（如符合条件）；

b）受益船东姓名和联系地址；

c）船舶描述，包括总长、船舶类型和根据租赁协议使用的作业方法；

d）租赁协议及其发给船舶的任何捕鱼授权或许可证的副本，特别是要包括分配给该船舶的配额或捕鱼机会；以及租赁安排期限；

e）其同意该租赁协议的声明；

f）为执行这些规定所采取的措施。

4.2 船旗缔约方和合作非缔约方应向 IOTC 执行秘书提供以下信息，并抄送租赁缔约方：

a）其同意该租赁协议的声明；

b）为执行这些规定而采取的措施；

c）其同意遵守 IOTC 的养护和管理措施的声明。

5. 在收到第 4 段要求的信息后，IOTC 执行秘书应在 5 个工作日内以 IOTC 通告形式将所有信息分发给所有缔约方和合作非缔约方。

6. 无论是租赁缔约方及船旗缔约方或合作非缔约方应立即将租赁协议规定的捕鱼作业的开始、暂停、恢复和终止时间通知 IOTC 执行秘书。

7. IOTC 执行秘书应在 5 个工作日内以 IOTC 通告形式将所有有关终止租赁协议的信息分发给所有缔约方和合作非缔约方。

8. 租赁缔约方应在每年 2 月 28 日前，以符合 IOTC 数据保密要求的方式，向 IOTC 执行秘书报告上一公历年根据本决议签订和执行的租赁协议的详细情况，包括有关租赁船的渔获量和捕捞努力量信息，以及租赁船达到的观察员覆盖率。

9. IOTC 执行秘书应每年向委员会提交上一年度签订的所有租赁协议的摘要，委员会应在其年度会议上根据 IOTC 履约分委会的建议审议本决议的遵守情况。

10. 本决议取代“关于 IOTC 管理区船舶租赁”的第 18/10 号决议。

决议第 18/05 号：关于养护旗鱼类（条纹四鳍旗鱼、印度枪鱼、蓝枪鱼和平鳍旗鱼）的管理措施

印度洋金枪鱼委员会（IOTC），

忆及“关于条纹四鳍旗鱼、印度枪鱼和蓝枪鱼的养护和管理措施”的第 15/05 号决议（被第 18/05 号决议取代），以减少枪鱼物种的捕捞压力；

忆及现有的科学信息和建议，尤其是 IOTC 科学分委会（SC）的结论，条纹四鳍旗鱼、印度枪鱼、蓝枪鱼和/或平鳍旗鱼遭强度型过度捕捞，且在某些情况下被资源型过度捕捞，最近几年渔获量远远超过基准期 2009～2014 年的平均渔获量；

忆及“关于实施预防性做法”的第 12/01 号决议，呼吁 IOTC 缔约方和合作非缔约方（CPC）依照《联合国鱼类种群协定》第 5 条和第 6 条应用预防性做法，并进一步忆及其中第 6.2 条的规定，不应以缺乏充分的科学信息为理由推迟或不采取养护和管理措施；

忆及“关于 IOTC 管理区渔船记录渔获量和努力量数据”的第 15/01 号决议确立了 IOTC 数据记录系统；

忆及关于“关于对 IOTC 缔约方和合作非缔约方强制性统计报告要求”的第 15/02 号决议，界定了 CPC 须向 IOTC 秘书处提交的渔获量和渔获相关信息；

考虑到 SC 指出，2015 年和 2016 年的渔获量已较 2009～2014 年的平均水平增加，因此 SC 建议应同意大幅减少现有渔获量，以结束过度捕捞，并在可能的情况下使资源得以恢复；

根据 IOTC 协议第九条第 1 款的规定，决议如下：

1. 为确保印度洋条纹四鳍旗鱼（*Tetrapturus audax*）、印度枪鱼（*Makaira indica*）、蓝枪鱼（*Makaira nigricans*）和平鳍旗鱼（*Istiophorus platypterus*）的养护，其渔船在 IOTC 管理区捕捞这些鱼类的缔约方和合作非缔约方（CPC）、实体或捕鱼实体，应确保实施管理措施，支持这些资源的可持续开发，根据 IOTC 协定的目标，通过采取以下措施确保资源的养护和最佳利用；

管理措施：渔获量限制

2. CPC 应努力确保印度洋条纹四鳍旗鱼、印度枪鱼、蓝枪鱼和平鳍旗鱼在任何一年的总渔获量都不超过 MSY 水平，或在没有 MSY 的情况下，不超过科学分委会预计的 MSY 范围中值的下限。
3. 第 2 段所述的渔获量限制和以下相对应：
   条纹四鳍旗鱼：3260 吨；
   印度枪鱼：9932 吨；
   蓝枪鱼：11 930 吨；
   平鳍旗鱼：25 000 吨。

4. 如果第 2 段所述的任何物种的年均总渔获量在 2020 年后的任何连续两年超过第 3 段规定的限制，委员会应审议本决议措施实施的有效性，并酌情考虑第 14 段提到的科学分委会的建议，采取附加养护和管理措施。

其他管理措施

5. 尽管有第 17/04 号决议（被第 19/04 号决议取代）的规定，但在科学分委会提出有关具体旗鱼物种的最小养护尺寸的建议前，CPC 不得在船上存留、转载、卸载第 2 段所述的任何下颌叉长（LJFL）小于 60 厘米的旗鱼类样本，而应以在不危及船员安全的情况下，最大限度地提高其释放后的生存潜力的方式，将其立即送回大海[①]。
6. 此外，CPC 可考虑采取额外的渔业管理措施，以限制捕捞死亡率。例如，释放任何拉到船上或在船旁时活着的个体；改进捕鱼作业习惯和/或渔具减少捕捞；幼鱼采取空间/时间管理措施减少在索饵场捕捞；限制海上捕捞天数和/或捕捞旗鱼的渔船数量。

渔获信息的记录、报告和使用

7. CPC 应确保其在 IOTC 协定区捕捞条纹四鳍旗鱼、印度枪鱼、蓝枪鱼和平鳍旗鱼的渔船，按照“关于 IOTC 管理区渔船记录渔获量和努力量数据”的第 15/01 号决议或任何后续替代决议规定的要求记录渔获量。
8. CPC 应依照“关于对 IOTC 缔约方和合作非缔约方强制性统计报告要求”的第 15/02 号决议或任何后续取代决议的规定，全面实施数据收集计划，确保向 IOTC 准确报告条纹四鳍旗鱼、印度枪鱼、蓝枪鱼及平鳍旗鱼的渔获量、活体释放和/或丢弃情况，同时提交捕捞努力量、规格及丢弃物数据。
9. CPC 在向科学分委会提交的年度报告中，应包括为条纹四鳍旗鱼、印度枪鱼、蓝枪鱼和平鳍旗鱼的可持续开发和养护而在其国内采取的监测渔获量和管理渔业的行动。
10. 委员会应考虑为发展中 CPC 提供适当协助，收集上述物种的数据。

科学研究和科学分委会

11. 鼓励 CPC 研究条纹四鳍旗鱼、印度枪鱼、蓝枪鱼和平鳍旗鱼的主要生物学/生态学/行为特征、生命史、洄游、安全释放准则、育肥场识别、改进捕捞方法和渔具的选择性。此类研究结果应通过工作文件和国家年度报告提供给旗鱼工作组和科学分委会。
12. IOTC 旗鱼工作组和科学分委会应继续开展评估和监测条纹四鳍旗鱼、印度枪鱼、蓝枪鱼和平鳍旗鱼的资源状况的工作，并向委员会提供建议。
13. 科学分委会和履约分委会应每年对提供的信息进行审议，并评估 CPC 报告的有

① 尽管有第 5 段的规定，就旗鱼而言，当围网船无意捕获这种鱼的幼鱼并将其作为围网捕鱼作业的一部分冷冻时，只要鱼没有出售，就不构成不履约

关条纹四鳍旗鱼、印度枪鱼、蓝枪鱼和平鳍旗鱼渔业管理措施的有效性，并酌情向委员会提供建议。

14. 对于本决议所涵盖的 4 种旗鱼的每一种，科学分委会应提供以下建议：

a）减少捕捞死亡率的备选方案，以期最迟到 2026 年恢复和/或维持其资源水平在科比图绿色象限的概率在 60%～90%；提供的建议应基于目前开发模式，并考虑采纳下文 c）项建议而可能发生的变化；

b）为实现在 IOTC 协定区的养护和管理，候选参考点的备选方案；

c）考虑到鱼类成熟时的大小和按渔具及其可行性对渔业的补充规模，提供特定物种的最小养护尺寸。适当时，考虑到渔业技术的相互作用，建议还应提供 4 种旗鱼共同的最小养护尺寸。

最后条款

15. 本决议取代“关于条纹四鳍旗鱼、印度枪鱼和蓝枪鱼的养护和管理措施”的第 15/05 号决议。

决议第 18/07 号：关于未履行 IOTC 报告义务适用的措施

印度洋金枪鱼委员会（IOTC），

鉴于依据 IOTC 协定第十一条，缔约方同意向委员会提供为本协定目的可能需要的统计和其他数据与信息，每年 6 月 30 日前向 IOTC 秘书处提交上一年度的名义渔获量数据、渔获量和捕捞努力量数据、体长数据和集鱼装置数据等；

忆及 IOTC 通过的有关数据提交截止日期、数据提交程序和统计报告义务等决议，特别是第 15/02 号、第 15/01 号、第 14/05 号、第 12/04 号、第 10/11 号（由第 16/11 号决议取代）、第 11/04 号（先后被第 22/04 号决议、第 24/04 号决议取代）、第 10/08 号和第 01/06 号决议；

认识到发展中 CPC 可从委员会获得资金，以改进其数据收集及提交能力；

考虑到科学分委会（IOTC-2015-SC18-R）关注到，CPC 提交的 IOTC 各物种的总渔获量、捕捞努力量和体长数据信息不足，尽管提交此类数据是强制性要求；鉴于 IOTC 数据库中现有信息存在缺口，以及基础渔业数据对于评估资源状况和提供合理的管理建议的重要性，要求 CPC 遵守 IOTC 数据要求；

考虑到科学分委会建议委员会通过履约分委会制定处罚机制，以改善目前未遵守第 15/01 号和第 15/02 号决议规定提交基本渔业数据的 CPS 的遵守情况；

注意到报告不完整或无数据的报告，以及尽管通过了许多旨在解决这一问题的措施，对于科学分委会和委员会来说，不遵守报告义务仍是一个问题；

注意到有许多物种仍未进行资源评估，而另一些物种的资源评估则存在很大的不确定性，这将导致一些 IOTC 物种面临枯竭的重大风险及对生态系统的负面影响；

进一步注意到为了使所有 IOTC 渔业都按照预防性做法的原则进行管理，有必要采取旨在消除或减少不报告或误报的措施；

根据 IOTC 协定第九条第 1 款的规定，决议如下：

1. CPC 应在其年度报告（执行情况报告）中包括履行其对所有 IOTC 渔业报告义务采取的行动的信息，包括 IOTC 相关渔业捕捞的鲨鱼物种，特别是为改善其直接和偶捕物种数据的收集方法而采取的步骤。
2. CPC 按照第 1 段采取的行动，应每年由 IOTC 履约分委会审议。
3. 在履约分委会进行审议后，委员会应在年会上根据所附指南（附件 1），并适当考虑所涉 CPC 提供的相关信息后，根据第 15/02 号决议（或任何后续修订）第 2 段的规定，对那些没有报告某一年一种或多个物种的名义渔获量数据（专门的），包括零渔获量的 CPC，可考虑从缺乏或报告不完整年份的下一年度起，禁止其存留这些物种，直到 IOTC 秘书处收到数据为止。应优先考虑反复不遵守该规定情况的 CPC。任何因卷入国内冲突而无法履行这些报告义务的 CPC，这项措施应豁免。有关 CPC 将与 IOTC 秘书处合作，使用粮农组织既定的数据收集方法，确定和实施可能的数据收集取代方法。
4. 为便于依照本决议附件 1 第 1 段的要求报告零渔获量，应采用下列步骤：

   a）作为用于报告名义渔获量的 IOTC 的 1RC 电子形式的一部分，秘书处应根据

"关于 IOTC 管理区渔船记录渔获量和努力量数据"的第 15/01 号决议（或任何后续取代决议）和根据本决议附件 2 规定格式的 IOTC 渔具类型，制定一个包括 IOTC 物种和最常被捕捞的板鳃类物种的矩阵；

b）作为总渔获数据报告的一部分，CPC 应该用数值"1"或"0"填写矩阵中的每一单元格，填写"1"表示 CPC 有特定物种/渔具类型的渔获量，填写"0"则表明 CPC 没有特定物种/渔具类型的渔获量（零卸载+零丢弃）；

c）电子表格 1RC 的"渔获量栏"部分应只包括 CPC 有特定物种/渔具类型的渔获量的报告。

5. 委员会可考虑扩大该矩阵，酌情包括 IOTC 管理区及种群/渔具组合的其他物种。
6. 本决议取代"关于未履行 IOTC 报告义务时的适用措施"的第 16/06 号决议。

附件 1　便于第 3 段应用的指南

委员会将根据下方设定的时间表和步骤指导本决议第 3 段的应用。

年度数据审议（2016 年开始，其后每年一次）	自禁止存留决定后
1. CPC 根据 15/02 号决议和科学分委会的模板，向秘书处提交总渔获量数据，包括零渔获量 2. IOTC 秘书处与科学分委会协商后，将在履约报告中，分物种或种群详细说明每一 CPC 的数据提交状况（如完整、不完整或缺失） 3. 履约分委会根据 IOTC 执行秘书、科学分委会和 CPC 提供的任何其他相关信息，对报告进行审议。履约分委会根据此审议，在其报告中确定那些没有提交规定要求数据（即数据缺失或不完整）的 CPC，并通知他们从下一年度开始，委员会可能禁止其相关渔业在船上存留有关物种/种群，直到数据提供给秘书处 4. 履约分委会还考虑是否应建议采取与本决议一致的任何其他行动	1. 被发现提交数据"缺失"或"不完整"的 CPC，不能存留这些物种的渔获物 2. 这些 CPC 应设法纠正这种情况，尽快将缺失的数据发送给 IOTC 执行秘书 3. 在必要和适当时，IOTC 执行秘书将与履约分委会和委员会主席进行磋商，及时审议新提交的数据，以确定是否完整。如果数据是完整的，秘书处将立即通知所涉 CPC，可在有关渔业中恢复存留有关物种/种群 4. 在闭会期间提交数据并获得恢复保留权的许可决定后，年度会议期间履约分委会将审议该决定，若委员会认为数据仍不完整，将再次采取前文第 3 段、第 4 段规定的行动

附件 2　零渔获量矩阵的例子（由 IOTC 秘书处进一步调整）

T1"零渔获量矩阵"												
					渔具类型							
物种组	物种编码	中文名	拉丁学名	种群	手钓	竿钓	延绳钓	围网	曳绳钓	刺网	其他
温带金枪鱼	ALB	长鳍金枪鱼	*Thunnus alalunga*	IO							
	SBT	南方蓝鳍金枪鱼	*Thunnus maccoyii*	IO							
热带金枪鱼	BET	大眼金枪鱼	*Thunnus obesus*	IO							
	SKJ	鲣	*Katsuwonus pelamis*	IO							
	YFT	黄鳍金枪鱼	*Thunnus albacares*	IO							
浅海性金枪鱼	LOT	青干金枪鱼	*Thunnus tonggol*	IO							
	KAW	鲔	*Euthynnus affinis*	IO							
	FRI	扁舵鲣	*Auxis thazard*	IO							

续表

T1“零渔获量矩阵”											
					渔具类型						
	BLT	双鳍舵鲣	*Auxis rochei*	IO							
	COM	康氏马鲛	*Scomberomorus commerson*	IO							
	GUT	斑点马鲛	*Scomberomorus guttatus*	IO							
旗鱼类	BUM	蓝枪鱼	*Makaira nigricans*	IO							
	BLM	印度枪鱼	*Makaira indica*	IO							
	MLS	条纹四鳍旗鱼	*Tetrapturus audax*	IO							
	SFA	平鳍旗鱼	*Istiophorus platypterus*	IO							
	SWO	剑鱼	*Xiphias gladius*	IO							
第15/01号决议要求的特定渔具的其他物种（灰色部分不要求）	SSP	小吻四鳍旗鱼	shortbill spearfish（*Tetrapturus angustirostris*）	IO							
	BSH	大青鲨	blue shark（*Prionace glauca*）	IO							
	MAK	鲭鲨类	Mako sharks（*Isurus* spp.）	IO							
	POR	鼠鲨	porbeagle shark（*Lamna nasus*）	IO							
	SPN	双髻鲨类	hammerhead sharks（*Sphyrna* spp.）	IO							
	FAL	镰状真鲨	silky shark（*Carcharhinus falciformis*）	IO							
	MZZ	其他硬骨鱼类	other bony fishes	IO							
	SKH	其他鲨类	other sharks	IO							
	THR	长尾鲨类	thresher sharks（*Alopias* spp.）	IO							
	OCS	长鳍真鲨	oceanic whitetip shark（*Carcharhinus longimanus*）	IO							
	TIG	鼬鲨	tiger shark（*Galeocerdo cuvier*）								
	PSK	拟锥齿鲨	crocodile shark（*Pseudocarcharias kamoharai*）								
	WSH	噬人鲨	great white shark（*Carcharodon carcharias*）								
	MAN	蝠鲼	mantas and devil rays（Mobulidae）								
	PLS	紫魟	pelagic stingray（*Pteroplatytrygon violacea*）								
		其他鳐类	other rays								

决议第 17/07 号：关于禁止在 IOTC 管理区使用大型流网[①]

印度洋金枪鱼委员会（IOTC），

忆及联合国大会第 46/215 号决议呼吁禁止全球公海大型流网捕鱼和 IOTC 第 12/12 号决议（被第 17/07 号决议取代）“关于禁止在 IOTC 管理区的公海使用大型流网”；这两份文书都认识到这种渔具的负面影响；

注意到有大量船舶在专属经济区（EEZ）和近海水域从事大型流网捕鱼；

考虑到大型流网捕鱼渔业对 IOTC 管理区的生态系统有重大影响，有能力捕捞 IOTC 关切的物种，而且也可能破坏 IOTC 养护和管理措施的效力；

考虑到现有科学信息和建议，特别是 IOTC 科学分委会关于旗鱼类和马鲛类被过度捕捞的结论；

注意到在 EEZ 内经常使用长度超过 4000 米（最长达 7000 米）的大型流网，并且在 EEZ 内使用的流网有时会漂到公海，违反了 IOTC 第 12/12 号决议（被第 17/07 号决议取代）；

此外，注意到科学分委会重申其以前的建议，即委员会应考虑禁止大型流网是否也适用于 EEZ，因为大型流网在海洋哺乳动物和海龟经常出没的区域对生态的负面影响；

根据 IOTC 协议第九条第 1 款的规定，决议如下：

1. 本决议适用于在 IOTC 授权渔船名单上登记，并在 IOTC 管理区使用流网主捕金枪鱼和类金枪鱼的船舶。

2. 禁止在 IOTC 管理区公海使用大型流网[②]。自 2022 年 1 月 1 日起，应禁止在 IOTC 的整个管理范围使用大型流网。

3. 每一缔约方和合作非缔约方（CPC）应采取一切必要措施，禁止其渔船在 IOTC 管理区的公海使用大型流网。各 CPC 应采取一切必要措施，禁止其渔船自 2022 年 1 月 1 日起在 IOTC 的整个管理范围使用大型流网。

4. 如果一艘悬挂 CPC 旗帜的渔船被发现在 IOTC 管理区的公海作业，并已配置[③]使用大型流网，该渔船将被推定为在 IOTC 管理区的公海使用大型流网。

5. 为监督本决议的实施，CPC 必须在 2020 年 12 月 31 日前将悬挂其旗帜在其 EEZ 内使用大型流网的任何渔船通知秘书处。

6. CPC 应在其年度执行报告中列入与 IOTC 管理区的公海大型流网捕鱼有关的监测、控制和监视行动概要。

7. 委员会应定期评估是否应采取和实施额外措施，以确保在 IOTC 管理区不使用大型流网，并应考虑科学分委会的最新建议。第一次这样的评估应在 2023 年进行。

8. 本决议不应阻止 CPC 采取更严厉的措施来监管大型流网的使用。

9. 本决议取代“关于禁止在 IOTC 管理区的公海使用大型流网”的第 12/12 号决议。

---

① 本决议不适用于巴基斯坦

② “大型流网”定义为长度超过 2.5 千米的刺网或其他网具或网具的组合，通过在水面和/或在水体中漂流，达到围困或缠绕鱼类的目的

③ “配置”为使用大型流网，是指船上装配有可以使渔船投放和收回大型流网的成套设备

决议第16/07号：关于使用人造灯光吸引鱼类

印度洋金枪鱼委员会（IOTC），

意识到委员会致力于采取养护和管理措施，以减少因集鱼装置捕捞努力量导致的大眼金枪鱼和黄鳍金枪鱼幼鱼死亡率；

忆及IOTC协定的目标是通过适当的管理，确保本协定涵盖的鱼类资源的养护和最佳利用，并鼓励基于此类资源的渔业的可持续发展，并将兼捕水平降至最小；

认识到所有用于捕捞IOTC管理资源的渔具都应纳入管理，以确保捕捞作业的可持续性；

念及联合国大会有关可持续渔业的第67/79号决议，呼吁各国单独、共同或通过区域渔业管理组织和安排，收集必要的数据，以评估和密切监控大型集鱼装置和其他装置的使用，并视情况评估和密切监控其对金枪鱼种群和行为及对相关种和附属种的影响，以改进监测此类装置的数量、类型和使用的管理程序，并减轻其对生态系统可能产生的负面影响，包括对于幼鱼和非目标物种的兼捕，特别是鲨鱼和海龟；

忆及1995年3月14～15日在罗马召开的联合国粮农组织渔业部长级会议上通过的《世界渔业罗马共识》，提出“各国应……减少兼捕、鱼类丢弃……”；

依照IOTC协议第九条第1款的规定，决议如下：

1. 禁止悬挂IOTC缔约方和合作非缔约方（CPC）旗帜的渔船和其他船舶，包括补给船、支持船和辅助船，在其领海以外以聚集金枪鱼和类金枪鱼为目的使用、安装或操作水上或水下人工灯光。在漂流集鱼装置（DFAD）上使用灯光也已经被禁止。

2. CPC应禁止悬挂其旗帜船舶，在IOTC管理海域故意在配备人工灯光吸引IOTC管理的金枪鱼和类金枪鱼的船舶或DFAD的周围或附近，进行捕鱼活动。

3. 在IOTC管理海域作业的渔船遇到配备有人工灯光的DFAD，应尽可能将其移除并带回港内。

4. 尽管有第1段规定，目前仍有其渔船为聚集金枪鱼和类金枪鱼使用这种人工灯光的CPC，在2017年12月31日之前，可继续允许此类船舶使用此类灯光。希望适用本规定的CPC，应在本决议通过后120天内向秘书处提出报告。

5. 航行灯光和为确保安全工作环境所必要的灯光，不受本决议影响。

6. 本决议取代“关于使用人造灯光吸引鱼到漂流集鱼装置”的第15/07号决议。

决议第16/08号：关于禁止使用航空器和无人机作为捕鱼辅助工具

印度洋金枪鱼委员会（IOTC），

忆及《执行1982年12月10日〈联合国海洋法公约〉有关养护和管理跨界鱼类种群和高度洄游鱼类种群的规定的协定》（UNFSA）第5条C款，确定应用预防性做法作为健全渔业管理的一般原则；

注意到委员会通过的第09/01号决议中，绩效评估工作组第37项和第38项建议指出，在修订或取代IOTC协定以纳入现代渔业管理原则之前，委员会应实施UNFSA提出的预防性做法；

认识到为粮食安全、生计、经济发展、多鱼种相互影响及其决定对环境的影响，需要确保金枪鱼和类金枪鱼渔业的可持续性；

考虑到"关于实施预防性做法"的第12/01号决议，根据国际商定的相关标准，特别是UNFSA制定的指导方针，确保IOTC协定第五条规定的渔业资源可持续利用；

忆及IOTC协定的目标是通过适当管理，确保本协定所涵盖的种群的养护和最佳利用，并鼓励基于此类种群的渔业的可持续发展；

认识到所有用来捕捞IOTC管理鱼类资源的渔具都应纳入管理，以确保捕捞作业的可持续性；

考虑到"航空器"是指用于航行或在空中飞行的发明物，特别包括但不限于飞机、直升机和任何允许一个人离开地面飞行或盘旋的装置。"无人机"是指任何能够在空中飞行的装置，它可在无人的情况下以遥控、自动或其他方式驾驶，包括但不限于无人飞机；

认识到使用航空器和无人机作为捕鱼/搜索辅助工具，通过增加鱼群探测能力，显著提高了金枪鱼渔船的捕捞努力量；

根据IOTC协定第九条第1款的规定，决议如下：

1. IOTC缔约方和合作非缔约方（CPC）应禁止悬挂其旗帜的渔船、补给船和支持船使用航空器或无人机作为捕鱼辅助工具。

2. 尽管有第1段规定，目前仍有其渔船使用航空器和无人机作为捕鱼辅助工具的CPC，在2017年12月31日之前可允许这类船舶继续使用。希望适用本条款的CPC，应在本决议通过后120天内向秘书处提出报告。

3. 在IOTC管理海域出现任何使用航空器或无人机捕鱼作业的情况，应向船旗国和IOTC执行秘书报告，并通报履约分委会。

4. 用于科研或MCS（监测、控制和监视）目的的航空器或无人机，不受本措施第1段禁令的限制。

决议第 15/01 号:关于 IOTC 管理区渔船记录渔获量和努力量数据

印度洋金枪鱼委员会（IOTC），

忆及缔约方根据 IOTC 协定第五条所作的承诺，即不断审议种群的状况和趋势，并收集、分析和传播与种群的养护和管理，以及基于本协定涵盖种群的渔业有关的科学信息、渔获量和努力量统计及其他数据；

考虑到“关于对 IOTC 缔约方和合作非缔约方强制性统计报告要求”的第 10/02 号决议（或后续任何取代决议）所载规定，特别是第 4 段，其中规定了表层渔业、延绳钓渔业和沿海渔业的渔获量和努力量报告要求；

认识到 IOTC 科学分委会反复强调缔约方及时提交准确数据的重要性；

也忆及 2006 年 11 月 6～10 日在塞舌尔维多利亚召开的科学分委会第 9 届会议的结果，即同意标准化捕捞日志是有利的，并同意了在 IOTC 管理区作业的所有围网船和竿钓船船队的最低数据要求，以协调数据收集，并为所有 IOTC 的 CPC 进行科学分析提供共同基础；

进一步回顾 2010 年 6 月 23～25 日在澳大利亚布里斯班举行的神户系列第二次会议兼捕工作组会议通过的建议；特别是区域渔业管理组织应考虑采用统一标准收集兼捕数据，至少可以让这些数据在评估兼捕物种种群状况和兼捕措施的效力方面发挥作用，并应允许区域渔业管理组织使用这些数据评估渔业与兼捕物种之间相互影响的程度；

进一步考虑到 2007 年 11 月在塞舌尔召开的科学分委会第 10 届会议上创立的小型工作组的工作，以便使各个船队目前使用的各种数据格式和 IOTC 科学分委会同意的关于所有围网、延绳钓和流网船队的最低数据标准要求及制定的捕捞日志模板相协调；

进一步考虑到 2010 年 12 月 6～10 日在塞舌尔维多利亚召开的科学分委会第 13 届会议的审议意见，提出 3 个建议选项，其中之一是强制性报告捕捞日志中修订的鲨鱼种类清单数据，以改善 IOTC 管理区鲨鱼数据的收集和统计；

进一步考虑到 2011 年 12 月 12～17 日在塞舌尔马埃岛召开的科学分委会第 14 届会议的审议意见，提出一份适用于所有渔具的鲨鱼种类清单，并建议 IOTC 管理区的手钓和曳绳钓渔具的最低数据记录要求；

进一步考虑到 IOTC 第 17 届会议关于兼捕的建议；

进一步考虑到联合国大会关于可持续渔业的第 67/79 号决议，呼吁各国单独、共同或通过区域渔业管理组织安排收集必要的数据以评估和密切监控大型集鱼装置和其他装置的使用，并酌情评估其对金枪鱼资源、金枪鱼行为及关联种和依附种的影响，以改善管理程序，从而监测此类装置的数量、类型和使用，并减轻其对生态系统可能产生的负面影响，包括对幼鱼和偶尔兼捕的非目标物种，特别是鲨鱼和海龟的影响；

根据 IOTC 协定第九条第 1 款的规定，决议如下：

1. 每一 CPC 应确保悬挂其旗帜并获授权捕捞 IOTC 管理鱼种的所有围网、延绳钓、刺网、竿钓、手钓及曳绳钓渔船，遵守渔获数据记录系统。

2. 本措施应适用于所有在 IOTC 管理区作业的船长超过 24 米的渔船，或船长不到 24 米但在船旗国专属经济区外作业的围网、延绳钓、刺网、竿钓、手钓及曳绳钓渔船。

在沿海国专属经济区作业的船长不到24米的发展中CPC渔船，其渔获数据记录系统根据第11段和第12段的要求填写。在专属经济区内作业的船长不到24米的发达CPC渔船，渔获数据记录应按照本措施进行。

3. 所有渔船均应有装订成册的纸质捕捞日志或电子捕捞日志记录数据。作为最低要求，这些数据应包括附件1、附件2及附件3所列捕捞日志中的信息和数据。

4. 各船旗国应于2016年2月15日前向IOTC执行秘书提交按照附件1、附件2和附件3记录数据的官方捕捞日志模板，在IOTC网站上公布，以促进监控管理活动。使用电子捕捞日志系统的CPC，可以提供一份该CPC规定实施电子捕捞日志系统的副本、一组屏幕截图及认证软件的名称。如捕捞日志模板2016年2月15日后有变化，应提交更新的模板。

5. 如捕捞日志不是IOTC的两种官方语言之一，CPC应使用IOTC两种语言之一的文字提供完整的捕捞日志填写栏目的说明，同时附上捕捞日志样本。IOTC执行秘书应在IOTC网站上公布捕捞日志样本和填写栏目的描述。

6. 附件1包括有关围网、延绳钓、刺网和竿钓的渔船及其航次和渔具配置方面的信息。每一航次只需填写一次，除非渔具配置有变化。

7. 附件2包含围网、延绳钓、刺网、竿钓的作业和渔获信息，应在每次投放渔具后完成。

8. 附件3包含手钓和曳绳钓的渔具规格。

9. 捕捞日志应由渔船船长填写并提交给船旗国主管部门，如果渔船在沿海国专属经济区作业，还应提交给该沿海国主管部门。船舶在沿海国专属经济区捕鱼时，应仅向该沿海国主管部门提供在其专属经济区作业活动的捕捞日志部分。

10. 船旗国应在次年6月30日前向IOTC秘书处提供上一年的全部汇总数据。对于精细尺度数据，“关于数据保密政策和程序”的第12/02号决议的规定应予适用。

11. 注意到发展中CPC执行渔船渔获数据记录系统有困难，在其专属经济区内作业的船长不到24米的渔船，渔获数据记录系统将于2016年7月1日起逐步实施。

12. 委员会应考虑制定一项特别计划，促进发展中国家执行本决议。此外，鼓励发达CPC和发展中CPC合作，寻找能力建设的机会，以协助本决议的长期实施。

13. 本决议取代“关于IOTC管理区渔船渔获量和努力量记录”的第12/03号决议。

附件1　每航次记录一次（除非渔具配置改变）

报告信息

1. 捕捞日志提交日期。
2. 报告人姓名。

渔船信息

1. 渔船船名和/或登记号。
2. 国际海事组织（IMO）注册号（如有）。

3. IOTC 编号。
4. 国际无线电呼号：若无，应使用其他唯一的识别码，如渔船许可证号。
5. 渔船大小：总吨位（GT）和总长（以米计）。

航次信息

多天数作业记录：
1. 离港日期（你所在位置）与港口。
2. 返港日期（你所在位置）与港口。

其他需要的信息

延绳钓（渔具结构）：
1. 平均支线长度（米）：钓钩至挂扣之间的直线长度（图 1）。
2. 平均浮子绳长度（米）：浮子至挂扣之间的直线长度。
3. 平均支线间距（米）：连续两支绳间干线的直线长度。
4. 干线材料可分为 4 类：
   a）粗绳（聚乙烯醇纤维绳）；
   b）细绳（聚乙烯或其他材料）；
   c）尼龙编线；
   d）尼龙单丝。
5. 延绳钓支线末端连接（接钩绳/钓钩引线）材料分为 2 类：
   a）尼龙单丝；
   b）其他（如钢丝）。

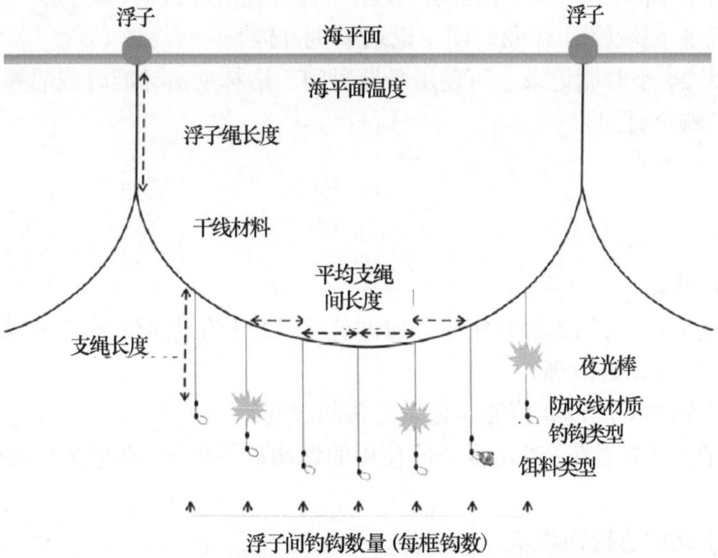

图 1　延绳钓渔具结构示意图（彩图请扫封底二维码）

围网（渔具结构）：

1. 围网网具长度。

2. 围网网具高度。

3. 每航次投放的 FAD 总数：参见“关于 FAD 管理计划程序，包括限制 FAD 数量、更详细的 FAD 网次渔获报告规范及开发改进 FAD 结构减少非目标物种的缠绕”的第 15/08 号决议（被第 17/08 号决议、第 18/08 号决议和第 19/02 号决议取代，或任何后续取代决议）。

寻鱼信息

1. 寻鱼天数。

2. 使用观测飞机（是/否）。

3. 使用的支持船（是/否），若是，请填支持船的船名及注册号。

刺网（渔具结构）：

1. 网具总长度（米）：记录船上网具的总长度。

2. 网目大小（毫米）：记录航次使用网具的网目大小（两对角结节之间的拉紧长度）。

3. 装配后网具高度（米）：网具高度。

4. 网片材料：即尼龙编线、尼龙单丝等。

竿钓（渔具结构）：

船员数量。

附件 2　每次下钩/网次/作业记录一次

注意：对于本附件中的所有渔具，使用下列格式填写日期和时间。

日期：记录下钩/放网/作业日期，记录年/月/日。

时间：以 24 小时制记录，可使用当地时间、格林尼治标准时或船旗国时间，并明确说明使用了哪个时间。

作业

延绳钓：

1. 下钩日期。

2. 经纬度位置：可以选择使用中午时间位置，或开始投绳位置，或作业区域代码（如塞舌尔专属经济区、公海等）。

3. 开始下钩的时间，如可能，记录起钩的时间。

4. 两浮子间钓钩数量：若两浮子间使用的钓钩数不相同，则记录最具代表性（平均）的钓钩数量。

5. 该次下钩的总钓钩数量。

6. 该次下钩使用的夜光棒数量。

7. 该次下钩使用的饵料类型：如鱼、鱿鱼等。

8. 可自行选择，记录中午时的表层水温（××.×℃），小数点保留 1 位。

围网：

1. 投网日期。

2. 事件类型：放网捕鱼作业或投放新的 FAD。

3. 事件的经纬度位置及时间，或如当日无事件，则记录中午的位置。

4. 如进行放网捕鱼作业，注明该网次是成功、失败或良好；鱼群类型[起水鱼群或 FAD 随附群，如为 FAD 随附群，注明类型（如流木或其他自然物体、漂流 FAD、锚定 FAD 等）]。参见“关于 FAD 管理计划程序，包括限制 FAD 数量、更详细的 FAD 网次渔获报告规范及开发改进 FAD 结构减少非目标物种的缠绕”的第 15/08 号决议（被第 17/08 号决议、第 18/08 号决议和第 19/02 号决议取代，或任何后续替代决议）。

5. 可自行选择，记录中午时的表层水温（××.×℃），小数点保留 1 位。

刺网：

1. 放网日期：记录每次放网的日期或海上天数（无下网的天数）。

2. 网具总长（米）：每一网次使用的浮子纲长度米数。

3. 开始捕捞时间：记录每一次开始放网的时间，如可能，记录起网的时间。

4. 开始和结束的经纬度位置：记录开始和结束的经纬度，代表渔具开始投放和结束的区域；或如当日没有作业，则记录中午的位置。

5. 网具设置深度（米）：刺网设置的大概深度。

竿钓：

捕捞日志中的捕捞努力量信息应按天记录。捕捞日志中的渔获信息应按航次记录，或如可能，应按捕鱼天记录。

1. 作业日期：记录天或日期。

2. 中午的经纬度位置。

3. 当天使用的钓竿数量。

4. 开始捕鱼时间（捕捞饵料鱼结束，渔船驶往海洋捕鱼，立即记录时间；对于多天，应记录开始寻鱼的时间）和结束捕鱼时间（结束钓捕最后鱼群立即记录时间；对于多天，则结束捕捞时间指停止捕捞最后鱼群的时间）。如为多天，应记录捕鱼天数。

5. 鱼群类型：FAD 随附群和/或自由群。

渔获量

按本附件“物种”介绍的种类及加工形式，分网次/投钩/捕鱼事件，记录每种鱼的渔获重量（千克）或尾数：

a）延绳钓记录尾数和重量；

b）围网记录重量；

c）刺网记录重量；

d）竿钓记录重量或尾数。

物种

延绳钓：

主要物种		其他物种	
名称	FAO 代码	名称	FAO 代码
南方蓝鳍金枪鱼（*Thunnus maccoyii*）	SBT	小吻四鳍旗鱼（*Tetrapturus angustirostris*）	SSP
长鳍金枪鱼（*Thunnus alalunga*）	ALB	大青鲨（水鲨）（*Prionace glauca*）	BSH
大眼金枪鱼（*Thunnus obesus*）	BET	鲭鲨类（马加鲨）（*Isurus* spp.）	MAK
黄鳍金枪鱼（*Thunnus albacares*）	YFT	鼠鲨（鼠鲛）（*Lamna nasus*）	POR
鲣（*Katsuwonus pelamis*）	SKJ	双髻鲨类（*Sphyrna* spp.）	SPN
剑鱼（*Xiphias gladius*）	SWO	镰状真鲨（*Carcharhinus falciformis*）	FAL
条纹四鳍旗鱼（红肉旗鱼）（*Tetrapturus audax*）	MLS	其他鲨类（other sharks）	SKH
蓝枪鱼（黑旗）（*Makaira nigricans*）	BUM	海鸟（记录数量）[1]	
印度枪鱼（立翅枪鱼）（*Makaira indica*）	BLM	海洋哺乳类（记录数量）（marine mammals）	
平鳍旗鱼（*Istiophorus platypterus*）	SFA	海龟（记录数量）（marine turtles）	
		长尾鲨类（狐鲛）（*Alopias* spp.）	THR
		长鳍真鲨（*Carcharhinus longimanus*）	OCS
		非必需记录物种	
		虎鲨（鼬鲨）（*Galeocerdo cuvier*）	TIG
		拟锥齿鲨（鳄鲨）（*Pseudocarcharias kamoharai*）	PSK
		噬人鲨（*Carcharodon carcharias*）	WSH
		蝠鲼（Mobulidae）	MAN
		紫魟（*Pteroplatytrygon viola*）	PSL
		其他魟类（other rays）	

1 如果一 CPC 全面实施观察员计划，则提供海鸟信息是选项

围网：

主要物种		其他物种	
名称	FAO 代码	名称	FAO 代码
长鳍金枪鱼（*Thunnus alalunga*）	ALB	海龟（记录数量）（marine turtles）	TTX
大眼金枪鱼（*Thunnus obesus*）	BET	海洋哺乳类（记录数量）（marine mammals）	MAM
黄鳍金枪鱼（*Thunnus albacares*）	YFT	鲸鲨（记录数量）（*Rhincodon typus*）	RHN
鲣（*Katsuwonus pelamis*）	SKJ	长尾鲨类（狐鲛）（*Alopias* spp.）	THR
其他 IOTC 鱼种		长鳍真鲨（*Carcharhinus longimanus*）	OCS
		非必需记录物种	
		镰状真鲨（*Carcharhinus falciformis*）	FAL
		蝠鲼（Mobulidae）	MAN
		其他鲨类（other sharks）	SKH
		其他魟类（other rays）	
		其他硬骨鱼（other bony fishes）	MZZ

刺网：

主要物种		其他物种	
名称	FAO 代码	名称	FAO 代码
长鳍金枪鱼（*Thunnus alalunga*）	ALB	小吻四鳍旗鱼（*Tetrapturus angustirostris*）	SSP
大眼金枪鱼（*Thunnus obesus*）	BET	大青鲨（水鲨）（*Prionace glauca*）	BSH
黄鳍金枪鱼（*Thunnus albacares*）	YFT	鲭鲨类（马加鲨）（*Isurus* spp.）	MAK
鲣（*Katsuwonus pelamis*）	SKJ	鼠鲨（鼠鲛）（*Lamna nasus*）	POR
青干金枪鱼（*Thunnus tonggol*）	LOT	双髻鲨类（*Sphyrna* spp.）	SPN
扁舵鲣（*Auxis thazard*）	FRI	其他鲨类（other sharks）	SKH
双鳍舵鲣（*Auxis rochei*）	BLT	其他硬骨鱼（other bony fishes）	MZZ
鲔（*Euthynnus affinis*）	KAW	海龟（记录数量）（marine turtles）	TTX
康氏马鲛（*Scomberomorus commerson*）	COM	海洋哺乳类（记录数量）（marine mammals）	MAM
斑点马鲛（*Scomberomorus guttatus*）	GUT	鲸鲨（记录数量）（*Rhincodon typus*）	RHN
剑鱼（*Xiphias gladius*）	SWO	海鸟（记录数量）[1]	
平鳍旗鱼（*Istiophorus platypterus*）	SFA	长尾鲨类（狐鲛）（*Alopias* spp.）	THR
旗鱼（*Tetrapturus* spp.，*Makaira* spp.）	BIL	长鳍真鲨（*Carcharhinus longimanus*）	OCS
南方蓝鳍金枪鱼（*Thunnus maccoyii*）	SBT	可选择记录的种类（optional species）	
		虎鲨（鼬鲨）（*Galeocerdo cuvier*）	TIG
		拟锥齿鲨（鳄鲨）（*Pseudocarcharias kamoharai*）	PSK
		蝠鲼（Mobulidae）	MAN
		紫魟（*Pteroplatytrygon violacea*）	PSL
		其他魟类（other rays）	

1 如果一 CPC 全面实施观察员计划，则提供海鸟信息是选项

竿钓：

主要物种		其他物种	
名称	FAO 代码	名称	FAO 代码
长鳍金枪鱼（*Thunnus alalunga*）	ALB	其他硬骨鱼（other bony fishes）	MZZ
大眼金枪鱼（*Thunnus obesus*）	BET	鲨鱼（sharks）	SKH
黄鳍金枪鱼（*Thunnus albacares*）	YFT	魟（rays）	
鲣（*Katsuwonus pelamis*）	SKJ	海龟（记录数量）（marine turtles）	TTX
扁舵鲣/双鳍舵鲣（*Auxis* spp.）	FRZ		
鲔（*Euthynnus affinis*）	KAW		
青干金枪鱼（*Thunnus tonggol*）	LOT		
康氏马鲛（*Scomberomorus commerson*）	COM		
其他 IOTC 鱼种			

备注

1. 所有渔具丢弃的金枪鱼和类金枪鱼及鲨鱼，应在备注中按种类记录重量（千克）或尾数①。

2. 遇到鲸鲨、海洋哺乳动物和海鸟的情况，应当在备注中记录。

3. 其他信息也记录于备注中。

注意：捕捞日志中包含的鱼种是最低要求。根据不同区域和渔业的要求，可选择添加其他经常捕获的鲨鱼和/或鱼种。

附件3 手钓和曳绳钓的渔具规格

注意：对于本附件中的所有渔具，使用下列格式填写日期和时间。

日期：记录下钩/网次/作业日期，记录年/月/日。

时间：以 24 小时制记录，可使用当地时间、格林尼治标准时或船旗国时间，并明确说明使用了哪个时间。

手钓

所有捕捞日志信息应按日填写；若在同一天捕鱼事件超过一项，建议将每一捕鱼事件分开填写。

每航次记录一次，或当每天作业时则每月记录一次。

1. 报告信息。
   - 1.1 捕鱼日期（或多天作业时，填写提交捕捞日志的日期）。
   - 1.2 报告人姓名。
2. 渔船信息。
   - 2.1 渔船名和登记号及国际海事组织（IMO）注册号（如有）。
   - 2.2 IOTC 编号（如有）。
   - 2.3 渔船许可证号。
   - 2.4 渔船大小：总吨位（GT）和/或总长（米）。
3. 航次信息。
   - 3.1 离港日期及港口。
   - 3.2 返港日期及港口。
4. 作业。
   - 4.1 捕鱼日期：记录捕鱼作业日期，每一捕鱼日应分别记录。
   - 4.2 船员人数：按捕鱼日记录船上的船员数。
   - 4.3 渔具数量：记录捕鱼当日使用的钓线数量。若无法获得确切的数量，可填写使用的钓线数量范围：
     - i）5 条钓线及以下；
     - ii）6～10 条钓线；

① 忆及“关于执行禁止围网渔船丢弃鲣、黄鳍金枪鱼、大眼金枪鱼及非目标鱼种”的第 10/13 号建议（被第 13/11 号决议取代，然后被第 15/06 号决议取代）

iii）11 条钓线及以上。

4.4 捕捞的鱼群数量及类型（锚定 FAD 或漂流 FAD、海洋哺乳动物、浮水群、其他）：记录当日捕捞的鱼群数量及类型（锚定 FAD、漂流 FAD、海洋哺乳动物、随附群或浮水群）。

4.5 渔获位置。

经纬度位置：可以选择填写中午时间的位置，或开始投绳的位置，或作业区域代码（如塞舌尔专属经济区、公海等）。非捕鱼日，如不在港内，则记录中午时间的经纬度。

若按日记录信息，按 1°方格区域记录捕捞水域的信息。

4.6 鱼饵：若可能，记录使用的饵料类型（如鱼、鱿鱼）。

5. 渔获量：按鱼种记录渔获尾数和/或重量（千克）。

5.1 渔获尾数和/或重量：对于第 2.3 项所述的捕获并留置的每一鱼种，每天记录其尾数和估计的活鱼重量（千克）。

5.2 丢弃的尾数和/或重量：对于第 2.3 项所述的捕获但未留置的每一鱼种，每天记录丢弃的尾数和估计的活鱼重量（千克）。

6. 物种。

主要物种	FAO 代码
黄鳍金枪鱼（*Thunnus albacares*）	YFT
大眼金枪鱼（*Thunnus obesus*）	BET
鲣（*Katsuwonus pelamis*）	SKJ
平鳍旗鱼（*Istiophorus platypterus*）	SFA
印度枪鱼（立翅枪鱼）（*Makaira indica*）	BLM
其他旗鱼（other billfishes）	
青干金枪鱼（*Thunnus tonggol*）	LOT
鲔（*Euthynnus affinis*）	KAW
扁舵鲣/双鳍舵鲣（*Auxis* spp.）	FRZ
康氏马鲛（*Scomberomorus commerson*）	COM
斑点马鲛（*Scomberomorus guttatus*）	GUT
鲨鱼	
其他鱼类	
魟（rays）	
海龟（记录数量）（marine turtles）	

7. 备注。

其他相关信息也记录于备注中。

注：捕捞日志中包括的这些鱼种信息是最低要求。可以选择添加其他物种，因为物种可能因不同捕捞区域和渔业类型而异。

曳绳钓渔船

所有捕捞日志信息应按日填写；若在同一天要记录一件以上的捕鱼事件，建议每一事件分开填写。

每航次记录一次。

1. 报告信息。

 1.1 捕鱼日期（或当多天作业时，则填写提交捕捞日志的日期）。

 1.2 报告人姓名。

2 渔船信息。

 2.1 渔船名和登记号及国际海事组织（IMO）注册号（如有）。

 2.2 IOTC 编号（如有）。

 2.3 渔船许可证号。

 2.4 渔船大小：总吨位（GT）和/或总长（米）。

3 航次信息。

 3.1 离港日期及港口。

 3.2 返港日期及港口。

4. 作业。

 4.1 捕鱼日期：记录捕鱼作业日期，每一捕捞日应分别记录。

 4.2 船员人数：按捕鱼日记录船上的渔民人数。

 4.3 渔具数量：记录捕鱼作业当天使用的钓线数量。若无法获得确切数量，可填写使用钓线的数量范围等级：

 i）3 条钓线及以下；

 ii）3 条钓线以上。

 4.4 捕捞的鱼群数量和类型（锚定 FAD 或漂流 FAD、海洋哺乳动物、浮水群、其他）：记录当日捕捞的鱼群数量和类型（锚定 FAD、漂流 FAD、海洋哺乳动物、随附群或浮水群）。

 4.5 渔获物位置。

 经纬度位置：捕鱼作业时，可以选择填写中午时间的位置，或开始投绳的位置，或作业区域代码（如塞舌尔专属经济区、公海等）。非捕鱼日，若不在港内，记录中午时间的经纬度。

 若逐日记录信息，按 1°方格区域记录捕捞水域的信息。

 4.6 鱼饵：记录使用的饵料种类，或说明是否使用了人工诱饵。

5. 渔获量：按鱼种记录渔获尾数和/或重量（千克）。

 5.1 渔获尾数和/或重量：对于第 2.3 项所述的捕获并留存的每一鱼种，逐天记录其尾数或估计的鱼体重量（千克）。

5.2 丢弃的尾数和/或重量：对于第 2.3 项所述的捕获但未留存的每一鱼种，逐天记录丢弃的尾数和估计的鱼体重量（千克）。

6. 物种。

主要物种	FAO 代码
黄鳍金枪鱼（*Thunnus albacares*）	YFT
大眼金枪鱼（*Thunnus obesus*）	BET
鲣（*Katsuwonus pelamis*）	SKJ
长鳍金枪鱼（*Thunnus alalunga*）	ALB
剑鱼（*Xiphias gladius*）	SWO
蓝枪鱼（黑旗）（*Makaira nigricans*）	BUM
印度枪鱼（立翅枪鱼）（*Makaira indica*）	BLM
条纹四鳍旗鱼（红肉旗鱼）（*Tetrapturus audax*）	MLS
平鳍旗鱼（*Istiophorus platypterus*）	SFA
其他旗鱼（other billfishes）	
青干金枪鱼（*Thunnus tonggol*）	LOT
鲔（*Euthynnus affinis*）	KAW
扁舵鲣/双鳍舵鲣（*Auxis* spp.）	FRZ
康氏马鲛（*Scomberomorus commerson*）	COM
斑点马鲛（*Scomberomorus guttatus*）	GUT
鲨鱼（sharks）	
其他鱼类（other fishes）	
魟（rays）	
海龟（marine turtles）	

7. 备注。

其他相关信息也记录于备注中。

注：捕捞日志中包括的这些鱼种被认为是最低要求。可以选择添加其他渔获物种，因为物种可能因捕捞区域和渔业类型的不同而不同。

决议第 15/02 号：关于对 IOTC 缔约方和合作非缔约方强制性统计报告要求

印度洋金枪鱼委员会（IOTC），

鉴于《执行 1982 年 12 月 10 日〈联合国海洋法公约〉有关养护和管理跨界鱼类种群和高度洄游鱼类种群的规定的协定》(UNFSA)，鼓励沿海国和公海捕鱼国及时收集和分享关于捕鱼活动的完整且准确的数据，除其他外，有关渔船位置、目标和非目标鱼种的捕获量及捕捞努力量；

注意到联合国粮农组织《负责任渔业行为守则》规定，各国应汇编与分区域或区域渔业管理组织所管理鱼类种群有关的渔业资料及其他支持性科学资料，并及时向该组织提供；

忆及各缔约方根据 IOTC 协定第五条所作的承诺，即不断审议协定所涵盖的鱼类种群的状况和趋势，并收集、分析和传播与鱼类种群养护和管理及基于该鱼类种群渔业有关的科学信息、渔获量和努力量统计及其他数据；

认识到上述承诺只有在缔约方满足 IOTC 协定第十一条要求，即及时提供最低规格的统计及其他数据和信息时才能实现；

认识到 IOTC 科学分委会一再强调数据提交及时性的重要性；

鉴于支持船的活动和 FAD 的使用是围网船队捕捞努力量的一个组成部分；

考虑到委员会 2015 年通过的“关于对 IOTC 缔约方和合作非缔约方强制性统计报告要求”的第 15/02 号决议的规定；

进一步注意到科学分委会就不可能对印度洋海鸟的状况进行评估表示关切，同时承认有些物种目前处于极度濒危状态，而 CPC 缺乏对海鸟相互作用的报告，严重损害了 IOTC 应对和防止捕鱼对海鸟产生不利影响的能力；

考虑到 IOTC 科学分委会第 17 届会议的建议；

进一步考虑到联合国大会关于可持续渔业的第 67/79 号决议，呼吁各国单独、共同或通过区域渔业管理组织安排收集必要的数据以评估和密切监控大型集鱼装置和其他装置的使用，并酌情评估其对金枪鱼资源、金枪鱼行为及关联种和依附种的影响，以改善管理程序，从而监测此类装置的数量、类型和使用，并减轻其对生态系统可能产生的负面影响，包括对幼鱼和偶尔兼捕的非目标物种，特别是鲨鱼和海龟的影响；

根据 IOTC 协定第九条第 1 款的规定，决议如下：

1. 缔约方和合作非缔约方（CPC）应根据第 7 段规定的时间线向 IOTC 秘书处提供下列信息。
2. 总渔获量数据：按物种和渔具分类的总渔获量估计，应按第 7 段所述每年（如可能按季度）提交（如可能，按活体重量的留存渔获量和按活体重量或尾数的丢弃量分开）IOTC 强制要求报告的所有鱼种，以及根据“关于 IOTC 管理区渔船记录渔获量和努力量数据”的第 15/01 号决议（或任何后续替代决议）所规定渔获量和兼捕渔获物记录，最常被捕获的板鳃类物种。

3. 有关鲸类、海鸟和海龟的数据，应根据关于养护鲸豚类的第 13/04 号决议（被第 23/06 号决议取代）、“关于减少延绳钓渔业误捕海鸟”的第 12/06 号决议和“关于海龟养护”的第 12/04 号决议（或其后的任何取代决议）提供。

4. 渔获量及努力量数据[①]：

a）表层渔业（围网、竿钓、刺网）：分鱼种和捕捞努力量的渔获重量数据应按 1°方格海域和月份提供。围网和竿钓渔业数据应按捕鱼模式分类（如起水鱼群或流木鱼群）。数据应是 CPC 按渔具分类的月估计总渔获量。按要求应定期向 IOTC 提供有关描述推算程序的文件（包括与捕捞日志覆盖范围相对应的换算因子）。报告的努力量单位应与第 15/01 号决议（或任何被取代的修订文本）要求的一致；

b）延绳钓渔业：分鱼种、尾数或重量的渔获量及努力量，应按 5°方格和月份提供。还应定期提交有关推算程序的文件（包括与捕捞日志覆盖范围相对应的换算因子）。对于 IOTC 科学分委会相关工作组的工作，延绳钓数据的分辨率应是 1°方格海域和月或更精细尺度。这些数据仅供 IOTC 科学分委会及其工作组使用，须经数据所有人同意并根据 IOTC“关于数据保密政策和程序”的第 12/02 号决议的规定，及时提供用于科学目的。报告的努力量单位应与第 15/01 号决议（或任何被取代的后续修订文本）的努力量要求的一致；

c）沿海渔业：分鱼种渔获量数据应按第 7 段规定每年提交，渔具和捕捞努力量数据应经常提交，并可选择使用另一地理区域提供（如能更好地代表有关渔业）。报告的努力量单位应与第 15/01 号决议（或任何被取代的后续修订文本）的努力量要求一致。

根据“关于 IOTC 管理区渔船记录渔获量和努力量数据”的第 15/01 号决议（或被取代的后续修订文本）规定的渔获量和兼捕渔获物记录，这些适用于金枪鱼和类金枪鱼的条款，也应适用于最常捕捞的板鳃类物种。

5. 体长数据：应根据第 4 段并按照向 IOTC 报告统计数据指南所述程序规定的准则，提供所有渔具捕捞的所有物种的体长数据。体长抽样应按严格和描述良好的随机抽样方案进行，这是提供无偏差的体长数据所必需的。抽样范围应按照物种和渔业类型确定，至少每吨渔获物测定一尾，以便抽样在所有作业时期和作业区域均具有代表性。或延绳钓船队的体长数据可作为区域观察员计划的一部分提供，如果这些船队的所有捕鱼作业至少有 5%的观察员覆盖率。分物种的体长数据，包括所测鱼的总尾数，应按月、按渔具类型和作业方式（如围网渔船分起水鱼群或流木鱼群）以 5°方格海域提交。还应提供包括有关按鱼种和渔业类型的取样和重量换算过程的文件。

6. 鉴于围网供应船的活动和集鱼装置的使用是围网船队捕捞努力量的组成部分，

---

① a）表层渔业：除延绳钓渔业外，由在IOTC授权记录中的船舶进行的所有渔业，特别是围网、竿钓、刺网、手钓和曳绳钓船；b）延绳钓渔业：由在IOTC授权记录中的船舶使用延绳钓渔具的渔业；c）沿海渔业：以上明确的延绳钓渔业或表层渔业之外的渔业，也称为手工渔业

CPC 应提供下列信息：

a）围网供应船的数量和特点：①悬挂其船旗作业；②协助悬挂其船旗作业的围网船；或③持许可证在其专属经济区作业，并出现在 IOTC 管理区；

b）供应船的船旗国按月和 1°方格海域报告围网船和供应船在海上的天数；

c）围网船和供应船 FAD 网次每季度总数：

i）FAD 投放日期和位置，FAD 标识符和类型（即流木或杂物、漂浮木筏或带有网片的 FAD，漂浮木筏或没有网片的 FAD，锚定 FAD 或其他 FAD，如竹排或死动物等），

ii）每个 FAD 的设计特点[与“关于 FAD 管理计划程序，包括限制 FAD 数量、更详细的 FAD 网次渔获报告规范及开发改进 FAD 结构减少非目标物种的缠绕”的第 15/08 号决议（被第 17/08 号决议、第 18/08 号决议和第 19/02 号决议取代）附件 1 一致]。

这些数据将仅供 IOTC 科学分委会及其工作组使用，但须经数据所有人同意，并符合 IOTC“关于数据保密政策和程序”的第 12/02 号决议，仅以适时方式提供。

7. 向 IOTC 秘书处提交数据的及时性：

a）公海作业的延绳钓船队应于 6 月 30 日前提交上一年的暂定数据，于 12 月 30 日前提供最终数据；

b）所有其他船队（包括供应船）应于 6 月 30 日前提交其上一年的最终数据；

c）若无法在规定期限上交最终统计数据，至少应提交初步统计数据。除了延迟 2 年之外，所有对历史数据的修订都应正式报告并充分证明其合理性。这些报告应按 IOTC 秘书处提供的表格填写，并由 IOTC 科学分委会审议。如果修订被接受用于科学用途，IOTC 科学分委会将通知 IOTC 秘书处。IOTC 科学分委会将会为 IOTC 秘书处提供修订后的数据是否可用于科学用途的咨询意见。

8. 本决议取代“关于对 IOTC 缔约方和合作非缔约方强制性统计报告要求”的第 10/02 号决议。

决议第 15/10 号：关于目标参考点、限制性参考点及决策框架

印度洋金枪鱼委员会（IOTC），

考虑到 IOTC 的目标是始终大概率地保持鱼类种群数量在不低于能够产生最大持续产量的水平，并符合有关的环境和经济要素，包括 IOTC 海域发展中国家的特殊需求；

注意到 IOTC 协定第十六条关于沿海国的权利和《联合国海洋法公约》第 87 条和第 116 条关于公海捕鱼的权利；

忆及《执行 1982 年 12 月 10 日〈联合国海洋法公约〉有关养护和管理跨界鱼类种群和高度洄游鱼类种群的规定的协定》（UNFSA）第 6 条第 3 款，规定适用预防性参考点作为健全渔业管理的一般原则；

进一步忆及 UNFSA 附件 2 规定在养护和管理跨界鱼类种群和高度洄游鱼类种群方面应用预防性参考点的准则，包括当建立参考点所需信息缺失或贫乏时采用暂定参考点；

注意到科学分委员会指出，第 13/10 号决议（被第 15/10 号决议取代）中所载的暂定限制性参考点与粮农组织和 UNFSA 准则不一致；

注意到粮农组织《负责任渔业行为守则》第 7.5.3 条还建议，除其他外，在预防性做法的基础上实施特定种群的目标参考点和限制性参考点；

注意到经委员会作为第 09/01 号决议（被第 16/03 号决议取代）通过的绩效评估小组的第 37 条和第 38 条建议表明，在修订或替换 IOTC 协定以纳入现代渔业管理原则之前，委员会应实施预防性做法，除其他外，包括 UNFSA 中规定的预防性参考点；

注意到 IOTC“关于实施预防性做法”的第 12/01 号决议建议采用预防性参考点，以及科学分委会在其第 14 届会议上提出的预防性参考点暂定值；

还忆及 IOTC 科学分委会开始启动程序，向管理策略评价（MSE）程序方向发展，以改进有关捕捞控制规则（HCR）的规定；

强调 IOTC 科学分委会现在能够就几种热带、温带或浅海金枪鱼类和旗鱼类种群，提供与其参考点有关的种群状况的建议；

进一步注意到 IOTC 科学分委会第 17 届会议就根据 B_{MSY} 和 F_{MSY} 得到的限制性参考点和目标参考点的可能替代办法提出了建议，即如果认为根据 B_{MSY} 和 F_{MSY} 得到的这些参考点不够可靠时，建议采用根据 B_0 的比例得出，B_0 为估计的初始生物量；

进一步注意到科学分委会还建议，在不能可靠地估计基于 MSY 的参考点的情况下，生物量限制性参考点设定为初始生物量水平的 20%；

承认有必要在科学家和管理人员之间进行持续对话，为 IOTC 金枪鱼及类金枪鱼种群确定合适的 HCR；

根据 IOTC 协定第九条第 1 款，决议如下：

暂定目标参考点（TRP）和限制性参考点（LRP）

1. 在评估资源状况并向委员会提供建议时，IOTC 科学分委会应在可能的情况下，对金枪鱼类和类金枪鱼类采用基于 MSY 的目标参考点和限制性参考点，特别是

委员会在 2013 年商定的长鳍金枪鱼、剑鱼和三种热带金枪鱼（大眼金枪鱼、鲣和黄鳍金枪鱼）的暂定参考点[“关于暂定目标参考点和限制性参考点及决策框架”的第 13/10 号的决议（被第 15/10 号决议取代）]，见表 1。B_{MSY} 指能够产生最大持续产量的种群生物量水平；F_{MSY} 指产生最大持续产量的捕捞死亡率水平。

表 1　暂定目标参考点和限制性参考点

物种	暂定目标参考点	限制性参考点
长鳍金枪鱼 黄鳍金枪鱼 剑鱼	$B_{TARGET}=B_{MSY}$ $F_{TARGET}=F_{MSY}$	$B_{LIM}=0.40B_{MSY}$ $F_{LIM}=1.40F_{MSY}$
大眼金枪鱼	$B_{TARGET}=B_{MSY}$ $F_{TARGET}=F_{MSY}$	$B_{LIM}=0.50B_{MSY}$ $F_{LIM}=1.30F_{MSY}$
鲣	$B_{TARGET}=B_{MSY}$ $F_{TARGET}=F_{MSY}$	$B_{LIM}=0.40B_{MSY}$ $F_{LIM}=1.50F_{MSY}$

备选暂定目标参考点和限制性参考点

2. 如果 IOTC 科学分委会认为不能可靠地预计基于 MSY 的参考点时，生物量限制性参考点将以初始生物量 B_0 的比率设置。除非 IOTC 科学分委会向委员会建议更合适某一个特定物种的限制性参考点，否则暂定限制性参考点时的生物量（B_{LIM}）默认为初始生物量 B_0 的 20%，相应的限制性参考点时的捕捞死亡率定义为 $F_{0.2B_0}$（相对于该生物量限制性参考点的值）。委员会将最迟不晚于 2018 年对这些暂定限制性参考点进行审议。
3. 如果 IOTC 科学分委会认为基于 MSY 的参考点不能可靠地预计，则应使用基于资源衰退比例的目标参考点（即关于当前生物量与初始生物量 B_0 之比的参考点）作为 B_{TARGET} 和 F_{TARGET} 的基准，如下：
   a）暂定生物量目标参考点 B_{TARGET} 可按初始生物量 B_0 的比例设定；
   b）暂定捕捞死亡率目标参考点 F_{TARGET} 的设置可与生物量目标参考点水平相一致，其对应的捕捞死亡率为采用的初始生物量 B_0 的比例。
4. 第 1～3 段中提及的目标参考点和限制性参考点应由科学分委会根据附件 1 的工作程序并按第 6 段进一步审议。结果应提交给委员会，以便通过特定物种的参考点。
5. IOTC 科学分委会应继续就鱼类种群状况提供建议，并在可能的情况下就第 1 段、第 2 段和第 3 段所述参考点的管理措施提出建议，直到委员会通过可以实现 IOTC 养护和管理目标并符合第 6 段规定的其他参考点。
6. 科学分委会应就商定的参考点向委员会建议考虑关于 IOTC 物种捕捞控制规则（HCR）的备选方案，供其审议，并在这样做时应考虑：
   a）UNFSA 和 IOTC 协定第五条规定的条款；
   b）下列目标和根据第 14/03 号决议（被第 16/09 号决议取代，然后被第 25/10 号决议取代，或被任何后续其他决议取代）通过科学和管理对话过程确定并经委员会同意的任何其他目标，如

i）维持生物量处于高于产生最大持续产量（MSY）水平或其替代水平，维持捕捞死亡率处在低于 F_{MSY} 或其替代水平，

ii）避免生物量低于 B_{LIM} 或捕捞死亡率高于 F_{LIM}；

c）以下指南：

i）对于评估状态处于科比图右下方（绿色）象限内的种群，管理目标是大概率将该种群状态维持在该象限内，

ii）对于评估状态处于科比图右上方（橙色）象限内的种群，管理目标是在尽可能短的时间内大概率结束过度捕捞，

iii）对于评估状态处于科比图左下方（黄色）象限内的种群，管理目标是在尽可能短的时间内恢复这些种群，

iv）对于评估状态处于科比图左上方（红色）象限内的种群，管理目标是在尽可能短的时间内结束过度捕捞并恢复该种群的生物量。

最终条款

7. 考虑到《联合国海洋法公约》第 64 条和 UNFSA 第 8 条，本决议的全部内容符合 IOTC 协定第十六条（沿海国权利）和《联合国海洋法公约》第 87 条和第 116 条有关公海捕鱼权利的规定。
8. 要求科学分委会在不迟于本决议通过后 10 年内，对所有与 IOTC 物种的目标参考点和限制性参考点相关的捕捞控制规则的绩效进行评估，委员会将根据科学建议酌情审议这些捕捞控制规则。
9. 如附件 1 的要求，科学分委会应尽早把有关目标参考点（TRP）和限制性参考点（LRP）合适度的建议反馈给委员会，如可能应不晚于 2020 年 IOTC 年会。本决议将被进一步审议，以便通过修订的 TRP 和 LRP。
10. 本决议取代“关于暂定目标参考点和限制性参考点及决策框架”的第 13/10 号决议。

附件 1　通过管理策略评价（MSE）确定和评估 TRP、LRP、HCR 的工作计划

1. 要求 IOTC 科学分委会评估第 15/10 号决议第 1～3 款中所述的限制性参考点（LRP）和目标参考点（TRP）的适宜性，以及如有根据 UNFSA 指南的其他相关参考点，并考虑：

   a）这些参考点（目标或限制性）的性质；

   b）关于种群动态变动和生活史参数的最佳科学证据；

   c）所有捕捞该种群的渔业；

   d）不确定性的主要来源。
2. 要求 IOTC 科学分委会通过管理策略评价过程确定和评估捕捞控制规则的绩效，以平均达到 TRP，并考虑到第 4 段所列优先物种资源评估中的不确定性水平，

以大概率避免出现限制性参考点。为此目的，应开展以下活动：

a）要求 IOTC 科学分委会评估与下列参数有关的 HCR 的稳健性和性能：

i）第 15/10 号决议规定的 TRP 和 LRP，

ii）如第 14/03 号决议（先后被第 16/09 号、第 25/10 号决议取代）所述的通过科学和管理对话过程确定的备选 TRP 和 LRP；

b）要求 IOTC 科学分委会提供一系列潜在的绩效统计数据，以便委员会评估备选 HCR 和 LRP/TRP。

3. 在评估第 4 段 a）项和 b）项所确定物种的候选 HCR 时，将要求 IOTC 科学分委会就生物量的概率提供建议：

a）处在或低于生物量 LRP；

b）处在或高于生物量 TRP。

4. 可能时，进行第 2 段和第 3 段所述的初步评估，以便

a）科学分委会在 2015 年完成长鳍金枪鱼和鲣的资源评估，并在 2016 年提交委员会会议；

b）2017 年完成黄鳍金枪鱼、大眼金枪鱼和剑鱼的资源评估，并在 2018 年提交委员会会议。

决议第 14/05 号：关于经许可在 IOTC 管理区捕捞 IOTC 物种的外籍渔船名单及入渔协定信息

印度洋金枪鱼委员会（IOTC），

认识到沿海国对其 200 海里专属经济区（EEZ）内的天然资源具有主权权利；

意识到《联合国海洋法公约》第 62 条规定；

注意到在 IOTC 缔约方与合作非缔约方（CPC）EEZ 持证捕鱼的渔船信息是一种查明潜在不报告捕捞活动的方法；

注意到"关于绩效评估后续行动"的第 09/01 号决议（被第 16/03 号决议取代）所列的绩效评估小组建议 17，即将船旗国报告其渔船数据的义务列入另一决议中，并与成员报告其许可在其 EEZ 捕鱼的第三国渔船数据的义务分开。

意识到所有 CPC 的数据报告要求及完整的统计报告对 IOTC 科学分委会及其工作组和委员会的重要性；

注意需要确保各 CPC 之间的透明度，特别是促进各方共同努力打击非法、不报告和不管制的捕鱼活动；

忆及"关于建立被认为在 IOTC 海域从事非法、不报告和不管制捕捞活动的渔船名单"的第 11/03 号决议（被第 17/03 号决议和第 18/03 号决议取代）规定的有关 CPC 在打击 IUU 渔业方面的职责，要求 CPC 确保其渔船不得在未获授权的情况下，在其他国家管辖区从事捕鱼活动和/或违反沿海国的法律和决议；

根据 IOTC 协定第九条第 1 款的规定，决议如下：

民间入渔协定

1. 所有向外籍渔船发放许可证，允许其在 IOTC 管理海域（以下称"海域"）的本国 EEZ 捕捞 IOTC 管理物种的所有 CPC，应于每年 2 月 15 日前向执行秘书提交一份上一年度发放此类许可证的所有外籍渔船的名单。
2. 该名单应包括每艘船的下列信息：

   a）IOTC 号；

   b）船名及登记号；

   c）IMO 号（如有）；

   为了给符合条件但尚未获得 IMO 号的船舶留出必要时间取得 IMO 号，关于 IMO 号的第 2 段 c）项规定自 2016 年 1 月 1 日起生效。自这一天起，CPC 应确保所有在 IOTC 渔船注册名单内的渔船拥有 IMO 号。关于 IMO 号的第 2 段 c）项规定不适用于没有资格获得 IMO 号的船舶；

   d）发放许可证时的船旗；

   e）国际无线电呼号（如有）；

   f）船舶类型、长度和总吨位（GT）；

g）船东及/或船舶租赁人及/或经营者姓名和地址；

h）主要目标物种；

i）许可证期限。

在评估对前款的遵守情况时，委员会应考虑到即使船东按照适当程序申请但仍无法取得 IMO 号的特殊情况。已向该船发放许可证的 CPC 应向 IOTC 秘书处报告任何此类特殊情况。

政府间入渔协定

3. 若沿海 CPC 通过政府间入渔协定，允许外籍渔船在其位于 IOTC 管理区的 EEZ 内捕捞 IOTC 管理物种，涉及本协定的 CPC 应共同向执行秘书提供有关这些协定的信息，包括：

a）协定所涉及的 CPC；

b）协定涵盖的时间；

c）授权的渔船数量及渔具类型；

d）授权捕捞的种群或物种，包括任何适用的渔获量限制；

e）该 CPC 的配额或申请的渔获量限制（如适用）；

f）所涉船旗 CPC 和沿海 CPC 要求的监测、控制和监视措施；

g）协定规定的数据报告义务，包括提供所涉双方数据报告义务及必须提供给委员会的数据；

h）一份书面协定副本。

4. 对于本决议生效前已存在的协定，应至少在 2013 年委员会会议前 60 天提供第 3 段规定的信息。

5. 当入渔协定修订后，第 3 段规定的任何信息有变化时，应及时将这些变更通知 IOTC 执行秘书。

入渔协定的共同条款

6. 当外籍渔船根据民间入渔协定或政府间入渔协定申请许可证被拒绝时，CPC 应通知其船东及船旗国。若拒绝的理由涉及违反 IOTC 养护和管理措施，履约分委会应在下一届会议上处理此问题。

7. 根据民间入渔协定或政府间入渔协定，允许外籍渔船在其位于 IOTC 管理区的 EEZ 内捕捞 IOTC 物种的所有 CPC，应于本决议生效后两个月内，向执行秘书提交一份该沿海国官方捕捞许可证模板和 IOTC 一种官方语言的翻译版本：

a）沿海国捕鱼许可证的条件和条款；

b）主管部门名称；

c）主管部门人员的姓名及联系方式；

d）主管部门人员的签名；

e）主管部门的官方印章。

IOTC 执行秘书应在 IOTC 网站加密处发布沿海国捕鱼许可证模板和前述信

息，用于监测、控制和监视。第 7 段 b）项至 e）项所述信息必须以附件 1 的格式提供。

8. 当沿海国修订了捕鱼许可证的模板，其所刊载的任何信息或第 7 段 a）项至 e）项规定的信息发生变化时，应及时将这些变更通知 IOTC 执行秘书。
9. IOTC 秘书处应每年在委员会年会时报告本决议所述的信息。
10. 本决议应符合有关沿海 CPC 及 CPC 的船旗国的保密要求。
11. 本决议取代“关于经许可在 IOTC 管理区捕捞 IOTC 鱼种的外籍渔船名单及入渔协定信息”的第 13/07 号决议。

附件 1　补 充 信 息

沿海国捕捞许可证

国家：	
授权捕鱼注明的主管部门名称：	
主管部门地址：	
主管部门人员的姓名及联系方式（电子信箱、电话、传真）：	
主管部门人员的签名：	
捕鱼许可证上的政府印章：	

决议第 13/09 号：关于养护 IOTC 管理区捕捞的长鳍金枪鱼

印度洋金枪鱼委员会（IOTC），

考虑到长鳍金枪鱼（*Thunnus alalunga*）是 IOTC 管理的最重要的物种之一；

注意到 IOTC 温带金枪鱼工作组和 IOTC 科学分委会认识到，目前的渔获量水平有可能导致长鳍金枪鱼生物量、生产力和单位捕捞努力量渔获量（CPUE）进一步下降；

进一步注意到西印度洋海盗的影响已导致相当一部分延绳钓捕捞努力量转移至印度洋南部和东部的传统长鳍金枪鱼渔场。因此，除非采取管理行动，否则未来长鳍金枪鱼的渔获量和捕捞努力量可能会减少；

铭记印度洋长鳍金枪鱼种群目前正遭受强度型过度捕捞（当前捕捞死亡率大于使资源可维持在最大持续产量的捕捞死亡率水平），且捕捞死亡率需要降至 2010 年的水平以下，以确保 2020 年的捕捞死亡率不超过允许种群产生最大持续产量的捕捞死亡率；

考虑到 2012 年 12 月 13～15 日在塞舌尔马埃岛召开的 IOTC 科学分委会第 15 届会议的建议；

根据 IOTC 协定第九条第 1 款，委员会应要求 IOTC 科学分委会进行以下事项：

1. 在 2014 年，并在所有有关 CPC 的支持下，汇编、审议、讨论和评估 IOTC 管理区与长鳍金枪鱼渔业有关的所有现有渔获量及捕捞努力量数据的覆盖范围和质量。
2. 通过 IOTC 温带金枪鱼工作组，在 2014 年相关会议上审议长鳍金枪鱼种群状况，甚至考虑与 ICCAT 科学界共同召开工作会议，以增进对印度洋和大西洋长鳍金枪种群之间相互关系的认知。
3. 最迟在 2014 年底前，向委员会建议：
   a）在评估长鳍金枪鱼资源状况及建立科比图和科比矩阵时，使用目标参考点（TRP）和限制性参考点（LRP）；
   b）通过管理策略评价（MSE）过程检查潜在的管理措施。这些管理措施将因此必须确保 IOTC 协定第五条所确定的资源养护和最佳利用的目标能够实现，尤其是确保在尽可能短的时间和不晚于 2020 年：①捕捞死亡率不超过允许资源产生最大持续产量的捕捞死亡率；②产卵群体生物量维持或超过其最大持续产量的水平。

决议第 12/01 号：关于实施预防性做法

印度洋金枪鱼委员会（IOTC），

忆及《执行 1982 年 12 月 10 日〈联合国海洋法公约〉有关养护和管理跨界鱼类种群和高度洄游鱼类种群的规定的协定》（UNFSA）第 5 条 C 段，规定应用预防性做法作为健全渔业管理的一般原则；

进一步忆及 UNFSA 第 6 条和附件 2 为实施预防性做法提供的准则，包括在建立参考点的信息缺乏或缺失时采用暂定参考点；

注意到粮农组织《负责任渔业行为守则》第 7.5 条还建议，除其他外，基于种群目标参考点和限制性参考点实施预防性做法；

注意到经委员会作为第 09/01 号决议（被第 16/03 号决议取代）通过的绩效评估小组的第 37 条和第 38 条建议表明，在修订或替换 IOTC 协定以纳入现代渔业管理原则之前，委员会应实施 UNFSA 中提出的预防性做法；

注意到粮农组织海洋《捕捞渔业的鱼和渔业产品生态标签准则》（2009 年修订 1 版）的第 29.6 段和其他生态认证倡议，强调了实施预防性做法是评估渔业可持续性的重要准则；

忆及委员会第 10/01 号决议（被第 12/13 号决议、第 14/02 号决议取代）所述，委员会为养护热带金枪鱼种群而采取休渔期/区的措施；

忆及 IOTC 科学分委会已启动管理战略评价进程，以便将提供科学建议的重点放在委员会的信息需要上；

认识到在做决定时需要确保金枪鱼和类金枪鱼渔业的可持续性，以保障粮食安全、生计、经济发展、多物种相互作用和环境的影响；

根据 IOTC 协定第九条第 1 款的规定，决议如下：

1. 根据商定的相关国际标准，特别是 UNFSA 规定的准则，实施预防性做法，确保 IOTC 协定第五条规定的渔业资源的可持续利用。
2. 在采用预防性做法时，委员会应在适当考虑科学分委会提供的建议后，通过：
   a）与捕捞死亡率和生物量相关的特定种群的参考点（包括但不一定限于目标参考点和限制性参考点①）；
   b）相关的捕捞管控规则②，即当接近或突破种群状况参考点时将采取的管理行动。参考点和捕捞控制规则的确定原则是，根据现有最佳科学依据，使对印度洋金枪鱼和类金枪鱼资源可持续性负面影响的风险降至最低。
3. 在确定适当的参考点和捕捞控制规则时，必须考虑到主要的不确定性，包括种群状况相对于参考点的不确定性，生物、环境和社会经济事件的不确定性，以及捕

① 目标参考点对应于被认为满意的某一渔业和/或某一种群的状况；限制性参考点是指超过该限度后，某一渔业和/或某一种群就不被认为是满意的。来源：https://www.fao.org/faoterm/collection/fisheries/en/，2012 年 4 月 25 日

② 捕捞控制规则：一种介绍如何通过与种群状况某些指标的状态有关的管理来控制捕捞的规则。来源：https://www.fao.org/faoterm/collection/fisheries/en/，2012 年 4 月 25 日

鱼活动对非目标物种和关联种或依附种的影响。

4. 如果发生意外事件，如一种自然现象对种群状况或其相关环境产生重大不利影响，委员会应采取紧急养护和管理措施，确保捕鱼活动不会加剧这种不利影响。
5. 作为一项暂定措施，委员会最初可考虑科学分委会的建议，通过暂定参考点和捕捞控制规则；这些措施应持续适用，直到委员会选择更新。
6. 指示 IOTC 科学分委会通过管理策略评价过程，评估参考点的效果，包括任何暂定参考点，以及当种群状况接近参考点时将适用的潜在捕捞控制规则的效果。
7. 在完成管理策略评价后，科学分委会应根据现有最佳科学证据，向委员会提出所有主要种群的建议参考点，并对采取参考点管理的相关种群状况提出后续建议。
8. 科学分委会将在 2014 年委员会年会上报告管理策略评价进程的进展情况，以确认或更新暂定参考点和相关捕捞控制规则。

决议第 12/02 号：关于数据保密政策和程序

印度洋金枪鱼委员会（IOTC），

认识到在商业和组织层面对提交给 IOTC 的数据必须保密；

考虑到“关于对 IOTC 缔约方和合作非缔约方强制性统计报告要求”的第 10/02 号决议（被第 15/02 号决议取代）的规定；

考虑到“关于区域观察员计划”的第 11/04 号决议的规定；

根据 IOTC 协定第九条第 1 款的规定，决议如下：

1. 下列数据保密规定及程序将适用。

提交给秘书处的数据

2. 公布渔获量和努力量、体长频率和观察员数据的规定如下。

标准分层

如果不能在时间/空间层面上识别单一渔船的渔获量数据，捕鱼国按月份提交的 5°方格延绳钓渔业和 1°方格表层渔业捕捞努力量和体长频率数据将考虑放在公开区域。但如能识别单一船舶，数据则将按照时间、区域或船旗国进行汇总，以排除此类识别，然后放在公开区域。

精细尺度分层

a）以更精细的时间/区域分层水平归类的渔获量和努力量及体长频率数据，只有在获得数据提供者的书面授权后才会发布。每一次数据发布都需要得到执行秘书的特别许可；

b）由捕鱼国按月提交的 5°方格归类的延绳钓渔业数据和按月的 1°方格归类的表层渔业的观察员数据，可考虑放在公开区域内，前提是不能在时间/区域层面上识别任何单一船舶的活动或渔获量；

c）工作组将明确说明要求数据的原因；

d）对数据由需求的个人需提供其研究项目的描述，包括目的、方法及发表意向。在发表前，原稿应获 IOTC 执行秘书批准。提取的数据仅供特定的研究项目使用，并且必须在项目完成后立即销毁。但如获得数据提供者的授权，为研究目的提取的渔获量和努力量及体长频率数据可长期使用，在这种情况下，数据无须销毁；

e）单一船舶的身份在精细尺度分层数据中是隐藏的，除非数据需求者能够证明其要求提供这些信息的必要性；

f）IOTC 工作组和数据需求者都应向 IOTC 提供研究项目成果的报告，以便随后转发给数据提供者。

3. 提取标志放流数据的规定如下：

详细的标志放流和回收数据将放在公共区域，具体船舶名称或识别及回收标志的人的详细信息（姓名和地址）除外。要求标志放流数据应根据附件 1 的申请表提交给 IOTC

执行秘书。

数据保护程序

4. 保护数据和数据库程序如下：
   a）访问捕捞日志信息或详细的观察员数据将仅限于 IOTC 职员为其公务需此类数据。每个有权访问这些数据的工作人员都要求签署一份确认限制使用和披露这些信息的承诺书；
   b）捕捞日志和观察员数据将加密，由数据管理员专门负责。此视窗仅供 IOTC 授权的数据输入、编辑或核实的人员使用。数据的备份将仅授权用于合法目的，并将受到与原件相同的访问和存储限制；
   c）数据库将被加密，以防止未经授权的人访问。完全访问数据库的权限仅限于经执行秘书授权的数据管理员和因公务目的需要访问这些数据的 IOTC 高级工作人员。将向负责数据录入、编辑和核实的工作人员提供使用其工作所需的功能与数据集。

提供给 IOTC 工作组和科学分委会的数据

5. 提供给 IOTC 工作组和科学分委会的数据将由秘书处保存，或仅在数据来源者同意的情况下用于其他分析。
6. 上述数据保密规则将适用于 IOTC 工作组和科学分委会的所有成员。
7. 本决议取代“关于数据保密政策和程序”的第 98/02 号决议。

附件 1　标志放流数据使用者申请表

印度洋金枪鱼委员会执行秘书：

本人兹提出以下请求，期望能收到并分析印度洋金枪鱼标志放流计划的数据。本人已阅读上述数据使用者政策，特别注意到有关数据保密的事宜，如使用这些数据发表任何论著则表达适当的致谢，并同意所列的所有条件。

要求数据的机构名称及研究主持人的联系方式
研究项目概述
所需数据的规格
取用数据人员的姓名和职位（注意：如果数据使用者名单有任何变化，应通知秘书处）
有关工作成果发表的打算

签名及日期：

姓名：

职位：

组织：

批准/不批准

签名和日期：

IOTC 执行秘书：

决议第 12/04 号：关于海龟养护

印度洋金枪鱼委员会（IOTC），

忆及“关于海龟”的第 05/08 号决议（被第 12/04 号决议取代）和“关于海龟养护”的第 09/06 号决议（被第 12/04 号决议取代）；

进一步忆及海龟，包括蠵龟属和棱皮龟科所有物种，已列入《濒危野生动植物种国际贸易公约》附录Ⅰ，以及所有海龟物种均列入《保护野生动物迁徙物种公约》附录Ⅰ或附录Ⅱ；

意识到《保护和管理印度洋和东南亚海龟及其栖息地的谅解备忘录》（IOSEA MoU）所列的 6 种海龟种群已被列入世界自然保护联盟（IUCN）濒危物种红色名录的易危、濒危或极度濒危物种；

认识到 2005 年 3 月粮农组织第 26 届渔业委员会会议通过了《减少捕捞作业中海龟死亡率的准则》，并建议各区域渔业机构和管理组织实施；

认识到在印度洋进行的一些捕鱼作业可能会对海龟造成不利影响，需要采取措施管理印度洋捕捞活动对海龟的不利影响；

确认在 IOSEA MoU 框架内为保护海龟及其赖以生存的栖息地而开展的活动，尤其是 IOSEA MoU 签署国第 5 次会议通过的《促进 IOSEA MoU 签署国使用减少兼捕海龟的措施的决议》；

注意到 IOTC 科学分委会关切缺乏缔约方和合作非缔约方（CPC）有关 IOTC 管理渔业对海龟的影响及其死亡率的数据，削弱了预计海龟兼捕水平的能力，从而削弱了 IOTC 应对和管理捕捞活动对海龟不利影响的能力；

进一步注意到科学分委会关切刺网捕鱼从传统渔场扩大至公海可能会增加与海龟的相互作用并导致其死亡率的增加；

确信需要强化“关于海龟养护”的第 09/06 号决议（被第 12/04 号决议取代），以确保该决议同样适用于所有海龟物种，并确保 CPC 每年报告海龟在 IOTC 管理渔业中的所有相互作用和死亡率的情况；

根据 IOTC 协定第九条第 1 款的规定，决议如下：

1. 本决议应适用于所有 IOTC 渔船注册名单内的渔船。
2. CPC 将酌情执行粮农组织的关于海龟的准则。
3. CPC 应根据第 10/02 号决议（被第 15/02 号决议取代，或任何后续修订），收集（包括通过捕捞日志和观察员计划）并在下一年度的 6 月 30 日前向 IOTC 秘书处提供其渔船与海龟相互作用的所有数据。数据应包括捕捞日志或观察员覆盖率，以及在其渔业中对偶尔捕获的海龟总死亡率的预计。
4. CPC 应向 IOTC 科学分委会报告有关成功的减缓措施的信息和对 IOTC 管理区海龟的其他影响的信息，如海龟筑巢地点的恶化及其吞食海洋垃圾的情况。
5. CPC 应根据 IOTC 协定第十条规定，在其年度执行报告中向委员会报告执行粮农组织关于海龟的准则和本决议的进展情况。

6. CPC应要求其捕捞IOTC管理物种渔船上的渔民，如条件许可，尽快将捕获的任何处在昏迷或无活动状态的海龟带上船，并促进其恢复，包括帮助其苏醒，然后将其安全释放回海中。CPC应确保渔民按照IOTC海龟识别卡中的处理准则，了解和使用适当的减缓、识别、处理和脱钩技术，并在船上备妥所有必要的释放海龟的设备。
7. 有流网渔船捕捞IOTC管理物种的CPC应：
   要求这类渔船的操作者在捕捞日志[①]中记录作业期间所有涉及海龟的事件，并向CPC有关部门报告。
8. 有延绳钓渔船捕捞IOTC管理物种的CPC应：
   a）确保所有延绳钓渔船的操作人员携带剪线钳和脱钩器，以便妥善处理和迅速释放被捕获或缠绕的海龟，并确保按IOTC准则进行。CPC也应确保渔船的操作人员，遵守IOTC海龟识别卡内的处理准则；
   b）若条件许可，鼓励使用整鱼作饵料；
   c）要求延绳钓渔船操作人员在捕捞日志[②]中记录作业期间所有涉及海龟的事件，并向CPC有关部门报告。
9. 有围网渔船捕捞IOTC管理物种的CPC应：
   a）确保其渔船的操作人员在IOTC管理区捕鱼时：
      i）在切实可行时，避免围绕海龟放网，如海龟被围或被缠困，采取切实可行的措施，根据IOTC海龟识别卡中的处理准则，安全释放海龟，
      ii）在切实可行时，释放所有发现被集鱼装置或其他渔具缠住的海龟，
      iii）如果海龟被网具缠住，海龟一出水面就停止绞收网具，在不对其产生伤害的情况下将其解开，然后继续收网，可行时，协助海龟复苏，然后放归海中，
      iv）适当时，使用抄网处理海龟；
   b）鼓励这些渔船采用按照国际标准设计的FAD，以降低海龟被缠绕的发生率；
   c）要求这些渔船的操作人员在捕鱼作业期间，在捕捞日志[③]中记录所有涉及海龟的事件，并向CPC有关部门报告。
10. 要求所有CPC：
   a）适当时，对圆形钩、使用整鱼作饵料、其他FAD设计、其他处理技术、刺网设计和捕鱼方法及其他可改善对海龟不利影响的方法进行试验研究；
   b）至少在科学分委会年度会议前30天，向科学分委会报告这些试验结果。
11. IOTC科学分委会应要求生态系统和兼捕工作组：
   a）对IOTC管理区流网、延绳钓和围网渔业的适当减缓措施提出建议；
   b）制定包括数据收集、数据交流和培训的区域标准；
   c）开发改进FAD设计，以降低海龟被缠绕的发生率，包括使用生物降解材料。

---

① 若可能，该数据应包括有关物种、捕捞位置及状况、船上采取的行动及放生位置等细节
② 若可能，该数据应包括有关物种、捕捞位置及状况、船上采取的行动及放生位置等细节
③ 若可能，该数据应包括有关物种、捕捞位置及状况、船上采取的行动及放生位置等细节

生态系统和兼捕工作组的建议应提交给科学分委会，供其在 2012 年年会上审议。在制定其建议时，生态系统和兼捕工作组应审议并考虑到 CPC 根据本措施第 10 段提供的信息、现有的关于 IOTC 管理区各种减缓方法效力的其他研究，以及其他相关组织，尤其是中西部太平洋渔业委员会通过的减缓措施和准则。IOTC 生态系统和兼捕工作组将具体审议圆形钩对目标鱼种钓捕率、海龟死亡率及其他兼捕物种的影响。

12. 委员会在 2013 年年会上应审议科学分委会的建议及社会经济方面的影响，以通过进一步措施，减轻 IOTC 协定所涵盖的渔业与海龟的相互作用。
13. 在研究新的减缓方法时，应考虑确保这些方法不会对其保护的物种造成更大的危害，不会对其他物种（特别是受威胁物种）和/或环境造成不利影响。
14. 鼓励 CPC 在实施减少海龟兼捕措施时与 IOSEA 合作，并考虑 IOSEA MoU，包括养护和管理计划的规定。
15. 鼓励 IOTC 与 IOSEA 秘书处根据委员会商定的议定书，加强双方在海龟问题方面的合作和信息交流。
16. 鼓励 CPC 支持发展中国家执行粮农组织关于海龟的准则和本决议。
17. IOTC 科学分委会应每年审议 CPC 根据本措施报告的信息，并在必要时就如何努力减少海龟与 IOTC 渔业的相互影响，向委员会提供有关的建议。
18. 本决议取代“关于海龟”的第 05/08 号建议和“关于海龟养护”的第 09/06 号决议。

决议第 11/02 号：关于禁止在数据浮标周围捕捞

印度洋金枪鱼委员会（IOTC），

意识到包括 IOTC 缔约方和合作非缔约方在内的许多国家，在 IOTC 管理区和全球海域运行和投放数据浮标，以收集用于改进天气和海洋预报的信息、通过生成海表面和次表面测量数据为渔业提供帮助，为海上搜救工作提供帮助，并收集重要数据用于开展气象和海洋学主题研究及气候预测；

了解到高度洄游鱼类，特别是金枪鱼类，聚集在数据浮标附近；

认识到世界气象组织和政府间海洋学委员会已经确定，渔船损坏数据浮标是印度洋和世界范围内的重大问题；

关切数据浮标的损坏导致对天气预报、海况研究、海啸预警、支持海上搜救工作至关重要的数据的重大损失，且委员会成员和非成员花费大量时间与资源来定位、更换和维修受损或丢失的数据浮标；

关切数据浮标受损致使关键海况研究数据丢失，这既阻碍了 IOTC 科学家深入了解金枪鱼栖息地利用模式及气候变化与金枪鱼种群补充量关系，也影响了环境科学家的研究工作；

回顾联合国大会决议 A/Res/64/72 第 109 条，其中“呼吁各国和区域渔业管理组织安排与其他相关组织合作，包括联合国粮农组织、政府间海洋学委员会和世界气象组织，酌情采取措施，保护锚定在国家管辖范围外海域的海洋数据浮标系统的运行不受影响”；

还回顾联合国大会决议 A/Res/64/71 第 172 条，其中“对用于海洋观测和海洋科学研究的平台，如锚定浮标和海啸探测仪遭有意或无意的破坏表示关切，敦促各国采取必要行动，并在有关组织，包括联合国粮农组织、政府间海洋学委员会和世界气象组织内进行合作，解决此类损坏”：

注意到一些数据浮标项目在互联网上公布了描述这类浮标的类型和位置的信息；

进一步注意到委员会有权通过普遍建议的负责任捕捞作业行为的最低国际标准；

根据 IOTC 协议第九条第 1 款的规定，决议如下：

1. 为本措施的目的，数据浮标被定义为由政府或认可的科学组织或实体所布放的浮动装置，可漂浮或锚定，用于电子收集和测定环境资料，而不是用于捕鱼活动。

2. 缔约方和合作非缔约方（CPC）应禁止其渔船故意在 IOTC 管理海域的数据浮标 1 海里范围内捕鱼或与之互动，包括但不限于用渔具包围该浮标；将渔船或任何渔具或渔船的一部分系缚或附于数据浮标或其锚定缆绳上；或切断数据浮标的锚绳。

3. CPC 应禁止其渔船在 IOTC 管理海域捕捞金枪鱼类时携带数据浮标，除非得到该浮标的成员或拥有者的特别授权或要求。

4. CPC 应鼓励其在 IOTC 管理海域作业的渔船注意海上锚定的数据浮标，并采取一切合理措施避免渔具缠绕数据浮标，或以任何方式直接与这些数据浮标相互作用。

5. CPC 应要求其渔船在与数据浮标发生缠绕时，尽可能以对数据浮标造成的损坏最低的方式清除缠绕的渔具。

6. CPC 应鼓励其渔船向其报告观察到的任何损坏或不能使用的数据浮标，包括观察日期、浮标位置及数据浮标上任何可识别的信息。CPC 应向秘书处通报收到的这些报告。

7. 尽管有第 2 段规定，向委员会通报的科学研究项目可在数据浮标 1 海里范围内操控渔船，只要这些渔船不与第 2 段所述的数据浮标相互作用。

8. 鼓励 CPC 通过 IOTC 秘书处向委员会通报其在整个 IOTC 管理区布放数据浮标的位置。

决议第 10/08 号：关于在 IOTC 管理区捕捞金枪鱼和剑鱼实际作业渔船记录

印度洋金枪鱼委员会（IOTC），

意识到每一国家都有义务对悬挂其旗帜的船舶有效行使管辖和控制；

回顾其船舶在公海捕捞高度洄游鱼类的国家所负的责任；

注意到实施“关于执行限制缔约方和合作非缔约方捕捞能力”的第 09/02 号决议（被第 12/11 号决议、第 15/11 号决议取代）规定的执行限制捕捞能力的实际船队规模的信息；

注意到“关于绩效评估后续行动”的第 09/01 号决议所列绩效评估小组的第 17 条建议，即船旗国报告其船舶数据的义务应单独列入一项决议，并与成员报告持许可证在其专属经济区作业的第三国渔船数据的义务分开；

根据 IOTC 协议第九条第 1 款的规定，决议如下：

1. 拥有渔船在 IOTC 管理区（以下称管理区）捕捞金枪鱼和剑鱼的所有缔约方和合作非缔约方（CPC），应在每年 2 月 15 日前向 IOTC 执行秘书提交其上一年度在管理区实际作业的渔船名单。名单包括：
   a）总长大于 24 米的渔船；或
   b）总长小于 24 米，但在船旗国专属经济区外作业的渔船。
2. 这些名单应包括每艘船的下列信息：
   a）IOTC 编号；
   b）船名和登记号；
   c）IMO 编号（如有）；
   d）前船旗（如有）；
   e）国际无线电呼号（如有）；
   f）船舶类型、船长和总吨位（GT）；
   g）船东、租赁方和/或经营者姓名和地址；
   h）主捕物种；
   i）授权期限。
3. 执行秘书应保有 IOTC 实际作业渔船名单，并采取任何措施，确保以符合各 CPC 注意到的保密要求的方式，通过电子方式将上述名单公开，包括将其放在 IOTC 网站上。
4. 执行秘书应汇编一份关于各 CPC 所提交信息的报告，供 IOTC 履约分委员会审议。
5. 该报告的目的应是向 IOTC 履约分委会提供有关 CPC 对本决议和其他 IOTC 相关决议的遵守程度的独立评估。
6. IOTC 履约分委会在评估 IOTC 执行秘书的报告后，应对不履约的 CPC 采取适当行动并向委员会提出建议。除其他外，这些措施应包括根据第 10/10 号决议采取的行动。

7. 本决议取代 IOTC“关于在 IOTC 水域捕捞金枪鱼类和剑鱼的渔船登记和信息交换”的第 07/04 号决议。

决议第 10/10 号：关于市场相关措施

印度洋金枪鱼委员会（IOTC），

忆及 IOTC 通过的“关于支持 IPOA-IUU 计划”的第 01/07 号决议（被第 14/01 号决议取代）；

忆及 IOTC“关于贸易措施”的第 03/05 号决议（被第 13/01 号决议、第 14/01 号决议取代）及其无约束力的性质；

考虑到联合国大会的呼吁，特别是联合国大会 2006 年 12 月 6 日第 61/105 号和 2007 年 12 月 18 日关于可持续渔业的第 62/177 号决议，敦促各国根据国际法，包括《世界贸易组织协定》（WTO 协定）规定的原则、权利和义务，单独和通过区域渔业管理组织采取并实施贸易措施；

考虑到有必要采取行动，确保 IOTC 目标的效力；

考虑到所有 IOTC 缔约方和合作非缔约方（CPC）有义务遵守 IOTC 的养护和管理措施；

意识到 CPC 必须持续努力，确保 IOTC 养护和管理措施得到执行，并需要鼓励非缔约方（NCP）遵守这些措施；

注意到与市场有关的措施只应作为最后手段实施，如果其他措施已被证明不能成功预防、阻止和消除任何削弱 IOTC 养护和管理措施效力的行为或不作为；

还注意到与市场有关的措施应根据国际法，包括 WTO 协定确定的原则、权利和义务采取和实施，并以公平、透明和无歧视的方式执行；

根据 IOTC 协议第九条第 1 款的规定，决议如下：

确认

1. 从 IOTC 管理区进口金枪鱼和类金枪鱼产品，或这些产品在其港口卸载或转载的 CPC，应尽可能收集并检查进口、卸载或转载的所有相关数据和相关信息，并每年至少在委员会年会前 60 天向委员会提交以下信息：
   a）捕捞、卸载和/或转载此类金枪鱼和类金枪鱼产品的渔船船名；
   b）这些船舶的船旗；
   c）产品中金枪鱼和类金枪鱼物种；
   d）捕捞海域（印度洋或其他海域）；
   e）不同类型产品的重量；
   f）出口地点；
   g）渔船船东姓名和地址；
   h）登记号。
2. a）员会应通过履约分委会每年确认：
   i）委员会全体会议提到的、屡次未能履行 IOTC 协定规定的有关养护和管理措施的义务，特别是未采取措施或未行使有效管理以确保悬挂其旗帜的渔

船遵守 IOTC 养护和管理措施的 CPC，和/或

ii）未能履行国际法规定的义务，在金枪鱼及类金枪鱼的养护和管理方面与 IOTC 合作，尤其是未采取措施或未行使有效管理，以确保其渔船不从事任何有损 IOTC 养护和管理措施效力活动的 NCP；

b）这些确认应根据对第 1 段提供的所有信息的审议，或酌情根据任何其他相关信息，如委员会汇编的渔获量数据、从国家统计中获得的这些物种的贸易信息、IOTC 统计证书计划、IOTC 通过的 IUU 渔船名单，以及在港口和渔场获得的任何其他信息；

c）在决定是否进行确认时，IOTC 履约分委会应考虑所有相关事项，包括可能削弱 IOTC 养护和管理措施效力的行为或不作为的历史、性质、情况、程度和严重性。

通知

3. 委员会应要求有关的 CPC 和 NCP 纠正第 2 段认定的行为或不作为，以免削弱 IOTC 养护和管理措施的效力。

委员会应将下列事项通知确认的 CPC 和 NCP：

a）认定的原因及现有全部支持证据；

b）在委员会年度会议召开前至少 30 天，有机会就识别决定及其他相关信息（如可反驳该认定的证据，或在适用情况下提出改进的行动计划及已采取的整改措施等）向委员会作出书面回应；

c）就 NCP 而言，邀请其以观察员身份参加审议该问题的年会。

4. IOTC 秘书处应立即将第 3 段提及的委员会要求传送给被确认的 CPC 或 NCP。IOTC 执行秘书应设法从 CPC 或 NCP 获得其已收到通知的确认。相关 CPC 或 NCP 在时限内未做答复不应阻止委员会采取行动。

评估和可能的行动

5. IOTC 履约分委会应评估第 3 段 b）项提到的 CPC 或 NCP 的反应，以及任何新的信息，并提议委员会决定采取下列行动之一：

a）撤销该确定；

b）继续保持该 CPC 或 NCP 的确定状况；或

c）根据 IOTC 协议第九条第 1 款采取符合 WTO 规定的非歧视性市场相关措施。

d）就 CPC 而言，在考虑适用上述 c）项所述的市场相关措施前，应尽可能执行诸如减少现有配额或渔获量限制之类的行动。只有在这些行动被证明不成功或不会有效的情况下方可考虑市场相关措施。

6. 委员会应通过秘书处，按照第 4 段规定的程序，将其决定和主要原因通知相关 CPC 和 NCP。

7. CPC 应将其为实施第 5 段通过的非歧视性市场相关措施所采取的所有措施通知委员会。

8. 委员会应每年编制一份根据第 5 段受到非歧视性市场相关措施约束的 CPC 和 NCP 清单。对于 NCP，将作为 IOTC 的不合作非缔约方考虑。

审议市场措施

9. 为使委员会可能取消与市场有关的措施，履约分委会应每年审议根据第 5 段通过的所有与市场有关的非歧视性措施。如果这项审议表明情况已得到纠正，履约分委会应向委员会建议解除与市场有关的非歧视性措施。这种决定应特别考虑有关 CPC 和/或 NCP 是否已通过提交必要的证据，证明导致采取非歧视性市场措施的条件已不再满足。
10. 如有特殊情况证明，或现有信息清楚表明，尽管取消了根据第 9 段所采取的与市场有关的非歧视性措施，但有关 CPC 或 NCP 继续削弱 IOTC 养护和管理措施的效力，委员会可立即采取行动，包括酌情根据第 5 段实施非歧视性市场相关措施。在作出此类决定前，委员会应要求有关 CPC 或 NCP 停止错误行为，并在秘书处核实有关 CPC 或 NCP 已收到此类通知后，应为有关 CPC 或 NCP 提供在 10 个工作日内作出答复的机会。有关 CPC 或 NCP 在时限内未作出答复，不应阻止委员会采取行动。

决议第 03/01 号：关于限制缔约方和合作非缔约方的捕捞能力

印度洋金枪鱼委员会（IOTC），

忆及粮农组织通过的《促进公海渔船遵守国际养护和管理措施的协定》；

认识到委员会第 4 届会议通过的“关于在 IOTC 管理区捕捞热带金枪鱼的渔船（包括方便旗船）的捕捞能力管理和减少大眼金枪鱼幼鱼捕获量”的第 99/01 号决议（被第 14/01 号决议取代）第 1 段规定，2000 年 IOTC 会议将考虑把大型（总长大于 24 米）金枪鱼渔船船队的捕捞能力限制在适当水平；

忆及 IOTC 在 2001 年通过的“关于限制 IOTC 非缔约方渔船捕捞大眼金枪鱼的努力量”的第 01/04 号决议（被第 14/01 号决议取代）；

认识到 IOTC 科学分委会建议，应尽快实施减少所有渔具的大眼金枪鱼捕捞量；黄鳍金枪鱼种群的开发正接近或可能高于 MSY；且剑鱼的捕捞努力量不应增加；

认识到粮农组织捕捞能力管理的国际行动计划在其目标和原则中规定，“国家和区域渔业组织在面临捕捞能力过剩问题时，如果其捕捞能力正在损害长期可持续性成果的实现，应首先努力将适用于受影响渔业的捕捞能力限制在目前的水平，并逐步减少捕捞”；

考虑到有必要适当考虑所有有关成员的利益，符合这些成员在国际法下的权利和义务，特别是印度洋发展中沿海国在进入 IOTC 管理区的公海渔业方面的权利和义务；

根据 IOTC 协议第九条第 1 款的规定，决议如下：

1. 2003 年 IOTC 渔船名单上拥有 50 艘以上渔船的缔约方和合作非缔约方（CPC），应在 2004 年及以后的年份将其总长大于 24 米的渔船 LSTV 数量限制在 2003 年 IOTC 渔船名单上注册的数量。

2. 该限制船数应与以总登记吨位（GRT）或总吨位（GT）表示的相应总吨位相称，如果更换渔船，总吨位不得超过更换前的总吨位。

3. 其他有目标发展其船队，规模超过目前行政程序下可预见授权范围的 CPC，将根据第 02/05 号决议（先后被第 05/02 号决议、第 07/02 号决议、第 13/02 号决议、第 14/04 号决议、第 15/04 号决议和第 19/04 号决议取代）的规定拟定船队发展计划。该计划应提交给委员会供 2004 年/2005 年年会参考和记录，除其他外，应确定船舶类型、大小和来源及将其引入渔业的计划。

4. 关于上述情况，委员会注意到发展中沿海国的利益，特别是 IOTC 管理区经济主要依赖渔业的小岛屿发展中国家及属地的利益。

决议第 03/03 号：关于 IOTC 统计文件格式的修订

印度洋金枪鱼委员会（IOTC），

注意到“关于建立授权在 IOTC 水域作业的船长超过 24 米的渔船名单”的第 02/05 号决议（先后被第 05/02 号决议、第 07/02 号决议、第 13/02 号决议、第 14/04 号决议、第 15/04 号决议和第 19/04 号决议取代）的规定，进口和出口 CPC 应合作，确保避免统计文件的伪造或误报；

认识到对于更好地实施委员会的养护和管理措施及顺利实施第 02/05 号决议，诸如船舶长度等附加信息是必要的；

根据 IOTC 协定第九条第 1 款的规定，决议如下：

“关于 IOTC 大眼金枪鱼统计文件计划”的第 01/06 号决议建议的统计文件样本格式和填写说明，应分别由本决议附件 1 表格和说明取代。

委员会应与制定统计文件计划和授权渔船登记名单的其他有关区域渔业管理机构进行沟通，并要求其进行类似的改正。

附件 1　关于 IOTC 大眼金枪鱼统计文件的要求

1. IOTC 大眼金枪鱼统计文件的样本格式如附录所示。

2. 海关或其他适当的政府官员将要求并检查所有进口文件，包括装运的所有大眼金枪鱼的 IOTC 大眼金枪鱼统计文件。这些官员还可以检查每批货物的内容，以核实文件上的信息。

3. 只有完整和有效的文件才能保证允许大眼金枪鱼货物进入缔约方领土。

4. 装运的大眼金枪鱼如附有文件不正确的大眼金枪鱼统计文件（文件不正确即意味着要么大眼金枪鱼统计文件在装运中丢失，要么统计文件不完整、无效或伪造），将被视为非法装运大眼金枪鱼，违反 IOTC 的养护和管理措施，其入境将被暂停（在收到正确填写的文件之前），或者受到行政处罚或其他处罚。

5. 除鱼肉以外的其他部分，即鱼头、鱼眼、鱼子（卵）、内脏、鱼尾，可允许在没有统计文件的情况下进口。

附　录

文件编号	IOTC 大眼金枪鱼统计文件
出口部分 1. 船旗国/实体/捕鱼实体	
2. 船舶描述和注册号（如适用） 船名 注册号 LOA（米） IOTC 记录号（如适用）	

续表

<table>
<tr><td>文件编号</td><td colspan="4">IOTC 大眼金枪鱼统计文件</td></tr>
<tr><td colspan="5">3. 陷网（如适用）</td></tr>
<tr><td colspan="5">4. 出口点（城市、州/省、国家/实体/捕鱼实体）</td></tr>
<tr><td colspan="5">5. 渔获区域（检查下列任一项）
（a）印度洋（b）太平洋（c）大西洋
*如选中（b）项或（c）项，则不需要填写以下第 6 项及第 7 项。</td></tr>
<tr><td colspan="5">6. 鱼类描述</td></tr>
<tr><td colspan="2">产品类型（*1）</td><td>捕捞时间
（月份/年份）</td><td>渔具代码（*2）</td><td>净重（千克）</td></tr>
<tr><td>F/FR</td><td>RD/GG/DR/FL/OT</td><td></td><td></td><td></td></tr>
<tr><td></td><td></td><td></td><td></td><td></td></tr>
<tr><td></td><td></td><td></td><td></td><td></td></tr>
<tr><td></td><td></td><td></td><td></td><td></td></tr>
<tr><td></td><td></td><td></td><td></td><td></td></tr>
<tr><td></td><td></td><td></td><td></td><td></td></tr>
<tr><td></td><td></td><td></td><td></td><td></td></tr>
<tr><td></td><td></td><td></td><td></td><td></td></tr>
<tr><td colspan="5">*1 F=冰鲜；FR=冷冻；RD=原条鱼；GG=去鳃、去内脏；DR=去鳃、去内脏、去鳍；FL=鱼片；OT=其他，描述产品类型
*2 当渔具代码为 OT 时，描述渔具类型</td></tr>
<tr><td colspan="5">7. 出口商证明：据我所知所信，我证明上述信息是完整、真实和正确的。
姓名/公司名：地址：签名：日期：许可证编号（如适用）：</td></tr>
<tr><td colspan="5">8. 政府确认：据我所知所信，我确认以上所列信息是完整、真实和正确的。
装运总重量：千克
姓名及职务：签名：日期：政府印章：</td></tr>
<tr><td colspan="5">9. 进口部分：
进口商证明　　据我所知所信，我证明上述信息是完整、真实和正确的。
进口商证明（中转国/实体/捕鱼实体）
姓名：地址：签名：日期：许可证书（如适用）：
进口商证明（中转国/实体/捕鱼实体）
姓名：地址：签名：日期：许可证书（如适用）：
最终进口点
城市：州/省：国家/实体/捕鱼实体：</td></tr>
</table>

注：如果使用英语或法语以外的语言填写此表格，请添加本文件的英文翻译

填写说明

文件编号：签发国指定一个国家编码的文件编号。

（1）船旗国/实体/捕鱼实体：填写捕捞该批次大眼金枪鱼渔船并签发本文件的国家的名称。根据该决议，只有当捕捞该装运货物中的大眼金枪鱼渔船的船旗国，或者如果该渔船是在租赁安排下作业的，出口国才能签发该渔获物统计文件。

（2）船舶描述（如适用）：填写捕获该批次大眼金枪鱼的渔船名称和登记号、总长（LOA）和 IOTC 登记号。

（3）陷网（如适用）：填写捕获该批次大眼金枪鱼的陷网名称。

（4）出口地点：确定出口大眼金枪鱼的城市、州/省和国家。

（5）捕捞海区：检查渔获物的捕捞海区[如果选用（b）项或（c）项，则下列第 6 项和第 7 项不需要填写]。

（6）鱼类描述：出口商必须以最高准确度提供以下信息（注意：一行应该描述一种产品类型）。

1）产品类型：标明装运的产品类型，如冰鲜或冷冻、原条鱼、去鳃、去内脏、三去（去鳃、去内脏、去鳍）、鱼片或其他产品形式。对于其他，描述该批次货物的产品类型；

2）捕捞时间：填写捕获该批次大眼金枪鱼的时间（年份和月份）；

3）渔具代码：使用下面的清单确定用于捕获大眼金枪鱼的渔具类型。对于其他类型，描述渔具类型，包括养殖；

4）产品净重：千克。

（7）出口商证明：出口该批次大眼金枪鱼的个人或公司必须提供其姓名、公司名称、地址、签名、货物出口日期和经销商许可证号（如适用）。

（8）政府确认：填写正式签署文件的官员姓名和全称。该官员必须受雇于捕获文件上显示的该批次大眼金枪鱼渔船船旗国政府的主管当局，或受雇于船旗国授权的其他个人或机构。在适当的情况下，根据政府官员对该文件的验证，或如果船舶是在租赁安排下作业，则由政府官员或出口国的其他授权个人或机构验证豁免这一要求。该批次货物的总重量也应在本区块内说明。

（9）进口商证明：进口大眼金枪鱼的个人或公司必须提供其姓名、地址、签名、大眼金枪鱼的进口日期、许可证号（如适用）和最终进口点，包括进口到中转国。对于冰鲜和冷冻产品，进口商的签字可由报关公司的人员代替（如果其授权的签字得到进口商的适当认可）。

渔具代号	渔具类型	渔具代号	渔具类型
BB	竿钓	SPHL	休闲手钓
GILL	刺网	SPOR	未分类的休闲渔业
HAND	手钓	SURF	未分类的表层渔业
HARP	鱼叉/鱼镖	TL	单钩拖钓
LL	延绳钓	TRAP	陷网
MWT	中层拖网	TROL	曳绳钓
PS	围网	UNCL	未分类的渔法
RR	竿线钓	OT	其他类型

将完成的文件副本返还给：（船旗国主管部门的名称）。

附件 2　关于 IOTC 大眼金枪鱼再出口证书的要求

1. IOTC 大眼金枪鱼再出口证书的样本格式如附录所示。

2. 海关或其他适当的政府官员将要求并检查所有进口文件，包括该批次货物中所有大眼金枪鱼的 IOTC 大眼金枪鱼再出口证书。这些官员还可以检查每批次货物的内容，以核实文件上的信息。

3. 只有完整和有效的文件才允许大眼金枪鱼进入缔约方领土。

4. 缔约方有权对其进口的 IOTC 大眼金枪鱼的再出口证书进行验证，该证书随附 IOTC 大眼金枪鱼统计文件或 IOTC 大眼金枪鱼再出口证书。IOTC 大眼金枪鱼再出口证书应由政府组织或经缔约方政府认可的验证 IOTC 大眼金枪鱼统计文件的机构验证。进口的大眼金枪鱼必须随附 IOTC 大眼金枪鱼统计文件正本的副本，并附在 IOTC 大眼金枪鱼再出口证书上。所附的大眼金枪鱼统计文件正本的副本必须由该政府机构或由政府认可的验证 IOTC 大眼金枪鱼统计文件的机构核实。当再出口的大眼金枪鱼再次出口时，所有文件的副本，包括在进口时随附的统计文件和再出口证书的核证副本，必须附在一份新的再出口证书上，由再出口缔约方核实。附在该新的再出口许可证上的所有文件副本也必须由政府机构核实或经政府认可的审核 IOTC 大眼金枪鱼统计文件的机构审核。

5. 装运的大眼金枪鱼如附有文件不正确的大眼金枪鱼再出口证书（文件不正确即意味着要么大眼金枪鱼再出口证书在装运中丢失，要么证书不完整、无效或伪造），其将被视为非法装运的大眼金枪鱼，违反了 IOTC 的养护努力，货物将被暂停（在收到正确填写的文件之前）进入缔约方领土，或受到行政或其他制裁。

6. 根据第 4 段规定程序验证再出口证书的 IOTC 缔约方，应要求再出口大眼金枪鱼的经销商提供必要文件（如书面销售合同），以证明拟重新出口的大眼金枪鱼和进口的大眼金枪鱼相符。验证再出口证书的缔约方应在其请求的情况下向船旗国和进口国提供这种一致性的证据。

7. 除鱼肉以外的其他部分，即鱼头、鱼眼、鱼子（卵）、内脏、鱼尾，可允许在没有文件的情况下进口。

附　录

文件编号	IOTC 大眼金枪鱼再出口证书

再出口部分：
1. 再出口国/实体/捕鱼实体

2. 再出口点

3. 进口鱼的描述

产品类型（*1）		净重（千克）	船旗国/实体/捕鱼实体	进口日期
F/FR	RD/GG/DR/FL/OT			

续表

<table>
<tr><td>文件编号</td><td colspan="4">IOTC 大眼金枪鱼再出口证书</td></tr>
<tr><td colspan="5">4. 再出口鱼的描述</td></tr>
<tr><td colspan="2">产品类型（*1）</td><td rowspan="2">净重（千克）</td><td rowspan="2">船旗国/实体/捕鱼实体</td><td rowspan="2">进口日期</td></tr>
<tr><td>F/FR</td><td>RD/GG/DR/FL/OT</td></tr>
<tr><td></td><td></td><td></td><td></td><td></td></tr>
<tr><td></td><td></td><td></td><td></td><td></td></tr>
<tr><td></td><td></td><td></td><td></td><td></td></tr>
<tr><td colspan="5">*1：F=冰鲜；FR=冷冻；RD=原条鱼；GG=去鳃、去内脏；DR=去鳃、去内脏、去鳍；FL=鱼片；OT=其他，描述产品类型</td></tr>
<tr><td colspan="5">5. 再出口证明：据我所知所信，我证明上述信息是完整、真实和正确的。
姓名/公司名：地址：签名：日期：许可证号（如适用）：</td></tr>
<tr><td colspan="5">6. 政府确认：据我所知所信，我确认上述信息是完整、真实和正确的。
姓名及职务：签名：日期：政府印章：</td></tr>
<tr><td colspan="5">进口部分
7. 进口商证明：据我所知所信，我证明上述信息是完整、真实和正确的。
进口商证明（中转国/实体/捕鱼实体）
姓名：地址：签名：日期：许可证号（如适用）：
进口商证明（中转国/实体/捕鱼实体）
姓名：地址：签名：日期：许可证号（如适用）：
进口商证明（中转国/实体/捕鱼实体）
姓名：地址：签名：日期：许可证号（如适用）：
最终进口点
城市：州/省：国家/实体/捕鱼实体：</td></tr>
</table>

注：如果使用英语或法语以外的语言填写此表格，请添加本文件的英文翻译

填写说明

文件编号：签发国/实体/捕鱼实体指定一个国家/实体/捕鱼实体编码的文件编号。

（1）再出口国/实体/捕鱼实体：填写再出口批次的大眼金枪鱼并签发本证明的国家/实体/捕鱼实体的名称。根据该决议，只有再出口国家/实体/捕鱼实体才能签发此证明。

（2）再出口点：确定大眼金枪鱼再出口的城市、州/省和国家/实体/捕鱼实体。

（3）进口鱼的描述：出口商必须尽可能准确地提供下列信息（注意：一行应描述一类产品）。

1）产品类型：标明装运的产品类型，如冰鲜或冷冻、原条鱼、去鳃、去内脏、三去（去头、去鳃、去内脏）、鱼片或其他产品形式。对于其他，描述该批次的产品类型；

2）产品净重：单位为千克；

3）船旗国/实体/捕鱼实体：捕获该批次大眼金枪鱼渔船的船旗国/实体/捕鱼实体名称；

4）进口日期：进口日期。

（4）再出口鱼的描述：出口商必须尽可能准确地提供下列信息（注意：一行应描述一类产品）。

1）产品类型：标明装运的产品类型，如冰鲜或冷冻，原条鱼、去鳃、去内脏、三去（去鳃、去内脏、去鳍）、鱼片或其他产品形式。对于其他，描述该批次产品的类型。

2）产品净重：千克。

（5）再出口证明：再出口大眼金枪鱼的个人或公司必须提供其姓名、地址、签名、货物再出口的日期和再出口许可证号（如适用）。

（6）政府确认：填写正式签署文件的官员姓名和全称。该官员必须受雇于证书上显示的再出口国/实体/捕鱼实体的政府主管部门，或受雇于政府主管部门授权对该许可证进行验证的其他个人或机构。

（7）进口商证明：进口大眼金枪鱼的个人或公司必须提供其姓名、地址、签名、进口大眼金枪鱼的日期、许可证号（如适用）和再出口的最终进口点，包括进口到中转国/实体/捕鱼实体。对于冰鲜和冷冻的产品，进口商的签字可以由海关报关公司的人员代替（如果其授权的签字得到进口商的适当认可）。

将完成的文件副本返还给：（再出口国/实体/捕鱼实体政府主管部门的名称）。

附件 3　IOTC 大眼金枪鱼统计文件报告

时期：从　　　年　　月至　　　月

进口国/实体/捕鱼实体

船旗国/实体/捕鱼实体	区域代码	渔具代码	出口点	产品类型		产品净重（千克）
				F/FR	RD/GG/DR/FL/OT	

渔具代号	渔具类型	渔具代号	渔具类型
BB	竿钓	SPHL	休闲手钓
GILL	刺网	SPOR	未分类的休闲渔业
HAND	手钓	SURF	未分类的表层渔业
HARP	鱼叉/鱼镖	TL	单钩拖钓
LL	延绳钓	TRAP	陷网
MWT	中层拖网	TROL	曳绳钓
PS	围网	UNCL	未分类的渔法
RR	竿线钓	OT	其他类型

产品类型：F（冰鲜）；FR（冷冻）；RD（原条鱼）；GG（去鳃、去内脏）；DR（去鳃、去内脏、去鳍）；FL（鱼片）；OT（其他产品形式，描述该批次的产品类型）；

海区代号：ID（印度洋）；PA（太平洋）；AT（大西洋）。

IOTC 大眼金枪鱼再出口证明报告

时期：从　　　　年　　月至　　　月

进口国/实体/捕鱼实体

船旗国/实体/捕鱼实体	再出口船旗国/实体/捕鱼实体	再出口点	产品类型		产品净重（千克）
			F/FR	RD/GG/DR/FL/OT	

产品类型：F（冰鲜）；FR（冷冻）；RD（原条鱼）；GG（去鳃、去内脏）；DR（去鳃、去内脏、去鳍）；FL（鱼片）；OT（其他产品形式，描述该批次的产品类型）；

海区代号：ID（印度洋）；PA（太平洋）；AT（大西洋）。

附件 4　关于确认 IOTC 统计文件的信息

1. 船旗。
2. 经认可确认统计文件的政府机构/授权组织。

机构名称	机构地址	印章式样

注：对于每个机构，请附一张被授权验证文件人员的姓名、头衔和地址的名单

3. 政府/主管机构认可的确认统计文件的其他机构。

组织名称	组织地址	印章式样

注：对于每个组织，请附一张经授权验证文件人员的姓名、头衔和地址的名单

填写说明

要求有船舶捕捞进入国际贸易必须附带统计文件的物种的缔约方、合作非缔约方、实体和捕鱼实体向 IOTC 秘书处执行秘书提交本页的信息，并确保对上述信息的任何变化也及时传送给 IOTC 执行秘书。

决议第 01/06 号：关于 IOTC 大眼金枪鱼统计文件计划

印度洋金枪鱼委员会（IOTC），

认识到 IOTC 在国际水平上管理 IOTC 管理区大眼金枪鱼的权力和责任；

还认识到公约区大眼金枪鱼国际市场的性质；

还认识到公约区大眼金枪鱼渔获量的不确定性，以及贸易数据的可得性将大大有助于减少这种不确定性；

还认识到大眼金枪鱼是“方便旗”船捕捞作业的主要目标物种，而且此类渔船捕捞的大部分大眼金枪鱼都出口到缔约方，特别是出口到日本；

忆及养护大西洋金枪鱼国际委员会（ICCAT）已经制定蓝鳍金枪鱼、大眼金枪鱼和剑鱼统计文件计划，南方蓝鳍金枪鱼养护委员会（CCSBT）也制定了南方蓝鳍金枪鱼统计文件计划；

认识到统计文件计划是协助委员会努力消除 IUU 捕捞作业的有效工具；

根据 IOTC 协定第九条第 1 款的规定，决议如下：

1. 各缔约方在 2002 年 7 月 1 日前或之后尽快要求所有进口至该国的大眼金枪鱼，随附符合附件 1 所要求的 IOTC 大眼金枪鱼统计文件或符合附件 2 所要求的 IOTC 大眼金枪鱼再出口证书。围网渔船、竿钓船捕获的，主要送往公约区罐头厂的大眼金枪鱼不受本统计文件计划要求的约束。委员会和进口大眼金枪鱼的缔约方应在实施该计划之前与所有出口国联系，将该计划通知他们。

2. a)IOTC 大眼金枪鱼统计文件必须经由捕获该金枪鱼的渔船船旗国的政府官员或其他授权个人或机构确认，或者如果渔船是根据租赁安排作业的，则由出口国的政府官员或其他授权个人确认；

b）“IOTC 大眼金枪鱼再出口证书”必须由再出口金枪鱼的国家的政府官员或其他授权个人或机构确认。

3. 每一缔约方应按附件 4 规定的格式向 IOTC 执行秘书提供其进口大眼金枪鱼所需的统计文件和再出口证书的样本格式及有关验证的信息，并及时通知任何更改。

4. 出口或进口大眼金枪鱼的缔约方应汇编大眼金枪鱼统计文件计划的数据。

5. 进口大眼金枪鱼的缔约方应在每年 4 月 1 日前向 IOTC 执行秘书提交该计划收集的上一年度 7 月 1 日至 12 月 31 日的数据，并在 10 月 1 日前上报当年 1 月 1 日至 6 月 30 日的数据。这些数据应由 IOTC 执行秘书分发给所有缔约方。报告的格式见附件 3。

6. 出口大眼金枪鱼的缔约方收到执行秘书传送的上述第 5 段所述进口数据后应审查出口数据，并每年向委员会报告结果。

7. 各缔约方应交流统计文件和再出口证书的副本，以便按照国内法律和法规进行第 6 段所述的审核。

8. 委员会应要求合作非缔约方采取上述各条款所述的措施。

9. IOTC 执行秘书应要求所有捕捞并出口大眼金枪鱼到缔约方的非缔约方/实体/捕捞实体提供确认数据，并要求其及时通知任何信息的更改。

10. IOTC 执行秘书应保有和更新第 3 段和第 9 段规定的信息，将其提供给所有缔约方，并及时传送任何变更。

11. 委员会应要求进口大眼金枪鱼的非缔约方配合本计划的实施，并向委员会提供从本计划的实施中获得的数据。

12. 本计划的实施应符合相关国际义务。

13. 在本计划的初期阶段，要求提供冷冻大眼金枪鱼产品的统计文件和再出口证明。对于冰鲜大眼金枪鱼产品，执行本计划之前仍有若干实际问题有待解决，如制定准则，确保在海关处理冰鲜产品的程序。

14. 悬挂欧盟成员旗帜的渔船捕捞的大眼金枪鱼的统计文件可由捕捞金枪鱼渔船的船旗国确认，或当相应数量的大眼金枪鱼从卸载成员的海外领地出口至欧盟以外国家时，则由产品卸载的不同成员的主管机构确认。

15. 尽管有协定第九条第 4 款的规定，缔约方应于 2002 年 7 月 1 日前或之后按照每一缔约方的监管程序尽快实施本决议。

附件 1 至附件 4 见第 03/03 号决议附件 1 至附件 4 件。

注：第 01/06 号决议中“关于 IOTC 大眼金枪鱼统计文件计划”的统计文件范本和说明已被第 03/03 号决议所载范本取代。

建议第 25/13 号：关于通过与《〈联合国海洋法公约〉下国家管辖范围以外区域海洋生物多样性的养护和可持续利用协定》合作促进 IOTC 目标的建议

印度洋金枪鱼委员会（IOTC），

认识到 2023 年 6 月 19 日通过的《〈联合国海洋法公约〉下国家管辖范围以外区域海洋生物多样性的养护和可持续利用协定》（BBNJ 协定）；

忆及 BBNJ 协定“应以不损害相关法律文书和框架以及相关全球、区域、次区域和领域机构的方式进行解释和适用，并促进与这些文书、框架和机构的协调一致”（BBNJ 协定第 5 条第 2 款）；

进一步忆及 BBNJ 协定缔约方应以一系列原则和方法为指导；

认识到 BBNJ 协定缔约方“应根据 BBNJ 协定合作养护和可持续利用国家管辖范围以外区域海洋生物多样性，包括在实现本协定目标的过程中加强和增进与相关法律文书和框架以及相关全球、区域、次区域和领域机构之间的合作，并促进它们之间的合作”（BBNJ 协定第 8 条第 1 款）[①]；

忆及 BBNJ 协定缔约方大会（BBNJ COP）有权就建立包括海洋保护区在内的划区管理工具及在公海采取相关措施作出决定[BBNJ 协定第 22 条第 1 款（a）项]；

进一步忆及 BBNJ COP“可与相关法律文书和框架以及相关全球、区域、次区域和领域机构合作和协调，就与这些文书、框架和机构所通过的措施相兼容的措施作出决定”[BBNJ 协定第 22 条第 1 款（b）项]；

进一步忆及 BBNJ COP“在拟议措施属于其他全球、区域、次区域和领域机构的职权范围内时，可向本协定缔约方和全球、区域、次区域和领域机构提出建议，以促进经由此类文书、框架和机构根据各自权限，通过相关措施”[BBNJ 协定第 22 条第 1 款（c）项]；

注意到 BBNJ COP“应尊重相关法律文书和框架以及相关全球、区域、次区域和领域机构的职权，不得削弱这些文书和框架及机构的作用”（BBNJ 协定第 22 条第 2 款）；

强调 IOTC 作为相关区域和部门机构，有权为委员会管理物种制定具有约束力的养护和管理措施；

注意到 IOTC 参与 BBNJ 协定对确保 IOTC 有效实现其目标有重要意义；

注意到 BBNJ 协定第五部分及附件二规定了能力建设和海洋技术转让举措，其中可包括“加强区域机构间的合作联系，如南北合作与南南合作及……区域渔业管理组织间的合作”，以及“建立或加强相关国家和区域组织及机构的机构能力”；

根据 IOTC 协定第九条第 8 款的规定，建议如下：

---

① BBNJ 协定中文版：缔约方应根据本协定合作养护和可持续利用国家管辖范围以外区域的海洋生物多样性，包括在实现本协定目标的过程中加强和增进与相关法律文书和框架以及相关全球、区域、次区域和领域机构的合作，并促进它们之间的合作。

定义

1. 就本建议而言：
   a）“CPC”指 IOTC 协定的缔约方和合作非缔约方；
   b）“IOTC 鱼种”指 IOTC 协定附件 C 所列且存在于 IOTC 管理区内的所有鱼类物种；
   c）“BBNJ 协定”指 2023 年 6 月 19 日通过的《〈联合国海洋法公约〉下国家管辖范围以外区域海洋生物多样性的养护和可持续利用协定》；
   d）“BBNJ COP”指 BBNJ 协定缔约方大会；
   e）“BBNJ 秘书处”指 BBNJ COP 设立后的秘书处；
   f）“BBNJ 信息交换机制”指 BBNJ 协定第 51 条规定的信息交换机制；
   g）“BBNJ 科技机构”指 BBNJ 协定第 49 条设立的科学与技术机构；
   h）“划区管理工具”或“ABMT”是指 BBNJ 协定第 1 条第 1 款定义的，在某一地理上界定的区域，用于管理一个或多个领域或活动的工具，包括海洋保护区，以实现 BBNJ 协定规定的特定的养护和可持续利用目标；
   i）“海洋保护区”是指 BBNJ 协定第 1 条第 9 款定义的，一个地理上界定的，为实现长期生物多样性养护目标而划定和管理的海域，在符合 BBNJ 协定养护目标的前提下，可酌情允许可持续利用；
   j）“专属经济区”是指《联合国海洋法公约》第 55 条定义的专属经济区。

CPC 参与 BBNJ 协定

2. 鼓励 CPC：
   a）签署、批准、核准、接受或加入 BBNJ 协定；
   b）参与筹备委员会，为 BBNJ 协定的生效、BBNJ COP 第一次会议及后续会议与其附属机构的相关会议做准备，并在 IOTC 职权范围内改进协调机制，以确保IOTC的观点在BBNJ COP及其附属机构的讨论和工作中得到适当体现；
   c）在 IOTC 职权范围内与其他缔约方和合作非缔约方（CPC）及对 ABMT 提案感兴趣的机构开展合作；
   d）响应邀请，就与 IOTC 相关的具体的 ABMT 提案进行磋商；
   e）酌情并根据 BBNJ 信息交换机制的运作方式，访问和使用 BBNJ 信息交换机制，提供和检索与 IOTC 鱼种养护和管理相关的数据和信息；
3. 实施本建议第 2 段时，CPC 应努力确保在 BBNJ 协定框架内适当考虑 IOTC 的职权和工作，并尽可能探索委员会在促成 BBNJ 协定实施的讨论中发挥积极作用的方式。

秘书处职责

4. 注意到正在进行的工作，并根据 BBNJ 协定筹备委员会和 BBNJ 协定缔约方大会第一次会议的成果，IOTC 执行秘书应酌情与 BBNJ 秘书处建立机制，包括正式的沟通渠道，以便：

a）从 BBNJ 信息交换机制中识别和收集与 IOTC 工作相关的信息和数据，包括关于能力建设和海洋技术转让的适当机会；

b）经委员会同意，向 BBNJ 信息交换机制提交适当的能力建设和海洋技术转让申请及相关机会，包括研究合作、培训、技术信息和数据来源及获取途径、资金获取等；

c）接受 BBNJ COP 关于 IOTC 为实现 ABMT 目标所采取措施实施情况的信息提供邀请；

d）提供和分发 IOTC 养护和管理措施的信息，并在经委员会同意并遵守保密要求的情况下，通过 BBNJ 信息交换机制，提供和传播可能与监测和遵守 ABMT 相关的监测、控制和监视工具的信息；

e）接受 BBNJ 秘书处的通知和邀请，参与根据 BBNJ 协定第 20 条第 2 款（b）项在 IOTC 管理区内及根据 BBNJ 协定第 24 条第 2 款采取紧急措施的 ABMT 提案的磋商和评估；

f）根据委员会授权参与上述 e）项所述 ABMT 提案的磋商和评估；

g）接受 BBNJ COP 依据 BBNJ 协定第 22 条第 1 款（c）项提出的在 IOTC 职权范围内采用 ABMT 及其他相关措施的建议，并向该委员会通报 IOTC 对这些建议的立场；

h）监测可能影响 IOTC 养护和管理措施的 BBNJ 协定框架内建立的 ABMT 合规机制的最新情况，并定期向各缔约方和合作非缔约方通报；

i）在与 IOTC 科学分委会协作并经委员会批准的情况下，就 IOTC 与实施 BBNJ 协定相关的科学工作，向 BBNJ 科技提供意见；

j）促进与 IOTC 科学分委会及其附属机构的协作，以确保根据 BBNJ 协定实施的措施和程序考虑到对 IOTC 鱼种的潜在影响，并纳入适当的科学意见。

5. IOTC 执行秘书应酌情向各缔约方和合作非缔约方通报：

a）依本建议第 4 段确定的、与能力建设和海洋技术转让相关的适当机会；

b）在 IOTC 职权范围内关于 ABMT 提案的任何相关进展，包括 BBNJ COP 的决定；

c）BBNJ 秘书处根据第 4 段 e）项发出的关于磋商和评估的任何通知和邀请；

d）BBNJ 协定缔约方大会根据第 4 段 g）项提出的任何建议。

委员会作用

6. 委员会应在年度会议上酌情：

a）就 BBNJ 协定第 21 条第 2 款（b）项规定的 ABMT 相关提案及第 24 条第 2 款规定的紧急措施进行讨论并酌情表明立场；

b）在 IOTC 职权范围内，就 BBNJ 协定缔约方大会根据 BBNJ 协定第 22 条第 1 款（c）项关于通过 ABMT 和其他相关措施（如有）的建议进行讨论并酌情表明立场；

c）根据第 4 段 d）项至 g）项，逐案酌情向 IOTC 执行秘书提供授权和指示。

7. 委员会应考虑将 BBNJ 协定列为年会常设议题。

科学工作与建议

8. 鼓励 CPC 开展对 IOTC 管理区公海海洋生物多样性及生态系统养护和可持续利用的研究，特别是针对受威胁和濒危物种及易受 IOTC 管理区内渔业影响的物种。
9. 鼓励 CPC 将向 IOTC 科学分委会和 IOTC 生态系统和兼捕工作组提供依本建议第 8 段开展的任何研究结果。
10. 鼓励 IOTC 科学分委会利用 BBNJ 信息交换机制发布相关信息，并应支持秘书处及时执行本建议第 4 段 i）项的规定。

最后条款

11. 委员会应该在其年度会议上审议本建议，并考虑将其作为决议予以通过。

建议第 25/14 号：关于限制捕捞能力

印度洋金枪鱼委员会（IOTC），

注意到 IOTC 已制定并逐步加强直接限制主要金枪鱼物种渔获量的措施，特别是“关于恢复印度洋黄鳍金枪鱼资源暂定计划”的第 16/01 号决议及其后续修订决议（第 17/01 号决议、第 18/01 号决议、第 19/01 号决议及第 21/01 号决议），以及“关于大眼金枪鱼的养护和管理措施”的第 05/01 号决议及其后续决议（第 23/04 号决议“关于设定 IOTC 管理区大眼金枪鱼捕捞限额”）；

承认尽管近期已对黄鳍金枪鱼和大眼金枪鱼种群设定捕捞限额，但其历史总渔获量屡次超过可持续水平；

认识到 2022 年开展的大眼金枪鱼资源评估显示，其捕捞死亡率较能够实现最大持续产量（MSY）的水平高出 43%；

还认识到尽管 2024 年黄鳍金枪鱼资源评估显示其重新进入科比图的绿色区域，但科学分委会对评估结果（包括种群状态的突然变化）表达了强烈关切；

注意到2021 年黄鳍金枪鱼资源评估曾估算其捕捞死亡率高出实现MSY 所需水平的32%；

忆及 2003 年会议通过的“关于限制缔约方和合作非缔约方的捕捞能力”的第 03/01 号决议，以及关于实施限制缔约方和合作非缔约方捕捞能力的第 06/05 号决议、第 07/05 号决议和第 09/02 号决议（先后被第 12/11 号决议、第 15/11 号决议取代）；

认识到作为捕捞限额的补充措施，降低 IOTC 管理区捕捞能力将促进种群养护；

考虑到应避免捕捞能力过剩，以确保渔获量维持在适当限额内；

根据 IOTC 协定第九条第 8 款的规定，建议如下：

1. 缔约方和合作非缔约方（CPC）承诺管控本区域总捕捞能力，以实现印度洋热带金枪鱼渔获量的可持续水平。除过去数年已削减捕捞能力的 CPC 外，各 CPC 应尽可能将其在 IOTC 管理区内作业的捕捞热带金枪鱼的船舶数量（总长 24 米及以上者，以及在专属经济区外作业的 24 米以下船舶）较 IOTC 历史记录的实际船数减少 30%。

2. 关于第 1 段，应优先保障沿海国，特别是 IOTC 管理区内发展中沿海国、小岛屿发展中国家及最不发达国家的权益，依据“关于限制缔约方和合作非缔约方的捕捞能力”的第 03/01 号决议第 3 段和第 4 段规定，将充分考虑其权利与义务。

3. 本建议将适用至委员会通过关于配额分配标准的措施为止。本建议各项规定不影响今后关于金枪鱼及类金枪鱼配额分配的讨论，同时应考虑沿海国，特别是发展中沿海国、小岛屿发展中国家及最不发达国家发展其捕捞能力的合法诉求。

建议第 24/11 号：关于海洋污染

印度洋金枪鱼委员会（IOTC），

关切海洋污染日益被认为是一个重大的全球性问题，对海洋物种、海洋生态系统、沿海环境和合法渔民的生计产生有害影响；

深信某些与捕鱼有关的活动可能影响印度洋海洋环境，这些活动可能在 IOTC 努力减少非目标物种的意外死亡率和对海洋生态系统的影响方面发挥重要作用；

注意到《联合国海洋法公约》第十二部分规定各国有义务保护和保全海洋环境，特别是根据其第 194 条规定，各国有义务采取一切必要措施，防止、减少和控制船舶对海洋环境的污染；

注意到《联合国鱼类种群协定》（UNFSA）强调通过诸如 IOTC 等区域渔业机构的行动确保高度洄游鱼种的养护和最佳利用的重要性，并规定各国应通过 UNFSA 第 5 条规定的措施，尽量减少污染、废弃物、抛弃物、丢失或遗弃渔具所致鱼类资源死亡（注：参见 UNFSA 第 5 条）；

关切不可持续的捕鱼做法对海洋环境的影响，以在印度洋丢弃渔具和塑料残留物为代表，会破坏海洋、珊瑚礁和沿海生境；

忆及《国际防止船舶造成污染公约》（MARPOL）旨在消除和减少船舶排入海洋的垃圾数量，该公约附录 5 适用于所有船舶；

进一步回顾联合国支持落实可持续发展目标 14 次会议通过了《我们的海洋，我们的未来：行动呼吁》宣言第 13 段 g）项，肯定了预防和大幅减少各种海洋污染的必要性；

根据 IOTC 协定第九条第 8 款的规定，建议如下：

遗弃、丢失或丢弃的渔具

1. 鼓励 CPC 除了为保障船舶及船上人员安全或海上救生所必需外，确保：
   a）悬挂其旗帜的渔船使用任何渔具作业时，应尽一切合理努力，防止、减少和消除与这些船舶有关的遗弃、丢失或丢弃的渔具；
   b）悬挂其旗帜的渔船不得故意在海上丢弃或遗弃渔具；
   c）悬挂其旗帜的渔船如无意丢失渔具，在未尽一切合理努力找回之前，不得放弃该渔具。
2. 如果悬挂其旗帜的船舶发现与该船无关的遗弃、丢失或丢弃的渔具，CPC 应确保该船尝试在安全的情况下从海中收回发现的渔具。
3. IOTC 秘书处的任务是制定一份收集和报告回收废弃、丢失或丢弃渔具信息的数据格式和标准。

海洋塑料污染和其他海洋污染

4. 鼓励 CPC 禁止悬挂其旗帜的渔船向海洋排放所有塑料制品，包括但不限于合成纤维绳索、合成纤维渔网、塑料垃圾袋和塑料制品的焚烧灰。

5. 鼓励 CPC 实施适当的船上存放，除非适用的国际文书允许，禁止其在 IOTC 管理区作业的渔船向海洋排放：

   a）油类、燃油产品或含油残留物；

   b）其他垃圾，包括渔具、食物垃圾、生活垃圾、焚化炉灰和烹饪油；

   c）污水。

6. 第 4 段和第 5 段不适用下列情况下船舶的排放：

   a）为保障船舶和船上人员的安全或海上救生；或

   b）由于意外损失，如果为防止这种损失已经采取了一切合理的预防措施。

7. 鼓励 CPC 确保悬挂其旗帜的在 IOTC 管理区作业的渔船，将 MARPOL 附件的缔约国中没有足够港口设施的接收、回收 MARPOL 废弃物的港口通知船旗国。

8. 鼓励 CPC 对悬挂其旗帜的渔船的船员和船长进行有关海洋污染影响和实践操作的培训与宣传，以消除渔船引起的海洋污染。

9. 鼓励 CPC 对 IOTC 管理区与渔业有关的海洋污染进行研究，以进一步制定和完善措施减少海洋污染，并鼓励 CPC 向科学分委会提交从这些研究中获得的任何信息。

10. 本建议不损害第 23/01 号决议或其他关于集鱼装置管理的决议。

11. 委员会将在 2027 年审议该措施，以考虑扩大有关消除渔船造成的海洋污染方面的措施范围。

建议第 23/11 号：在印度洋金枪鱼委员会决策过程中加强合作

印度洋金枪鱼委员会（IOTC），

铭记根据 IOTC 协定第五条，委员会应促进其成员之间的合作，以期通过适当管理，确保鱼类资源的养护和最佳利用，并鼓励基于这些鱼类资源的渔业的可持续发展；

注意到区域渔业管理组织的一个众所周知的既定做法，即所有决定必须由成员或缔约方协商一致作出；

承认协商一致也是 IOTC 决策过程中一个非常宝贵的方面；

认识到委员会的任何决定都应充分考虑缔约方和合作非缔约方的不同意见，委员会必须竭尽全力寻找各方都满意的妥协空间，从而最终达成共识，包括在通过养护和管理措施时；

严重关切近年来 CPC 之间在一些非常重要的问题上出现日益严重的两极分化；

进一步关注这种令人担忧的趋势的继续已严重损害了委员会的工作，而且这种趋势正在加速而不是减缓；

回顾《联合国鱼类种群协定》（UNFSA）第 8 条规定，各国应立即真诚地进行协商，特别是在有证据表明有关跨界鱼类种群和高度洄游鱼类种群可能受到过度捕捞威胁的情况下；

注意到联合国粮农组织《负责任渔业行为守则》规定，各国应合作以防止争端，并应以及时、和平和合作的方式解决与捕鱼活动和做法有关的所有争端；

希望加强各 CPC 自 IOTC 开始运作及加入委员会以来所承诺的合作精神，以实现印度洋金枪鱼和类金枪鱼的养护和最佳利用；

根据 IOTC 协定第九条第 8 款的规定，建议如下：

1. 敦促各 CPC 本着诚意和合作精神相互合作和协商，以实现 IOTC 协定第五条第 1 款规定的委员会目标，同时承认在国际会议，包括区域渔业管理组织的会议以协商一致方式作出决定的既定全球惯例。

2. CPC 应尽一切努力确保委员会的所有决定和建议，包括通过养护和管理措施，都以协商一致方式达成。CPC 必须为此目的竭尽全力，包括进行双边和/或多边磋商。

3. 当会议不能达成协商一致意见时，鼓励 CPC 继续努力，直到找到一个可以达成妥协和协商一致意见的点为止。

4. 如果某一 CPC 根据 IOTC 协定第九条第 5 款反对养护和管理措施，则鼓励该 CPC 提交其反对理由的详细说明。

建议第 14/07 号：规范科学分委会年度报告和工作组报告中科学信息的表述

印度洋金枪鱼委员会（IOTC），

认识到合理的科学建议作为符合国际法的印度洋及其毗邻海域金枪鱼和类金枪鱼养护与管理的核心要素及委员会信息需求的重要性；

注意到 2007 年日本神户系列第一次金枪鱼区域渔业管理组织全球高峰会议的与会者同意，资源评估结果应以一种标准化的“红-黄-绿-橙”四象限格式展示，这种格式现在被称为“科比图”（Kobe Plot），被广泛接受为一种实用且用户友好的展示资源状况信息的方法；

进一步注意到2009年6月在西班牙圣赛巴斯蒂安举行的第二次金枪鱼区域渔业管理组织联席会议通过一项“策略矩阵”，以便以标准化的方式为渔业管理者提供实现管理目标的统计概率，包括结束过度捕捞和恢复过度捕捞的种群，作为潜在管理行动的结果；

承认策略矩阵是区域渔业管理组织的科学组织用于传达建议的统一格式，这种表示资源评估结果的格式，为委员会提供了评估和采用各种不同程度成功概率的管理选项的基础，有助于预防性做法的应用；

回顾关于分享提供科学建议最佳做法的神户系列第二次会议专家研讨会的建议和神户系列第三次会议的建议，尤其是关于开展研究活动以更好地量化不确定性和了解这种不确定性如何反映在神户系列第二次会议策略矩阵固有的风险评估中的建议；

进一步回顾“关于现有最佳科学证据”的第 12/15 号建议的规定，要求以清晰、透明及标准化的格式，向委员会提供科学建议；

考虑到“关于实施预防性做法”的第 12/01 号决议和“关于暂定目标参考点和限制性参考点及决策框架”的第 13/10 号决议（被第 15/10 号取代），由于采用了暂定目标参考点和限制性参考点，使预防性做法的实施成为可能；

注意到迄今为止，科学分委会及其工作组和 IOTC 秘书处在年度工作报告中，包括通过每种鱼类资源的“概要”，在科学信息表述的标准化方面所做的出色工作；

强调进一步完善科学信息的表述以便于委员会适当利用的重要性；

根据 IOTC 协定第九条第 8 款的规定，建议如下：

1. 为支持 IOTC 科学分委会所做的科学建议，IOTC 科学分委会年度报告中陈述种群评估结果的“执行概要”，在可能的情况下包括：

种群状况

a）科比图显示：

i）委员会通过的任何目标和限制性参考点，如 F_{MSY}（最大持续产量时的捕捞死亡率）及 F_{LIM}（限制性参考点时的捕捞死亡率）、SB_{MSY}（最大持续产量时的产卵群体生物量）及 SB_{LIM}（限制性参考点时的产卵群体生物量）或 B_{MSY}（最大持续产量时的生物量）及 B_{LIM}（限制性参考点时的生物量），取决于科学分委会使用的评估模式，或其他代替值，

ii）以委员会采用的目标参考点表示的资源估计值，如相对于 F_{MSY} 的 $F_{CURRENT}$（当前的捕捞死亡率）、相对于 SB_{MSY} 的 $SB_{CURRENT}$（当前产卵群体生物量）或相对于 B_{MSY} 的 $B_{CURRENT}$（当前生物量），

iii）估算值的不确定性，前提是这样做的统计方法已经科学分委会商定，并且有足够的数据，

iv）资源状况轨迹；

b）图形表示最新资源评估所获得的各年模型输出量的比例，该结果可用于建议：科比图的绿色象限区块（无强度型过度捕捞，没有遭资源型过度捕捞）、黄色及橙色象限区块（正经受强度型过度捕捞或遭资源型过度捕捞）及红色象限区块（强度型过度捕捞和资源型过度捕捞）；

模型前景

c）两个科比图系列第二次会议的策略矩阵：

i）第一个表示遵守委员会通过的限制性参考点的可能性，如跨多个年份不同产量水平时，$SB > SB_{MSY}$ 或 $B > B_{MSY}$ 及 $F < F_{MSY}$ 的可能性，

ii）第二个显示由委员会采用的限制性参考点表示的处在安全生物限制内的可能性，如跨多个年份的不同渔获量水平时，$SB > SB_{LIM}$ 或 $B > B_{LIM}$ 及 $F < F_{LIM}$ 的可能性，

iii）当委员会同意接受基于种群与种群目标及限制性参考点相关的概率水平时，科学分委会可使用与这些阈值对应的颜色编码编制科比图系列第二次会议的策略矩阵，并将其列入年度报告；

评估模型的数据质量与限制

d）对资源评估输入数据的质量、可信度和代表性进行限定说明（但不限于）如下：

i）渔业统计数据和渔业指标（如渔获量和努力量、按性别的渔获物体长组成和年龄组成矩阵，以及，如适用，与渔业有关的丰度指数），

ii）生物学信息（如生长参数、自然死亡率、成熟度和繁殖力、洄游模式和种群结构、与独立渔业有关的丰度指数），

iii）补充信息（现有丰度指数的一致性、环境因子对种群动态的影响、捕捞努力量分布变化、选择性和捕捞能力、目标鱼种的改变）；

e）一份关于根据输入数据类型与质量对评估模式进行限制的说明，并指出输入数据不确定性对评估结果可能造成的误差；

f）关于长期预测可信度的说明。

替代方法（数据缺乏的种群）

2. 当由于数据或模型的限制，IOTC 科学分委会无法确立科比图系列第二次会议的策略矩阵和相关图表，或其他相对于基准点的现状估算值，IOTC 科学分委会将基于现有与渔业有关的和独立于渔业的指数来制定科学建议，并提供类似于第 1 段 d）项详列的警告。

补充信息及“执行概要”结构和模板的审议

3. 委员会鼓励 IOTC 科学分委会在其年度报告或详细报告中，可能时，并认为相关且有用，列入支持科学建议和管理建议的任何其他表格和/或图表。特别是，IOTC 科学分委会将在可能时列入有关补充量轨迹、种群-补充量关系及某些比率的信息，如单位补充量渔获量或单位补充量资源量。
4. 视需要，IOTC 科学分委会应审核本建议提出的关于科比图系列第二次会议的策略矩阵、绘图和图示说明的建议与模板，并就可能的改进向委员会提出建议。

建议第 12/15 号：关于现有最佳科学证据

印度洋金枪鱼委员会（IOTC），

认识到合理的科学建议作为符合国际法的印度洋及其毗邻海域金枪鱼和类金枪鱼养护与管理的核心要素及委员会信息需求的重要性；

意识到充分的科学信息的可得性对实现 IOTC 协定第五条规定的目标至关重要；

强调所有 CPC 有效参与科学分委会及其工作组工作的重要性；

认识到发展中沿海国财政资源有限，并希望对其科学能力建设提供协助；

承认需要改进数据的可得性和质量及用于提供科学建议的数据分析，包括关于兼捕和丢弃量的分析；

注意到受邀专家的参与可保证科学分委会科学工作的质量；

认识到为本建议的目的，有必要扩大和精简能力建设财政支持的范围；

基于 IOTC 科学分委会和科比图进程的审议意见和建议；

注意到定期评估区域渔业管理组织的绩效，包括其科学分委会运行的重要性；

根据 IOTC 协议第九条第 8 款的规定，建议如下：

1. 采取所有适当的措施：
   a）通过能够持续对话的方式，如通过使用电子讨论群组和电话会议或视频会议，改善 CPC 之间、委员会和科学分委会之间的沟通；
   b）改进收集数据并向秘书处提交数据，包括兼捕数据；
   c）支持与委员会信息需求相关的研究计划和项目；
   d）促进具有适当科学资格的科学家参加科学分委会及其工作组，以及其他相关的科学机构的会议；
   e）为培养科学研究人员作出贡献，包括青年科学家。
2. 维护和促进 IOTC 科学分委会及其工作组的专业独立性及专业特长，以及其工作与委员会的信息需求的关联性，通过：
   a）加强科学家参与 IOTC 科学分委会及其工作组会议，包括参与其他金枪鱼区域渔业管理组织和相关科学组织；
   b）起草 IOTC 科学分委会及其工作组的行为守则，供委员会通过。为此目的，科学分委会可制定规定，以避免利益冲突，确保科学活动的质量、相关性和专业独立性，并在适用时保持所使用数据的机密性；
   c）为 IOTC 科学分委会（包括其工作组）起草战略计划，供委员会通过。该战略计划应用于指导 IOTC 科学分委会和各工作组的工作，协助委员会有效地履行其职责；
   d）确保 IOTC 科学分委会基于现有最佳的和经过同行评议的科学分析，向委员会提出中肯、专业独立和客观的科学建议；
   e）确保所有提交给和由科学分委会及其工作组评估的文件的来源及修订历史都有完整的文件记录；

f）以清晰、透明和标准化的格式向委员会提供科学建议；

g）为制定委员会科学咨询提出定义明确的规则，反映不同意见，同时努力达成共识，以促进一致性和透明度。

3. 通过邀请专家（如来自其他区域渔业管理组织或学术界的专家）参与 IOTC 科学分委会的活动，加强 IOTC 科学分委会内同行评议机制。这些专家应遵守当前适用于 IOTC 的数据保密规定与程序。
4. 持续支持 IOTC 科学分委会在科学同行评议的学术文献中发表其科学发现。
5. 为实现上述目标，考虑扩大财政支持和机制，除其他外，包括为 IOTC 发展中缔约方“参会基金”提供捐款，以执行本建议，特别是为：

a）促进发展中 CPC 的科学能力建设，并加强其参与 IOTC 科学分委会及其工作组的工作的有效性；

b）为 IOTC 科学分委会及其工作组提供必要资源，包括考虑委托进行研究的其他资金提供模式。

6. 作为一个全面质量管理的过程，IOTC 下一次独立绩效审查应评估 IOTC 科学分委会及其工作组的运行情况，包括评价外部审核的潜在作用。

建议第 05/07 号：关于金枪鱼捕鱼船队的管理标准

印度洋金枪鱼委员会（IOTC），

忆及委员会已积极采取各种措施和行动，消除大型金枪鱼延绳钓船在 IOTC 区域的非法、不管制和不报告（IUU）的捕鱼活动；

进一步忆及粮农组织一直在采取主动行动消除 IUU 捕捞活动；

认识到大型金枪鱼渔船很容易将渔场从 IOTC 区域转移到其他洋区，反之亦然，这种渔业的高度移动性使其难以控制和管理；

进一步认识到其渔获物不经船旗国直接从渔场转移到市场；

注意到大部分大眼金枪鱼和黄鳍金枪鱼渔获物出口到缔约方和合作非缔约方（CPC）；

严重关切许多 IUU 大型金枪鱼渔船通过将其船旗从非缔约方更换为管理能力较差的 CPC，并通过改变其船名和名义上的船东，规避国际上消除这些船舶的努力，仍然存活下来；

进一步注意到委员会缺乏最低限度的管理标准，因此允许这类船舶转移到 CPC；

认识到迫切需要采取适当措施，以避免将缔约方作为这类船舶的庇护所；

根据 IOTC 协议第九条第 8 款的规定，建议如下：

1. 缔约方和合作非缔约方（CPC）在向其"授权的渔船（AFV）"[定义见第 05/02 号决议（被第 07/02 号决议、第 13/02 号决议取代）]发放捕捞许可证时，应当采取措施达到最低管理标准（附件 1）。

2. 所有 CPC 应和给其 AFV 发放许可证的 CPC 合作，以符合上述标准。

3. 向其 AFV 发放许可证的船旗 CPC 应使用附件 2 所示格式，每年向委员会报告根据第 1 段采取的所有措施。

附件 1　IOTC 大型金枪鱼延绳钓渔业管理标准

缔约方和合作非缔约方应：

在渔场的管理

i）酌情通过巡逻船进行监测和海上检查，并对其船舶的活动进行监视，以确保 IOTC 养护和管理措施得到遵守；

ii）适当时，根据委员会决议给船上配置科学观察员；

iii）根据委员会第 02/02 号决议（被第 06/03 号决议、第 15/03 号决议取代），要求在 IOTC 海域作业的 AFV 安装基于卫星的船舶监测系统（VMS）；

iv）要求渔船在进入或离开管理区域和 IOTC 海域时进行通报，除非通过使用 VMS 显示该信息；

v）对于有渔获量限制的鱼种，要求渔船每天或定期报告渔获量。

转载管理（从渔场到卸鱼港口）

i）要求渔船按物种和管理区域报告其转载渔获量；

ii）根据委员会第 05/03 号决议进行港口检查；

iii）根据委员会第 01/06 号决议和第 03/03 号决议执行统计文件计划。

在卸鱼港口的管理

i）酌情通过与其他缔约方和合作非缔约方合作，收集卸载和转载数据，以核实渔获量数据；

ii）要求按物种和管理区域报告卸载量。

附件 2　履行 IOTC AFV 管理标准的年度报告格式模板

在渔场的管理

	科学观察员登船	基于卫星的船舶监测系统	每天或定期渔获报告	进/出管理区报告
是/否				
备注	%	%或船数	方法	方法

转载管理（从渔场到卸鱼港口）

	转载报告	港口检查	统计文件计划
是/否			
备注	方法	方法	

在卸鱼港口的管理

	卸鱼检查	卸载报告	与其他缔约方合作
是/否			
备注	方法	方法	

第五部分　已经被取代或撤销的决议和建议

决议或建议号	养护和管理措施	状态	后续决议编号
决议第 24/01 号	关于气候变化与印度洋金枪鱼委员会的关系	被取代	决议第 25/01 号
决议第 23/04 号	关于设定 IOTC 管理区大眼金枪鱼捕捞限额	被取代	决议第 25/04 号
决议第 24/05 号	关于设立大型渔船转载计划	被取代	决议第 25/05 号
决议第 24/04 号	关于区域观察员计划	被取代	决议第 25/06 号
决议第 24/10 号	关于促进实施 IOTC 养护和管理措施	被取代	决议第 25/12 号
决议第 23/05 号	关于设立大型渔船转载计划	被取代	决议第 24/05 号
决议第 22/01 号	关于气候变化与印度洋金枪鱼委员会的关系	被取代	决议第 24/01 号
决议第 22/02 号	关于建立大型渔船转载计划	被取代	决议第 23/05 号
决议第 22/04 号	关于区域观察员计划	被取代	决议第 24/04 号
决议第 21/02 号	关于建立大型渔船转载计划	被取代	决议第 22/02 号
决议第 21/03 号	关于 IOTC 管理区鲣捕捞控制规则	被取代	决议第 24/07 号
决议第 19/01 号	关于恢复印度洋黄鳍金枪鱼资源的暂定计划	被取代	决议第 21/01 号
决议第 19/02 号	关于集鱼装置管理计划的程序	被取代	决议第 24/02 号
决议第 19/05 号	关于禁止围网渔船丢弃在 IOTC 管理区捕获的鲣、黄鳍金枪鱼、大眼金枪鱼及建议禁止丢弃捕捞的非目标物种	被取代	决议第 24/06 号
决议第 19/06 号	关于建立大型渔船转载计划	被取代	决议第 21/02 号
决议第 18/01 号	关于恢复印度洋黄鳍金枪鱼资源的暂定计划	被取代	决议第 19/01 号
决议第 18/02 号	关于养护 IOTC 有关渔业捕捞的大青鲨的管理措施	被取代	决议第 25/08 号
决议第 18/03 号	关于建立被认定在 IOTC 海域从事非法、不报告和不管制捕捞活动的渔船名单	被取代	决议第 24/03 号
决议第 18/04 号	关于 BIOFAD 实验项目	被取代	决议第 24/02 号
决议第 18/06 号	关于建立大型渔船转载计划	被取代	决议第 19/06 号
决议第 18/08 号	FAD 管理计划的程序，包括限制 FAD 的数量、FAD 的渔获量报告的更详细规格及改进 FAD 设计以减少非目标物种的纠缠	被取代	决议第 19/02 号
决议第 18/09 号	关于 IOTC 渔业社会经济数据和指标的范围界定研究	被撤销	
决议第 18/10 号	关于 IOTC 管理区船舶租赁	被取代	决议第 19/07 号
决议第 17/01 号	关于恢复印度洋黄鳍金枪鱼资源暂定计划	被取代	决议第 18/01 号
决议第 17/02 号	关于实施养护和管理措施工作小组	被取代	决议第 25/08 号
决议第 17/03 号	关于建立被认定在 IOTC 海域从事非法、不报告和不管制捕捞活动的渔船名单	被取代	决议第 18/03 号
决议第 17/04 号	关于禁止围网渔船丢弃在 IOTC 管理区捕获的鲣、黄鳍金枪鱼、大眼金枪鱼及建议禁止丢弃捕捞的非目标物种	被取代	决议第 19/05 号
决议第 17/05 号	关于养护 IOTC 管理渔业捕捞的鲨鱼	被取代	决议第 25/08 号
决议第 17/06 号	建立大型渔船转载计划	被取代	决议第 18/06 号

续表

决议或建议号	养护和管理措施	状态	后续决议编号
决议第 17/08 号	关于集鱼装置（FAD）管理计划程序，包括限制 FAD 数量、更详细的 FAD 网次渔获报告规范及开发改进 FAD 结构减少非目标物种的缠绕	被取代	决议第 18/08 号
决议第 16/01 号	关于恢复印度洋黄鳍金枪鱼资源暂定计划	被取代	决议第 17/01 号
决议第 16/02 号	关于 IOTC 管理区鲣捕捞控制规则	被取代	决议第 21/03 号
决议第 16/04 号	关于实施促进 IOTC 区域观察员计划的试点项目	被取代	决议第 24/04 号
决议第 16/05 号	关于无国籍船舶	被撤销	决议第 24/10 号
决议第 16/06 号	关于未履行 IOTC 报告义务适用的措施	被取代	决议第 18/07 号
决议第 16/09 号	关于设立管理程序技术分委会	被取代	决议第 25/10 号
决议第 16/10 号	促进执行 IOTC 养护和管理措施	被取代	决议第 24/10 号
决议第 16/11 号	关于预防、阻止和消除非法、不报告和不管制捕捞的港口国措施	被取代	决议第 25/11 号
决议第 16/12 号	实施养护和管理措施工作组（WPICMM）	被取代	决议第 17/02 号
决议第 15/03 号	关于船舶监测系统方案	被取代	决议第 25/02 号
决议第 15/04 号	关于经授权在 IOTC 管理区作业的 IOTC 渔船名单	被取代	决议第 19/04 号
决议第 15/05 号	关于条纹四鳍旗鱼、印度枪鱼和蓝枪鱼的养护和管理措施	被取代	决议第 18/05 号
决议第 15/06 号	关于禁止围网渔船丢弃在 IOTC 水域捕获的鲣、黄鳍金枪鱼、大眼金枪鱼及非目标鱼种	被取代	决议第 17/04 号
决议第 15/07 号	关于使用人造灯光吸引鱼类	被取代	决议第 16/07 号
决议第 15/08 号	关于集鱼装置（FAD）管理计划的程序，包括限制 FAD 数量、FAD 网次渔获报告的详细规格、减少非目标鱼种缠绕的 FAD 改进设计的发展	被取代	决议第 17/08 号
决议第 15/09 号	关于集鱼装置的管理	被撤销	
决议第 14/01 号	关于取消过时的养护和管理措施	被取代	决议第 24/10 号
决议第 14/02 号	养护和管理 IOTC 管理区热带金枪鱼种群	被撤销	
决议第 14/03 号	关于加强渔业科学家和管理者之间的对话	被取代	决议第 16/09 号
决议第 14/04 号	关于建立授权在 IOTC 水域内作业的 IOTC 船只名单	被取代	决议第 15/04 号
决议第 14/06 号	关于建立大型渔船转载计划	被取代	决议第 17/06 号
决议第 13/01 号	关于取消过时的养护和管理措施	被取代	决议第 14/01 号
决议第 13/02 号	关于建立授权在 IOTC 水域内作业的 IOTC 船只名单	被取代	决议第 14/04 号
决议第 13/03 号	关于记录在 IOTC 水域渔船的渔获量和努力量	被取代	决议第 15/01 号
决议第 13/04 号	关于养护鲸豚类	被取代	决议第 23/06 号
决议第 13/05 号	关于养护鲸鲨	被取代	决议第 25/08 号
决议第 13/06 号	关于养护 IOTC 管理渔业捕捞鲨鱼物种的科学管理框架	被取代	决议第 25/08 号
决议第 13/07 号	关于经许可在 IOTC 管理区捕捞 IOTC 鱼种的外籍渔船名单及入渔协定信息	被取代	决议第 14/05 号
决议第 13/08 号	关于集鱼装置（FAD）管理计划程序，包括 FAD 网次渔获报告的详细说明、减少非目标物种缠绕的发生 FAD 改进设计的发展	被取代	决议第 15/08 号
决议第 13/10 号	关于暂定参考点、限制性参考点及决策构架	被取代	决议第 15/10 号

续表

决议或建议号	养护和管理措施	状态	后续决议编号
决议第 13/11 号	关于禁止围网渔船丢弃在 IOTC 水域捕获的鲣、黄鳍金枪鱼、大眼金枪鱼及非目标鱼种	被取代	决议第 15/06 号
决议第 12/03 号	关于 IOTC 管理区渔船渔获量和努力量记录	被取代	决议第 13/10 号；决议第 15/01 号
决议第 12/05 号	关于建立大型渔船转载计划	被取代	决议第 14/06 号
决议第 12/06 号	关于减少延绳钓渔业误捕海鸟	被取代	决议第 23/07 号
决议第 12/07 号	关于获得许可在IOTC管理区捕捞IOTC鱼种的外籍渔船名单及入渔协定信息	被取代	决议第 13/07 号
决议第 12/08 号	关于集鱼装置（FAD）管理计划程序	被取代	决议第 13/08 号
决议第 12/09 号	关于养护 IOTC 管理区相关渔业捕捞的长尾鲨	被取代	决议第 25/08 号
决议第 12/10 号	关于促进执行 IOTC 已通过养护和管理措施	被取代	决议第 16/10 号
决议第 12/11 号	关于执行限制缔约方和合作非缔约方捕捞能力	被取代	决议第 15/11 号
决议第 12/12 号	关于禁止在 IOTC 管理区的公海使用大型流网	被取代	决议第 17/07 号
决议第 12/13 号	关于养护印度洋管理区热带金枪鱼种群	被取代	决议第 14/02 号
决议第 12/14 号	关于暂定目标和限制性参考点	被取代	决议第 13/10 号
决议第 11/01 号	关于汇编 IOTC 决议和建议	被取代	决议第 14/01 号
决议第 11/03 号	关于建立被认为在 IOTC 海域从事非法、不报告和不管制捕捞活动的渔船名单	被取代	决议第 17/03 号
决议第 11/04 号	关于区域观察员计划	被取代	决议第 22/04 号
决议第 11/05 号	关于建立大型渔船转载计划	被取代	决议第 12/05 号
决议第 11/06 号	关于在 IOTC 管理区渔船渔获量及努力量记录	被取代	决议第 12/03 号
决议第 10/01 号	关于养护和管理 IOTC 管理区热带金枪鱼种群	被取代	决议第 12/13 号
决议第 10/02 号	关于对 IOTC 缔约方和合作非缔约方强制性统计报告要求	被取代	决议第 15/02 号
决议第 10/03 号	关于 IOTC 水域渔船渔获记录	被取代	决议第 12/03 号
决议第 10/04 号	区域观察员计划的决议	被取代	决议第 11/04 号
决议第 10/05 号	关于设立发展中 IOTC 成员和合作非缔约方（CPC）参会基金	被取代	决议第 14/01 号
决议第 10/06 号	关于降低延绳钓渔业误捕海鸟的决议	被取代	决议第 12/06 号
决议第 10/07 号	关于许可在 IOTC 水域捕捞金枪鱼和剑鱼的外国渔船记录	被取代	决议第 12/07 号
决议第 10/09 号	关于履约分委员会职能	被取代	决议第 14/01 号
决议第 10/11 号	关于预防、阻止和消除非法、不报告和不管制捕捞的港口国措施	被取代	决议第 16/11 号
决议第 10/12 号	关于养护 IOTC 协定水域渔业捕捞的长尾鲨（长尾鲨科）	被取代	决议第 12/09 号
决议第 10/13 号	关于执行禁止围网渔船丢弃鲣、黄鳍金枪鱼、大眼金枪鱼及非目标鱼种	被取代	决议第 13/11 号
决议第 09/01 号	关于绩效评估后续行动	被取代	决议第 16/03 号
决议第 09/02 号	关于执行限制缔约方和合作非缔约方捕捞能力	被取代	决议第 12/11 号
决议第 09/03 号	关于建立被认为在 IOTC 公约区内从事非法的、不报告和不受管理的捕捞活动的渔船名单	被取代	决议第 11/03 号